MARKETING
MADE EASY

营销
原来这么简单

自手起家的创业者
也能轻松学会的营销法则

王廷伟◎著

中国经济出版社
CHINA ECONOMIC PUBLISHING HOUSE
北　京

图书在版编目（CIP）数据

营销原来这么简单/王廷伟著.
北京：中国经济出版社，2015.12
ISBN 978-7-5136-4084-8

Ⅰ.①营… Ⅱ.①王… Ⅲ.①市场营销学 Ⅳ.①F713.50

中国版本图书馆 CIP 数据核字（2015）第 288979 号

责任编辑 葛 晶
责任审读 贺 静
责任印制 马小宾
封面设计 金刚设计

出版发行 中国经济出版社
印 刷 者 北京市媛明印刷厂
经 销 者 各地新华书店
开　　本 710mm×1000mm 1/16
印　　张 17.25
字　　数 257 千字
版　　次 2015 年 12 月第 1 版
印　　次 2016 年 7 月第 3 次
定　　价 58.00 元
广告经营许可证 京西工商广字第 8179 号

中国经济出版社 **网址** www.economyph.com **社址** 北京市西城区百万庄北街 3 号 **邮编** 100037
本版图书如存在印装质量问题，请与本社发行中心联系调换（联系电话：010-68330607）

自 序

PREFACE

有个成语，叫“纲举目张”。其中，纲，渔网上的总绳，比喻事物的主干部分；目，网眼，比喻事物的从属部分。纲举目张，是说提起大绳子来，一个个网眼就都张开了，比喻抓住事物的关键就可以带动其他环节，也比喻条理分明。

吕不韦在《吕氏春秋·用民》中说：“壹引其纲，万目皆张。”班固在《白虎通·三纲六纪》中说：“若罗网之有纪纲而万目张也。”郑玄在《诗谱序》中说：“举一纲而万目张，解一卷而众篇明。”这既是纲举目张的出处，又是纲举目张不同方面应用的实例。

那么对于营销者来说，如何才能实现营销学习和营销实践的纲举目张呢？

系统论告诉我们，系统是普遍存在的，在宇宙间，从基本粒子到河外星系，从人类社会到人的思维，从无机界到有机界，从自然科学到社会科学，系统无所不在。系统是由相互作用、相互依赖的若干组成部分结合而成的具有特定功能的有机整体，而且这个有机整体又是它从属的更大系统的组成部分。

那么，如果我们用系统论的思维对营销进行梳理，能否实现营销学习和营销实践的纲举目张呢？

笔者本着力求看清营销之全貌，系统地了解营销，以服务于营销的宗旨，面对车载斗量的营销书籍，层出不穷的营销理论理念，日新月异的营销方法策略，战战兢兢地将包括实体产品和服务产品在内的狭义产品营销梳理为一二三四五，以求达到纲举目张之目的。

《营销原来这么简单》是笔者多年营销研究与实践的总结，大胆地跳出所有营销管理经典的范式，深入浅出地、系统地、全方位地理解和解析市场营销工作。

1. 将营销的本质归结为“洞悉人性，投其所好”八个字

从美国企业管理的发展、营销本身和人性化营销案例等方面进行了诠释，认为营销就是要针对人趋利避害的本性而采取措施，以满足作为顾客的人的需求。

AMA（American Marketing Association，美国市场营销协会）2004年8月给出的市场营销最新定义为：“营销既是一种组织职能，也是组织为了自身及利益相关者的利益而创造、传播、传递客户价值，管理客户关系的一系列过程。”

这个客户价值，就是组织为了自身及利益相关者的利益而为客户创造、传播、传递的价值，既包括客户让渡价值，也包括相对价值。

2. 提出企业营销要从内部营销和外部营销两个方面着手

内部营销要树立“员工第一，顾客第二”的理念，对待员工要像对待客户一样，以马斯洛的需要层次论为指导，主动去研究并满足他们的需求，从而解决员工“想干事”“会干事”“能干事”的问题。

如秦孝公的“但有能出长策奇计，而使秦国恢复穆公霸业者，居高官，领国政，与本公共治秦国、分享秦国”。因此，才有了商鞅变法，奠定了统一六国的基础。

外部营销重点解决“在哪里”（你的客户在哪里）、“给理由”（给客户一个购买你的产品或服务的理由）、“留得住”（要留住来购买产品或服务的客户）的问题。

如苹果手机的营销。

3. 提出企业和营销人员的营销都可以分为三个层次

首先，把人的需要归结为生存、生活和生命三个基本层次；其

次，把客户分为中间商和消费者两类客户，每类客户中又有团体和个人之分，各类客户对应人的基本需要层次表现出不同的需求；最后，企业和营销人员针对客户的哪个层次进行营销，就决定了营销者的层次。

如将企业营销分为宏观和微观两个层面，宏观层面是企业的术、势、道，微观层面则是产品中心营销、消费者定位营销、价值驱动营销等。

4. 将营销归结为了解顾客需求、创造顾客价值、感知顾客价值和客户保留四个阶段

将人与生俱来的需要分为生存、生活和生命三个层级，将需要具体表现形式的欲望划分为必需的、合理的和过度的三个阶段，将欲望表现出来的需求按其状态分为显性需求、潜在需求和未知需求。将三者放在一个三维体系中就构成了需要、欲望、需求关系模型，根据模型组合出顾客的27种具体需求。企业或营销人员就是要通过发现顾客的显性需求、挖掘顾客的潜在需求、创造顾客的未知需求来创造和传播价值，并针对不同类型客户采取不同办法做好保留工作。

根据需要、欲望、需求关系模型，企业在创业阶段就可以根据自己的资源情况精确地选择自己的定位，在经营过程中也可根据条件环境的变化重新调整定位。

如在创业初期定位为满足客户的生存层次必需阶段的显性需求，经过发展以后，重新定位为满足客户的生命层次过度阶段的未知需求等。

5. 将营销系统地梳理为营销战略、细节、制度、执行和文化五个方面

认为营销是这五个方面形成的整体，不应该将其分裂开，否则就会出现对营销的盲人摸象现象。

《营销原来这么简单》是实践—学习—总结—再实践—再学习—

再总结的产物，既有一定的理论总结和创新，又有通过搜集整理的大量营销案例进行实证。尤其是笔者将本书的理论观点应用于实际的成品油零售工作，取得了连续5年纯枪零售量同比增加的业绩。所以本书具有较强的实践性和可读性，适宜营销一线从业者、营销管理人员和营销初学者阅读，尤其是对那些创业者和企业没有定位或需要重新定位的决策者及相关人员有很好的指导作用，对营销理论研究者亦有一定帮助。

《营销原来这么简单》即将出版，在此对给予笔者帮助的出版社的老师及我的同事们表示感谢。由于个人水平有限，书中难免有不当或不足之处，敬请批评指正。

作　者
2015年1月10日

目　录

CONTENTS

第2章 CHAPTER TWO 营销的两个方向

第3章 CHAPTER THREE 营销的三个层次

第1章　营销的本质

——洞悉人性，投其所好

自20世纪初营销概念正式提出和营销学科正式确立以来，企业界和学术界不断进行实践和总结，使营销理论和方法得以飞速发展，日新月异，到如今更是如火如荼。营销概念不断发展，营销理念不断创新，营销策略层出不穷；企业需要营销，社团需要营销，个人需要营销；营销人员需要营销，非营销人员需要营销，全民都开始营销；等等。

彼得·德鲁克说："对于任何一个企业而言，基本职能有两个，而且只有两个，即营销与创新。"其实，从企业最终的目标来讲，创新无论在什么环节或什么方面，其目的仍是为了营销。所以彼得·德鲁克在《管理实践》中又进一步阐述："它（营销）囊括了一切业务。从最终结果看，也就是从客户的角度看，一个企业要做的事情只有营销。因此，企业的各个部门都应该关注营销，负责营销。"

AMA在2004年将市场营销重新定义为"营销既是一种组织职能，也是组织为了自身及利益相关者的利益而创造、传播、传递客户价值，管理客户关系的一系列过程"。

国内甚至推出了"全民营销"，"就是让各行业、各地域的人们（包括失业者），都可以各尽所能地根据自己的情况利用自己的一切资源，把各行业、各地域各企业的各种优质产品或服务推向目标市场创造财富"的营销行为。

"营销学之父"菲利普·科特勒将营销界奉为"销售圣经"的《营销管理》在不断修订再版的基础上，更是从1.0版升级到了3.0版。

但不管营销从产品导向到顾客导向再到价值导向，还是营销目标从卖出产品到满足顾客、留住顾客，再到让世界更美好，营销动因从工业革命到技术科技，再到新一波技术革命，企业都要客观看待受众从有生理需要的、有想法的大众顾客到有想法、有喜好的顾客，再到有喜好、有灵魂的顾客的变化。主要营销概念从开发产品到差异化再到价值的挖掘，企业营销方针从产品设计到企业、产品定位，再到企业、愿景、价值的调整，价值主张从功能性到功能性、感官性，再到功能性、感官性、精神性的不断改善，消费者互动从一对一交易到一对多关系，再到多对多协作，等等。

但归根结底，都必须是营销者将其产品或服务销售给营销对象。那么，怎样才能很好地实现营销目的呢？世界成功学鼻祖，被美国《时代周刊》称为“除了自由女神之外，他就是美国的象征”的戴尔·卡耐基讲：“你想让一个人心甘情愿地做一件事，只有一个办法就是给他想要的东西！”

管子在《禁藏》篇中说：“凡人之情，得所欲则乐，逢所恶则忧，此贵贱之所同也。近之不能勿欲，远之不能勿忘，人情皆然。”“夫凡人之情，见利莫能勿就，见害莫能勿避利之所在，虽千仞之山无所不上，深渊之下，无所不入焉。”

那么，营销对象想要的东西是什么呢？一言以蔽之，就是需求。作为营销者来讲，就是要研究营销对象，发现显性需求、挖掘潜在需求、创造未知需求，并通过整合自身资源来提供产品或服务，满足这些需求。但营销对象有消费者、顾客、客户，不同的营销对象有不同的需求，同一营销对象在不同的时间、不同的地点需求不同。同时需求只是一个表象，其背后隐藏的是欲望，欲望的背后是需要，需要的背后则是人性。所以，归结起来，营销的本质就是洞悉人性，投其所好。

正如苏格兰哲学家大卫·休谟所说：“一切科学对于人性总是或多或少地有些关系，任何学科不论与人性离得多远，它们总是会通过这样或那样的途径回到人性。”他认为哲学研究不再是采取迂回曲折的老方法，而是直捣这些科学的“首都”或“心脏”，即人性本身。一旦掌握了人性以后，我们在其他各方面就有希望轻而易举地取得胜利了。

《管子·牧民》中说：“政之所兴，在顺民心；政之所废，在逆民心。民恶忧劳，我佚乐之；民恶贫贱，我富贵之；民恶危坠，我存安之；民恶灭绝，我生育之。”

司马迁赞扬管仲的政策：“与俗同好恶。俗之所欲，因而予之，俗之所否，因而去之。其为政也，善因祸而为福，转败而为功，贵轻重，慎权衡。”

所以营销的本质就是要洞悉人性，投其所好。古今中外，大至国家，小至产品，概莫能外。正所谓“得人心者得天下”，故应“下令如流水之源者，令顺民心”。

第一节　从美国企业管理的发展看营销本质

无论是供产销一体化的生产企业，还是进存销的销售企业，也无论是提供实体产品，还是服务产品，其营销的主体和营销的客体始终是不变的，即营销的双方都是人，主体是企业的员工，客体则是消费者、顾客、用户或是用户的员工、客户。

彼得·德鲁克说，营销是先去发现潜在客户的需求，然后着手制造或开发相应的产品，这样一来，该产品在产出时就已经符合了潜在客户的需求。他认为，如果营销做得好，那么基本上不需要销售，产品就可以被卖出去。从这个角度理解，营销就涵盖了企业整个生产销售的全过程，即包括市场营销调研、产品开发、定价、分销广告、宣传报道、销售促进、人员推销、售后服务等。

如此一来，我们在研究营销本质的时候，就不能单单从产品生产出来以后的营销看起，而应从企业内部开始看营销，即从企业管理角度看。而企业管理的发展，无论是从理论研究，还是管理实践，美国都具有相当的代表性。所以，我们先从美国企业管理的发展历程看营销本质。

美国100多年的企业管理的发展，主要经历了经验管理、科学管理、行为科学管理、现代科学管理或管理科学、文化管理等阶段。管理的主客体都是人，管理理论是以当时环境下管理活动中人的需要和人的本性为研究对象，即基于人性的假设而形成的。自1957年麦格雷戈首次在管理学研究中提出“人性假设”问题以后，众多的管理学家对此作了大量的论述。其中，代表性的有：“工具人”“经济人”“社会人”“自我实现的人”“复杂人”“全面而自由发展的人”等。在每一种人性假设的前提下都形成了一系列的管理理论。

一、"工具人"假设与经验管理

亚当·斯密在《国民财富的性质和原因的研究》中，首先提出了分工理论和利己主义的人性观。被誉为"人事管理的先驱者"的罗伯特·欧文，通过大量的实践活动，认为人的因素在工业生产中起着巨大作用。查尔斯·巴贝奇提出了固定工资加利润分享的分配制度等。

在这一阶段，企业的共同特征是原始粗放型、家族化、小作坊式经营管理模式，管理过程中的随意化、人治化、非规则、非科学化行为严重，管理者将"细致精密的生产线分工视为提高企业效率的最重要手段"，忽视了被管理者的需要，仅将其视为实现目标的工具，这也是泰勒前期所遵循的"工具人"假设。

二、"经济人"假设与科学管理

在20世纪20年代，美国社会发生着巨大变化。被称为"科学管理之父"的弗雷德里克·泰勒，以经济人假设出发，根据自己的经验和在生产过程中的仔细观察，认为工厂中的生产潜力还没有充分发挥出来，关键是要确定一个合理的工作量，制定合理的管理制度。为此，他进行了一系列的试验，总结出了工作定额原理、工具和作业标准化原理，实行富有刺激性的计件工资制，把计划职能与执行职能分开，设立专门的计划部门，按照科学规律制订计划等。建立了被麦格雷戈称为"X理论"的科学管理理论。

泰勒制以提高生产效率为核心，认为管理活动的唯一目的在于追求经济效果，企业主、管理者和工人在工厂中的活动都是在经济诱因下进行的。不同的是前两者追求高利润，后者追求高工资。过分强调人的经济动因，忽视了人的感情因素；过分看重规范、制度、约束、指挥，忽视了人的主观能动性在管理中的重要作用。

三、“社会人”假设与行为科学管理

埃尔顿·梅奥和罗特利·斯伯格，针对当时的社会矛盾，根据“霍桑实验”，批判了泰勒的科学管理制度中忽视人的因素、社会因素和心理因素的缺陷，在继承帕累托和威廉斯关于社会系统分析和对工人心理分析的学说的基础上，提出了“社会人”假设。他们认为，人不仅有经济需要，还有社会需要；人有安定感、归属感、友谊、关心、受人尊重、心理满足等社会欲望。

美国学者埃德加·沙因把“社会人”的内容归纳为以下几点：①人类工作的主要动机是社会需要。影响人的生产积极性的因素，除物质条件外，还有社会的、心理的因素。②生产率的高低主要取决于职工的“士气”，而“士气”又取决于家庭和社会生活以及企业中人与人之间的关系。③企业中非正式组织的社会影响比正式组织的经济诱因有更大的影响力。④人们最期望领导者的是，能承认并满足他们的社会需要。时代发展至此，管理者眼中出现了一个较为完整的人的形象。

根据“社会人”假设，管理者要关心人而不只是关心生产；不能过分强调物质刺激，要注意满足人们的社会需要；不仅要关心效率的逻辑，更要注意感情的逻辑；不仅要重视正式组织的作用，也要重视非正式组织的作用；要通过各种群体（或团体）重建人们的归属感；等等。

四、“自我实现的人”假设与现代科学管理和管理科学理论

二战后，管理界出现了孔茨称之为“现代管理理论丛林”现象。

马斯洛认为人类的各种行为都出自一定的动机，而动机本身又源于人类本身的各种需要，进而提出了“人类需要层次论”。

赫茨伯格提出了“激励因素—保健因素论”。他认为，影响人们工作的因素有两种：一种是保健因素，一种是激励因素。前者是消极的，后者是积极的。

麦格雷戈把企业管理中对人的本性的认识概括为“X 理论”和“Y 理论”。“X 理论”认为，人生来是懒惰的，只要有机会和可能就逃避工作；

人需要监督，控制和指挥，并用惩罚进行威胁，才能使他们按组织要求努力工作；人的典型特征是喜欢受命行动，被人指挥，不愿承担责任，不求上进，只求安全。

麦格雷戈根据马斯洛的“人类需要层次论”中关于人类的高级需要最有激励作用的观点，提出“自我实现的人”的人性假设，并在此基础上总结出“Y 理论”。“Y 理论”认为，人生来并不厌恶工作，人对工作的爱或恶关键在于对他是满足还是惩罚，多数人用体力和智力工作就同休息和娱乐一样自然。人们为了追求的目标而工作，能够自我控制；惩罚和威胁不是驱使人们实现企业目标的唯一手段。一般人都有丰富的想象力和发明才能。在通常条件下，普通人不仅能承担责任，而且会主动承担责任。在现代工业社会里，一般人的智慧只能部分地得到发挥。

布莱克和穆顿认为，企业管理者应该避免走极端，而应该综合各家之长，采用最合适的管理方式，并提出了“管理方格论”。

二战后，一些管理学家和企业家将数学和其他自然科学的最新成果应用于企业管理之中，形成了管理科学，实际是泰勒的科学管理在新形势下的继承和发展。

此阶段管理理论和实践的特点：

（1）强调人的因素，不仅关心员工的经济要求，而且满足他们的社会需求。

（2）重视人的感情因素、非理性因素，如果说科学管理用经济的、机械的、理性的手段来调动员工的积极性的话，那么行为科学则用心理的、感情的、非理性的方法来激发职工的士气。

（3）重视非正式组织的作用，认为有时候非正式组织往往能起到正式组织所起不到的作用。

（4）突破了单纯从经济学角度研究企业管理的狭隘性，用社会学、心理学、社会人类学等多学科的方法进行综合研究，大大深化了企业管理理论的内容，丰富和发展了企业管理方法。

（5）引进自然科学的最新成果，使企业管理逐步实现自动化、科学化、现代化。

五、“复杂人”假设与权变理论

由于人的复杂性，原有的人性假设无法解释某些社会现象，在此背景下，劳伦斯、洛尔希、卢桑斯、沙因等人提出了“复杂人”的人性假设，发表了“超Y理论”。他们注意到人的多样性和复杂性，认为人既不是单纯的“经济人”，也非完全“社会人”，更不可能纯粹是“自我实现的人”，而是因时、因地、因人而异的复杂人。

“超Y理论”指出，人本身是很复杂的。他有生理的、心理的需求，也有经济和政治的需求，而且这些要求因人而异。人的动机也是变化的，它因时间、地点及人与人之间关系的变化而有所改变。企业管理者应从人的这些特性出发来设计自己的管理模式。

“复杂人”的假设大致有以下几个主要内容：①人的需要多种多样，它随人的发展和生活条件的变化而改变。②每个人的需要各不相同，需要的层次因人而异。③人在同一时间内各有需要和动机，各种动机之间交互作用而形成复杂的动机模式。④人在组织中的工作和生活条件是不断变化的，因此会不断产生新的要求和动机。⑤由于人的需要各不相同，能力各异，对不同的管理方式会有不同的反应。⑥在不同的企业组织或不同部门中，人的动机模式是不一样的，在正式组织中难以和别人合作的人，在非正式组织中可能很合群。管理人员应灵活应付，利用不同动机，实现组织目标等。

“复杂人”的假设主张具体问题具体分析，成为“超Y理论”的依据，后来发展为权变理论。

六、“全面而自由发展的人”假设与企业文化管理

1946年12月，美国总统杜鲁门声称，美国担负着“领导世界的责任”。正当美国人沉醉于“世界第一”的美梦中的时候，日本经济迅速起飞，冲击和撼动了美国的世界霸主地位。尼克松哀叹：“美国遇到了我们甚至连做梦也想不到的那种挑战。”

于是，在美国出现了日美经济比较研究热潮，许多人贪婪地挖掘日本

企业管理的妙诀。最后他们得出结论：美国经济落后不仅仅在于技术问题，而在于缺乏日本那样独特的企业文化。正如《战略家的头脑——日本企业的管理艺术》一书作者所指出的："美国人的'敌人'不是日本人或西德人，而是我们企业管理'文化'的局限性。"

正是在这场探索中，提出了"全面而自由发展的人"的假设，其核心内容是：人是目的，而不是手段；每个人都有其存在的价值；人们都希望掌握自己的命运，过有意义的生活。

美籍日裔教授、管理学家威廉·大内首创了"Z 理论"，论述了 Z 型文化。他主张在企业中实行"平等主义"，充分调动员工的积极性和责任感。后来他在《寻求优势》《公司文化》等著作中均提出让员工掌握自己的命运，使他们有施展才能的机会，感到生活得有意义等，其实质也是把人看成是"全面而自由发展的人"。

从"工具人"假设、"经济人"假设、"社会人"假设、"自我实现的人"假设、"复杂人"假设到"全面而自由发展的人"假设，都是随着社会发展和企业管理需要而发展变化，对应管理需要产生了各类管理理论和实践。但各种假设并没有因为有新的假设出现而泯灭，而是由于企业管理者素质不同而杂糅并存。正如美国学者丹尼尔·雷恩所指出的："管理思想中的时代从来不会在某一年份截然地开始和结束。相反地，存在着旋律的重叠，各种主题在大调、小调的各种调式的交换中演奏出来。"各种人性假设"概念所反映的，与其说是管理行为所确立的准则，不如说是当时正在涌现出来的一种管理哲学"。

第二节　从营销本身看营销的本质

有人说，1902 年，美国密执安大学首开"市场学"课程；1904 年，美国宾夕法尼亚大学首开"产品营销"课程；1910 年，美国威斯康星大学开设"营销方法"课程；1912 年，哈佛大学学者哈格蒂出版第一本《市场营销学》。此后，100 多年的时间里，营销观念不断推陈出新：从最初的生产观念，到产品观念、销售观念、市场营销观念、顾客观念，再到 20 世纪 70 年代的社会营销观念、大营销观念，2010 年菲利普·科特勒又提出

“营销 3.0 版本——以人为本的营销”。营销策略更是让人应接不暇，从 4P's、6P's、11P's 组合到 4Cs、4Rs、4Vs 组合，再到现在的关系营销、网络营销、绿色营销，等等。那么，从营销本身来看营销的本质又如何呢？

一、从 AMA 的营销定义看营销本质

AMA 是美国市场营销协会的英文缩写。AMA 是由学术界的营销学者与实务界的营销专家组成的，捕捉最新市场营销动态、发布最新市场营销研究成果是它的宗旨，其所公布的营销定义既代表了营销理论的发展，也反映了营销实务的根本性变化，是世界公认的权威机构。随着社会的发展，AMA 不断对市场营销给出新的定义。

1935 年由 AMA 的前身——美国营销教师协会发布了第一个营销定义：营销是将产品和服务从生产者传送至消费者的商业活动。

1960 年 AMA 公布了官方定义：市场营销是引导产品和服务从供应商向消费者流动的商业活动。

1985 年 AMA 公布了新的定义：营销是对创意、产品和服务进行构思、定价、促销和分销，并通过交换来满足个人和组织的需要的规划与执行过程。

2004 年修订后的定义是：营销是采用企业与利益相关者都可获利的方式，为顾客创造、沟通和传递价值，并管理顾客关系的组织功能和一系列过程。

2007 年 AMA 公布了最新定义：营销是创造、沟通、传递、交换对顾客、客户、合作伙伴和整个社会具有价值的提供物的一系列活动、组织、制度和过程。

从以上概念可以看出营销的发展趋势，即由早期的“交易驱动”，发展到“客户关系驱动”“价值驱动”和全社会“价值网”的驱动。营销不是一个简单的环节，而是一个过程。营销都是要为顾客、客户创造价值，并通过沟通、传递、交换实现这个价值。要实现这个目的，就需要了解顾客、客户的需求、欲望和需要，否则就无法实现。即使在以产品为中心的时代，企业的生产也是建立在社会需要的基础之上的，如福特的 T 型车，如果没有社会需要，就不可能创造出高销量，只是后来没有跟上社会需要

变化而落败。

二、从菲利普·科特勒关于营销的论述中看营销本质

菲利普·科特勒被誉为“营销学之父”，他的《营销管理》被奉为市场营销学的“圣经”，自1967年与凯文·凯勒合著第1版后，到2012年已是第14次再版。

1967年，在第1版的《营销管理》中，把营销定义为：个人或组织通过生产和制造并同别人或其他组织交换产品或服务以满足需求和欲望的一种社会和管理过程。

在第1版《营销学》教科书中，将营销定义为“企业分析、组织、计划和控制与顾客相关的资源、政策和活动，以在获利的基础上满足目标顾客群的需求”。在1972年的版本中，他把营销管理从营销中剥离出来，将营销定义为“一系列促进和完善交换活动的人类活动”；而将营销管理定义为“对有关分析、计划、实施和控制的方案进行设计与管理，以实现同目标顾客的交换，从而使多方受益”。

后来的定义：市场营销是个人和集体通过创造并同他人交换产品和价值以满足需求和欲望的一种社会和管理过程。

1984年，对市场营销又下了新定义，即市场营销是指企业的这种职能：认识未满足的需要和欲望，估量和确定需求量大小，选择和决定企业能最好地为其服务的目标市场，并决定适当的产品、劳务和计划（或方案），以便为目标市场服务。

这些定义集中反映了菲利普·科特勒营销思想的变化，具体体现在其《营销管理》的不同版本中。例如：

> 在第7版《营销管理》中，着重说明了一些市场营销的新观点：为顾客提供更高的价值、满意和质量，关系营销，整体营销质量，价值传递机制，全球市场营销和营销伦理、环境保护主义和社会责任。创新性地提出通过价值、满意和品质与消费者建立联系。增加了营销沟通和销售管理等。
>
> 在第8版《营销管理》中，“通过质量、服务和价值建立顾

客满意”。对“设计全球市场战略”作了修改，在全书中增加了“新全球营销”、“对社会负责和遵守营销职业道德”、关于管理业务过程和核心能力的重要性论述、“品牌发展”等的大量材料。增加了新的专论摘要：营销战略，营销观念与工具，营销环境与趋势，公司与行业，全球营销，社会责任营销。增加和扩充的新材料有：关系营销，价值增加营销，顾客忠诚度，品牌财产价值，频率营销，俱乐部营销，担保营销，顾客满意追踪，核心能力与本领，营销先驱优势，剧院零售，超级零售商，优胜基准，虚拟实际，整体营销沟通，口碑营销，营销工程等。

在第11版《营销管理》中，给出了市场营销哲学发展的六个阶段：生产观念、产品观念、推销观念、市场营销观念、顾客观念和社会市场营销观念。

在第14版《营销管理》中，进行了重要更新：强调新的营销现实使得营销者奉行更加全方位的营销观显得比以往任何时候都重要。

近一半的专栏内容为新编撰的：多为真实公司资料，覆盖了各种产品、服务和市场，各章末新增两个“卓越营销案例”，突出展现市场领先企业在营销实践中所取得的成就。

相关章节调整：第19章“管理人际传播”做了重大的更新，补充了许多最新的素材；将有关市场预测的内容置于第3章“收集信息和预测需求”，使该主题与营销环境的相关内容有机的匹配；第5章标题由“创造顾客价值、顾客满意和顾客忠诚”改为“创造长期顾客忠诚”，以更好地反映本书对这一领域的重视；第10章“确立品牌定位”和第11章“竞争动态”，对内容进行了整合和调整，第11章新增有关经济下滑时期的营销素材。

从菲利普·科特勒的这些营销思想可以看出，“市场营销中最成功的公司是能够超过满足现有顾客需要的公司。优秀的公司是满足需要，而伟大的公司是创造市场。市场领导者通过构思新产品、服务、生活方式和方法，以提高生活水平”。“总而言之，最好的营销能创造价值和提高全世界人民的生活水平。”

三、从营销理论的发展过程看营销本质

市场营销学自20世纪初期产生以来，随着社会经济的发展而不断发展变化，到目前经历了六个阶段（另外，也有四个阶段和五个阶段之说）。

1. 萌芽阶段（1900—1920年）

这一阶段，美国社会需求迅猛发展，产品供不应求，企业突出矛盾是生产率低与社会需求量大的矛盾，为适应需要，市场营销学开始创立。从1902年开始，美国密执安大学等相继开设“市场学”课程。1912年，哈佛大学学者哈格蒂在其出版的第一本《市场营销学》中提出了涉及分销和广告学等内容，成为市场营销学的里程碑。1915年，阿切·W. 肖出版了《关于分销的若干问题》一书，率先把商业活动从生产活动中分离出来，从整体上考察分销的职能。韦尔达提出：“经济学家通常把经济活动划分为三大类：生产、分配、消费……生产被认为是效用的创造。”“市场营销应当定义为生产的一个组成部分。”“生产是创造形态效用，营销则是创造时间、场所和占有效用”，并认为“市场营销开始于制造过程结束之时”。这一阶段的市场营销理论是以生产观念为核心的。

2. 功能研究阶段（1921—1945年）

1932年克拉克和韦尔达合作出版了《美国农产品营销》一书，指出市场营销目的是“使产品从种植者那儿顺利地转到使用者手中。这一过程包括：集中（购买剩余农产品）、平衡（调节供需）、分散（ 把农产品化整为零）”。这一过程包括七种市场营销功能：集中、储藏、财务、承担风险、标准化、推销和运输。1942年，克拉克出版了《市场营销学原理》一书，把市场营销功能归结为交换功能、实体分配功能、辅助功能等，并提出了推销是创造需求的观点，实际上是市场营销的雏形。

3. 形成和巩固时期（1946—1955年）

1952年，范利、格雷斯和考克斯合作出版了《美国经济中的市场营销》一书，全面地阐述了市场营销如何分配资源、指导资源的使用，尤其是指导稀缺资源的使用；市场营销如何影响个人分配，而个人收入又如何制约营销；市场营销还包括为市场提供适销对路的产品。同年，梅纳德和贝克曼合作出版了《市场营销学原理》一书，提出了市场营销的定义：营销是“影响

商品交换或商品所有权转移，以及为商品实体分配服务的一切必要的企业活动”；并给出了研究市场营销学的五种方法：商品研究法、机构研究法、历史研究法、成本研究法及功能研究法，形成了传统市场营销学。

4. 市场营销管理导向时期（1956—1965 年）

1957 年，罗·奥尔德逊出版了《市场营销活动和经济行动》一书，提出了“功能主义”。约翰·霍华德出版了《市场营销管理：分析和决策》一书，率先提出从营销管理角度论述市场营销理论和应用，从企业环境与营销策略二者关系来研究营销管理问题，强调企业必须适应外部环境。麦卡锡在 1960 年出版的《基础市场营销学》一书中，把消费者视为一个特定的群体即目标市场，提出企业要制定市场营销组合策略，适应外部环境，满足目标顾客的需求，实现企业经营目标。

5. 协同和发展时期（1966—1980 年）

1971 年，乔治·道宁出版了《基础市场营销：系统研究法》一书，提出了系统研究法，认为公司就是一个市场营销系统，“企业活动的总体系统，通过定价、促销、分配活动，并通过各种渠道把产品和服务供给现实的和潜在的顾客”。他还指出，公司作为一个系统，同时又存在于一个由市场、资源和各种社会组织等组成的大系统之中，它将受到大系统的影响，同时又反作用于大系统。1967 年，菲利普·科特勒出版了《市场营销管理：分析、计划与控制》一书，给出了营销管理定义：营销管理就是通过创造、建立和保持与目标市场之间的有益交换和联系 ，以达到组织的各种目标而进行的分析、计划、执行和控制过程。他提出，市场营销管理过程包括分析市场营销机会，进行营销调研，选择目标市场，制定营销战略和战术，制订、执行及调控市场营销计划。他还提出：营销管理的实质是需求管理；市场营销是与市场有关的人类活动，既适用于营利性组织，也适用于非营利性组织。1984 年，菲利普·科特勒提出了大市场营销理论，即 6P 战略。他指出，企业不应只被动地适应外部环境，也应该具有影响企业外部环境的战略思想。

6. 分化和扩展时期（1981 年至今）

1981 年，莱维·辛格和菲利普·科特勒对“市场营销战”进行了研究；几年后，列斯和特罗合作出版了《市场营销战》一书。同年，克里斯琴·格罗路斯发表了《内部市场营销》的论文；科特勒也提出要在企业内部创造一种市场营销文化。1983 年，西奥多·莱维特提出“全球市场营销”问题。1985 年，巴巴拉·本德·杰克逊提出了“关系市场营销”“协商推销”等新观点。1986 年，科特勒提出了“大市场营销”这一概念，同时提出了企业如何打进被保护市场的问题。20 世纪 90 年代以来，关于市场营销、市场营销网络、政治市场营销、市场营销决策支持系统、市场营销专家系统等新的理论与实践问题开始引起学术界和企业界的关注。进入 21 世纪，随着互联网的发展和应用，基于互联网的网络营销也得到迅猛发展。

从各个营销发展阶段的理论可以看出其共同点，即都是研究如何把企业的产品或服务提供给顾客，以最大限度地满足顾客的需要。

四、从营销观念看营销本质

企业的市场营销观念经历了从最初的生产观念、产品观念、推销观念、市场营销观念到社会市场营销观念的发展和演变过程。

1. 生产观念

产生于 20 世纪 20 年代以前。当时，由于社会生产力相对落后，市场处于供不应求的卖方市场，许多产品的成本很高，企业为了扩大市场，必须提高生产率，降低成本。此时顾客最关心的是能否得到产品，而不是关心产品的细小特征。生产观念认为，消费者喜欢那些可以随处买得到而且价格低廉的产品，企业应致力于提高生产效率和分销效率，扩大生产，降低成本，以扩展市场。

2. 产品观念

产生于市场产品供不应求的卖方市场形势下。它认为，消费者最喜欢高质量、多功能和具有某些特色的产品，企业应致力于生产优质产品，并不断加以改进。最容易形成产品观念的时刻，莫过于当企业发明一项新产品之时。此时，最容易导致企业“市场营销近视”，即企业不适当地把注意力放在产品上，而不是放在市场需要上，在市场营销管理中缺乏远见，只看到自己的产品质量好，看不到市场需求在变化，常常使企业经营陷入困境。

3. 推销观念

产生于 20 世纪 20 年代末至 50 年代，表现为“我卖什么，顾客就买什么”。推销观念认为，消费者通常表现出一种购买惰性或抗拒心理，如果顺其自然的话，消费者一般不会足量购买某一企业的产品，因此企业必须积极推销和大力促销，以刺激消费者大量购买本企业产品。其特点为：

（1）企业生产的产品不变，卖企业所能生产的产品，是产品需要市场而不是市场需要产品。

（2）企业开始关心消费者，但并未真正关心消费者的需要及服务，仅仅是推销，促其购买。

（3）企业开始设置销售部门，但仍处于从属地位。

4. 市场营销观念

这种观念是以满足顾客需求为出发点的，即“发现欲望，并满足它们”“生产你能够出售的东西，而不是出售你能够生产的东西”“热爱顾客而非产品”“尽我们最大的努力，使顾客的每一块钱都能买到十足的价值、质量和满意”。概括地说，就是“ 顾客需要什么，就生产什么”。尽管这种思想由来已久，但其核心原则直到20世纪50年代中期才基本定型。其基本特点是：

（1）以消费者需求为中心，实行目标市场营销。

（2）运用市场营销组合手段，全面满足消费者的需求。

（3）树立整体产品概念，刺激新产品开发，满足消费者整体需求。

（4）通过满足消费者需求而实现企业获取利润的目标。

（5）市场营销部门成为指挥和协调企业整个生产经营活动的中心。

5. 社会市场营销观念。20世纪70年代以后，人类社会生存环境发生了一系列新的变化：环境恶化、资源短缺、人口爆炸、世界性通货膨胀、社会服务被忽视等。在这种情况下，一个企业仅仅立足于满足个体消费者需要是不够的，还要考虑消费者及社会的长远利益，即把企业利益、消费者利益与社会利益有机结合起来。

从不同时期的营销观念可以看出，各个时期的营销观念都是基于当时社会经济和市场供求状况而产生的，都是为满足当时顾客需要而产生、发展和变化的。生产观念是为满足顾客供不应求的需要而提高生产效率，提高产品产量。产品观念是为顾客提供质优价廉的产品而努力。推销观念是使顾客了解未知的产品和满足顾客潜在的需要。市场营销观念和社会市场营销观念更是为满足顾客及社会需要而营销。

五、从营销学的流派看营销本质

营销学经过100多年的发展，学者和专家在不同的历史时期从不同角度出发形成了不同的流派，这些流派在当下的营销中影响着不同的营销者。

1. 流通学派

E. 杰罗姆·麦卡锡指出，由于企业与消费者对产品数量和种类的“不一致”和空间、时间、信息、价值、所有权的“分歧”造成了产品在企业与消费者之间的销售障碍。所以，1922年弗莱德·克拉克将营销定义为：促使商品所有权转移和实体分销所做的努力。1960年，AMA将营销定义为：引导货物和劳务从生产者流向消费者或用户所进行的一切业务活动。这也就是说，营销是为了消除销售障碍，是产业社会打通生产—流通—消费三大领域的重要工具与手段，体现了其流通本质。

流通学派认为，企业营销的关键就是如何使产品或服务能够高效率贯穿生产领域、流通领域以及消费领域。广告推动、终端拦截和促销，都是为了使这个对接过程更有效率，同时减缓甚至阻止对手对接。同时，提醒企业不能仅仅停留在客户角度或企业角度单方面来思考问题，而是要将两者打通，去追求价值链层面上的共赢。

2. 需求管理学派

菲利普·科特勒在1984年对市场营销下的定义为：认识未满足的需要和欲望，估量和确定需求量大小，选择和决定企业能最好地为其服务的目标市场，并决定适当的产品、劳务和计划（或方案），以便为目标市场服务。

需求管理学派是以客户为导向的，得到了各学派的普遍认可和接受。虽然不同的学者有不同的看法，但其从环境分析开始到消费者分析，然后根据STP战略，找到细分市场适当定位之后，来设计营销战术组合的思想普遍被其他学派接受和采用。杰罗姆·麦卡锡在《基础营销学》中将其归纳为4P。之后，科特勒在4P的基础上不断发展，提出了6P以及10P策略。但不管是4P、6P还是10P，本质上都是在研究如何有效管理客户需求。

3. 竞争学派

该学派认为：在市场上，满足客户需求的深度不是取胜的关键，企业没有市场，是因为市场被竞争者占据和封锁；市场也不是没有需求，只是竞争者让需求发生在他们的身上。顾客需求如同森林中的肉，企业如一群狼，取胜的关键在于比其他狼群跑得快。

竞争学派典型代表杰克·特劳特说："市场营销的本质不是为客户服务，而是算计，包围并战胜竞争对手。"

他认为，营销就是一场战争。他把军事战争理论和实践中的很多概念（尤其是克劳塞维茨的思想）引入到营销学，其著作《商战》详细论述了进攻战、迂回包抄战、防御战和游击战等方法。

被誉为"竞争战略之父"的迈克尔·波特在1980年出版的《竞争战略》一书中，提出了"五力模型"和"三种通用战略"。"五力模型"是，行业现有的竞争状况，供应商的议价能力，客户的议价能力，替代产品或服务的威胁，新进入者的威胁。"三种通用战略"包括成本领先、差异化和专注化战略。

4. 差异学派

该学派是竞争学派的延伸，是被誉为"竞争战略之父"的迈克尔·波特提出的。该学派提出，将企业提供的产品或服务和竞争对手形成差异，树立起企业在全行业范围中独特性的东西，如产品设计、品牌、技术、产品功能、顾客服务、商业网络及其他方面的独特性。具体而言，在于面向目标客户的差异化：产品及品牌定位差异化，产品质量及包装的差异化，重点销售区的差异化，市场推广的差异化，终端销售的差异化。

5. 垄断学派

该学派是竞争学派在另一个维度上的演进。垄断优势理论为20世纪60年代斯蒂芬·海默首创。他认为，跨国公司进行直接投资的动机源自市场缺陷。海默的导师金德伯格列出了各种可能的补偿优势，如商标、营销技巧、专利技术和专有技术、融资渠道、管理技能、规模经济，等等。C. P. 金德贝格在20世纪70年代对海默提出的垄断优势进行了补充和发展。他认为，考察对外直接投资应从"垄断优势"着眼。他把美国的垄断优势概括为：

（1）实行横向一体化和纵向一体化的优势。前者使跨国公司对价格有一定的控制能力，后者使跨国公司获得外部规模经济的优势。

（2）拥有市场的优势。如获得营销技术、专利、商标等优势。

（3）由于跨国公司资金雄厚、技术先进和实行全球性经营战略，使其在生产和管理技能、方式上占有绝对优势。

（4）由于面向发展中国家投资，使其具有获得廉价劳动力的优势。

（5）实行限制政策也给对外直接投资带来优势。

微观经济学将市场分为完全竞争市场、垄断竞争市场、寡头市场、垄断市场等。处于完全竞争市场的企业盈利最低，而垄断市场中的企业盈利最大。

企业竞争战略是为了形成独特的竞争优势，竞争优势的核心目的在于获得更好的盈利空间，而创造垄断是达到这个目的的有效手段。

6. 价值设计学派

菲利普·科特勒在第7版《营销管理》中，提出了为顾客提供更高的价值和通过价值、满意和品质与消费者建立联系的观点。

2004年8月，AMA给出了市场营销新定义："营销既是一种组织职能，也是为了组织自身及利益相关者的利益而创造、传播、传递客户价值，管理客户关系的一系列过程。"

所谓的客户价值，一是指客户获取的总价值与客户支付总成本之差，即客户让渡价值；二是指与竞争对手提供的价值对比，企业能提供给客户的相对价值有多少。

该学派认为，营销的本质就是通过产品和服务提供给消费者高于竞争对手的价值。营销管理者应该把客户和竞争者两个元素整合起来考虑，进行价值提供、价值设计甚至是价值创新，即营销不但必须对接消费者需求，还要有效与竞争对手形成差异，在两者之间寻求到平衡点，将价值有效地传递给客户。麦肯锡公司提出了营销要作为"价值传递系统"的概念：价值传递系统由选择价值、提供价值和传递价值三大板块组成。

《蓝海战略》的作者W. 钱·金和勒妮·莫博涅在《哈佛商业评论》最初提出"蓝海战略"的构想时，将之命名为"价值创新战略"。

7. 关系管理学派

1984年，菲利普·科特勒提出了所谓的"大市场营销"概念。他认为，要打开封闭的市场，企业除了需要运用4P营销策略外，还必须有效运用政治权力和公共关系这两种营销工具。由此衍生出了关系营销，它是指在营销过程中，企业还要与消费者、竞争者、分销商、供应商、政府机构和公众等发生交互作用的营销过程，它的结构包括外部消费者市场、内在市场、竞争者市场、分销商市场等，核心是与自己有直接或间接营销关系的个人或集体保持良好的关系。

伦纳德·L. 贝瑞于1983年对关系营销下了定义："关系营销是吸引、

维持和增强客户关系。”1996 年，他又给出了更为全面的定义：“关系营销是为了满足企业和相关利益者的目标而进行的识别、建立、维持、促进同消费者的关系，并在必要时终止关系的过程，这只有通过交换和承诺才能实现。”1985 年，巴巴拉 · B. 杰克逊从工业营销的角度将关系营销描述为：“关系营销关注于吸引、发展和保留客户关系。”1994 年，摩根和亨特从经济交换与社会交换的差异角度出发，认为关系营销“旨在建立、发展和维持成功关系交换的营销活动”。1990 年，顾曼森则从企业竞争网络化的角度来定义，认为“关系营销就是市场被看作关系、互动与网络”。

关系营销认为：企业单靠交易营销建立的品牌忠诚度不稳，回头客太少；而现实营销中企业的生意不断，有些企业则是一次性交易。究其根源是企业与顾客的关系不同。为了增加回头客的比例，提出了关系营销。

8. 客户资产管理学派

所谓顾客资产，就是企业所有顾客终身价值折现值的总和，即顾客的价值不仅仅是当前通过顾客而具有的盈利能力，也包括企业将从顾客一生中获得的贡献流的折现净值，把企业所有顾客的这些价值加总起来，称之为顾客资产。顾客资产属于无形资产，包括价值资产、品牌资产和维系资产。一般将顾客划分为忠诚顾客和一般顾客，或高价值顾客、一般价值顾客和无价值顾客。由此有了顾客终身价值概念，包括顾客购买价值、顾客口碑价值、顾客信息价值、顾客知识价值、顾客交易价值。

顾客资产管理的研究源于美国。其将顾客纳入企业资产，并以顾客资产为核心，优化配置企业资源，提升顾客忠诚度、满意度和顾客价值。理论界提出各种有关顾客资产的管理模型，主要有两类：一类是管理框架，旨在阐述顾客资产与企业价值之间的联系，把面向顾客的不同活动与顾客资产和企业竞争力联系起来。另一类是营销框架，旨在理解顾客行为的作用方式及其与顾客总资产的联系，努力探索面向顾客的活动对顾客行为的影响。该学派的研究尚处于萌芽阶段。

顾客资产管理研究的意义包括：深化顾客关系管理的理论、丰富顾客资产管理研究的理论、提高企业绩效、为企业制订营销决策方案提供依据、增加企业竞争优势等。

企业在营销中不仅要学会计算客户当前所能贡献的显性价值，也要学会计算客户背后存在的隐性价值和成长价值，通过探索和管理客户资产去获得企业面向未来的竞争优势。

9. 交易成本学派

交易成本又称交易费用，最早由美国经济学家罗纳德·科斯提出。该学派认为，由于专业分工与市场价格机能的运作和人的有限理性、投机主义、不确定性与复杂性、少数交易、信息不对称和气氛等人性因素与交易环境因素交互影响下所产生的市场失灵现象造成交易困难，产生了交易成本。其受交易难度、交易规模、市场的流动性、投资风格与投资者的声誉等因素影响。营销的目的，就是促成交易，而且要消除和降低交换所产生的成本。

交易成本包括：搜寻成本、信息成本、议价成本、决策成本、监督交易进行的成本；或者事前的交易成本、事后的交易成本、讨价还价的成本、约束成本；或者搜寻信息的成本、协商与决策成本、契约成本、监督成本、执行成本与转换成本。简言之，所谓交易成本就是指当交易行为发生时随同产生的信息搜寻、条件谈判与交易实施等的各项成本。

营销者要针对各项交易成本的形成，采取各种措施不断的降低成本，同时要努力提高顾客的转换成本，形成优势垄断，保护自身合理利益。

10. 信息不对称学派

1970 年，31 岁的乔治·阿克洛夫发表了论文《柠檬市场：质量不确定和市场制》。他提出了柠檬市场模型，即信息不对称的极端情况会造成“劣品驱逐良品”，并以二手车市场为案例进行了深入剖析。在二手车市场，卖家比买家拥有更多的信息，所以两者掌握信息的情况呈现非对称性，买家肯定不会相信卖家的话，即使卖家说得天花乱坠。买家唯一的办法就是压低价格以降低信息不对称带来的风险损失，而买家过低的价格使得卖家不愿意提供高质量的产品，从而低质品充斥市场，高质品被逐出市场，最后导致二手车市场萎缩。

信息不对称，指的是在商业活动中交易双方对于将要进行交易的商品或服务拥有并不完全相同的信息。市场采取平均成本定价法则，使质优价贵的产品惨遭失败。营销者要主动发出市场信号，告诉购买者我的产品或服务是不一样的，让消费者与企业之间趋向于信息对称，要学会让产品或服务的价值可视化、可触摸化。

顾客需要是市场存在的基础，需求管理学派告诉企业一切生产经营活动要从市场需求开始，并要贯穿市场调研到产品推广的全营销链。

信息不对称、交易成本是营销存在的基础。

流通学派强调生产领域、流通领域和消费领域的贯穿。

竞争学派告诫企业既要关注客户需求，又要关注对手。

差异学派和垄断学派研究如何使竞争更有效。

价值设计学派提醒企业无论是从需求管理出发还是竞争需要出发，都要为客户创造价值，并让客户感知价值。

关系管理学派则关注保持与顾客的长期关系。

客户资产管理学派则要求企业把客户关系作为资产进行经营管理。

统而观之，无论哪个学派，研究的根本目的都是使企业的产品能够顺畅地被顾客接受，满足顾客的需要。要想满足顾客的需要，就要了解顾客的人性，所以营销的最后落脚点还是洞悉人性，投其所好。

第三节　人性化营销案例

一、案例1：宜家的人性化营销

宜家于（IKEA）1943年由其创始人英格瓦·坎普拉德（Ingvar Kamprad）在“世界上最具创新精神的国家之一”和公认为“高幸福感指数”的瑞典创立。宜家一贯以“为大众创造更美好的日常生活，提供种类繁多、美观实用，老百姓买得起的家居用品”为自己的经营理念。历经半个多世纪的发展，如今它已在全世界拥有338家商店，其中在中国已建立了11家商店。

宜家自1998年进入中国以来，一直贯彻执行“人性化”的家居理念，并将民主设计（Democratic Design）的设计理念运用于产品的创新和生产，用丰富的产品和创意样板间给了人们更多家居解决方案，激发了人们的灵感并改变了人们的家居生活。与传统的创新不同，宜家的创新不着眼于技术或科研上尖端成果的展现，而是体现在为消费者提供各种家居产品和居家解决方案过程中，各个环节的创新和改变：从产品设计、原材料的研发、产品的包装、运输等多个环节。

宜家的创新是从产品的民主设计出发的整体概念，是一种以“优先设计价格标签”为主导，结合实用性、功能性、性价比等各个特征的设计，并生产出使绝大多数人负担得起且能满足大多数人需求的生活家居用品。

1. 考虑并理解最大多数人的需求

宜家的经营理念是“提供老百姓买得起的家居用品”，这就决定了宜家在产品设计之初便从最大多数人的需求出发，以最广大的消费者作为核心进行设计。因此，在产品设计之前，宜家遵循“Look – Listen – Learn – Create”（观察—倾听—研究—创造）的“四步法”以认知并理解大多数人的需求。在过去的25年里，宜家的设计师走访了全世界上千万户家庭。通过拜访并与人们交谈，宜家对于人们的生活状态以及所追求的家居生活进行了深入的剖析，并有了深刻的了解。只有了解消费者，才能保证宜家的设计是“人性化”的，且为大多数人所理解并接受。

2. 产品在功能性、设计感、价格等多方面实现兼顾和融合

宜家的产品，是市场上为数不多的能够在功能性、设计感、价格等多方面实现兼顾和融合的产品。为了实现这种兼顾和融合，设计师需要考虑的不仅仅是美观，更需要兼顾功能性、材质、环保，甚至需要考虑优化产品包装，尽可能降低成本，其中包括生产成本和运输成本。这对设计师提出了很高的要求，并要求设计师以“人性化”的主旨贯穿整个设计过程。例如，在宜家的设计流程中，最先设计的是价签，即先定价，再由设计师在有限的预算内进行产品设计，以确保产品能够为大众消费者负担并符合大众消费者的需求。

3. 在设计的过程中不断创新，使得其能让更多人的家居生活更加美好

基于对消费者需求的充分了解，以及对于产品特征的兼容，在整个设计流程中宜家不断创新，实现了真正意义上的“为大众创造更美好的日常生活”。

（1）产品在产品组合和空间利用上的创新。宜家发明了“模块式”家具设计方法（宜家的家具都是拆分的组装货，产品分成不同模块，分块设计）。这样的“模块式”设计能够使得产品在整体空间中“自由地”“可协调地”找到自己的“容身之处”。在全球“小空间”的趋势下能够轻松地解决家具摆不下的问题，同时还能够将家具任意组合拆装，最大化地利用空间，在有限的空间内创造无限的可能。如IKEA PS 2012中的一款PS沙发床，就是产品对于空间的完美利用。对于很多“小户型”的家庭而言，沙发床是家中有效利用空间的法宝，能够灵活地兼顾“客厅”和“卧

室”的功能：在客人造访的时候让客人坐在沙发上闲话家常，又能在晚上抽出沙发垫，让其灵活地变成休息的床。无论是从经济角度还是从空间角度来说，沙发床都为人们提供了有用的家居解决方案。

（2）产品在运输上的创新。在储运方面，宜家采用平板包装，以降低家具在储运过程中的损坏率及占用仓库的空间；更重要的是，平板包装大大降低了产品的运输成本，使得在全世界范围内进行规模化生产的布局成为可能。这是一种运输上的创新，其结果直接体现为运输和仓储成本的降低，而归根结底必然是降低了消费者的购买成本，使绝大多数人能够购买并使用到这一产品。这无疑是宜家对于产品运输的巨大创新。

另外，宜家把顾客也看作合作伙伴，在消费者购物的时候给予了他们极大的自主选择空间。在宜家的商场，产品在样板间和产品提货区分别陈列。顾客可以在产品样板间亲自体验产品并从样板间里获取更多的居家生活灵感，同时翻看产品目录进行家具的选择，而后去自选仓库提货。由于大多数货品采用平板包装，顾客可方便地将其运送回家并独立进行组装。这样，顾客节省了部分费用（提货、组装、运输），享受了低价格；宜家则节省了成本，保持了产品的低价格优势。

例如，拉克边桌就是宜家民主设计的典型案例。在该产品设计之初，设计师为了节省运输成本，将桌脚和桌面拆离，通过平板包装使它的包装体积相比原先减少了一半，大大地降低了运输成本，同时增加了产品的仓储能力。另外，拉克边桌最为突出的特点是采用了蜂窝板材料。蜂窝板材质的产品在不影响外观、承重能力和功能性的前提下使原材料“物尽其用”：充分利用了原材料的同时降低了产品的成本，从而使消费者能够买到更低价的产品。

（3）产品在原材料上的创新，对环境的可持续发展有利。除了仓储和运输理念上的创新，宜家在产品的原材料选取上同样进行了很多新的研发和创新。另外，宜家的设计师设计的奥格拉椅子用复合塑料替代了木材；为了进一步降低成本，宜家将一种新技术大规模引入家具行业——通过将气体注入复合塑料，节省材料并减少重量，并且能够更快地生产产品。

IKEA PS 2012 系列中的一款 PS 台灯，是宜家对环境可持续发展应用的一个优秀案例。PS 壁灯中应用的 LED 灯技术让灯具变得扁平，使它更小、更简洁。LED 由内置在灯具里面的小型发光二极管组成，这样能使壁灯适合任何需要良好光照的空间。此外，PS台灯采用的宜家LED节能灯泡可以节省约80%的能源，使用寿命长达20年，充分节约了能源，考虑到了可持续发展的因素，并将这种理念变成了现实。

宜家的创新是一种真正意义上的“人性化”的家居创新。正是由于宜家始终坚持民主设计的理念，才使得其不断地为中国消费者提供多样的居家生活解决方案，激发人们的灵感、改变人们的家居生活，让这种“人性化”的家居创新理念植入人心，影响并使更多人受益，真切地“为大众创造更美好的日常生活”。

4. 宜家的人性化营销

宜家的商店没有“销售人员”，只有“服务人员”。不允许他们主动向顾客推销某件产品，不会像其他家具店的店员一样，你一进门就对着你喋喋不休。和国内的很多家具店动辄在沙发、席梦思床上标出“样品勿坐”的警告相反，宜家出售的一些沙发、餐椅的展示处还特意提示顾客：“请坐上去！感觉一下它是多么的舒服！”在宜家你可以亲身体验产品，包括对产品进行破坏性实验，宜家强烈鼓励消费者在卖场进行全面的亲身体验。比如，拉开抽屉、打开柜门、在地毯上走走、试一试床和沙发是否坚固，等等。轻松、自在的购物氛围是宜家商场的特征。宜家精心为每件商品制定“导购信息”，有关产品的价格、功能、使用规则、购买程序等几乎所有的信息都一应俱全。即使是一个小小的灯泡，宜家也可以将其特点完全展示出来。宜家采取了一种顾问式的营销方式，将每一个细节都考虑进去，来指导消费者快速做出购买决定。如果你仍不放心，那不要紧，宜家的《商场指南》里写着：“请放心，您有14天的时间可以考虑是否退换。”

据2006年4月15日《新民晚报》头版新闻报道：宜家雨伞的价格在下雨天会打折，同一把伞，平时19元，下雨天9.9元。这是宜家家居，一直采用的人性化营销策略。（来源：网易家居2012－11－16《宜家的“人性化”创新设计之路》）

■ 二、案例2：日本卫浴产品的人性化设计

日本新型卫浴产品，非常注重外观造型设计、流行色配适以及各种功能的配套，其浓厚的东方特色与民族风格，在国际市场上亦常常吸引客户眼球。

尤其在研制开发具有新一代卫浴产品的使用功能方面，他们注意与市

场需求紧密结合，极力吸收高新科技元素，重视舒适、节能及人性化特色，每年都有新品推出。这些特点均在伊奈、东陶等公司近期公开上市的卫浴产品中反映出来。

1. 舒适而丰富的使用功能

日本的卫浴公司先后推出了具有自动开关、五档洗净功能坐便器卫浴洁具产品。在使用中，新型卫浴洁具能够完成满足强力冲洗超强冲洗、柔和冲洗、按摩冲洗、喷射冲洗以及气泡冲洗等功能，很显然该款新产品凝聚有许多高科技的元素，因此能够实现多种功能的冲洗、洗浴与按摩。还有一款超小型的全自动卫浴洁具产品，其造型简洁、外形线条流畅，体积又非常小，适合单人使用。该小型全自动卫浴洁具配备了防污、超级杀菌、正负离子群及节水技术等较为全面的功能，且能够自动开关，下面有可以脱卸的便盖，能够避免不易洗净等麻烦，使用非常方便。

日本卫浴洁具上安装了先进的感应器装置，可以实现全自动冲洗，省去了人工控制。一方面，可达到节水的目的；另一方面，由于安装了正负离子发生器，还能够通过清洁空气改善卫生间内的空气质量，使卫生间环境更为清新。

2. 优秀的节电、节水功能

日本卫浴公司生产的电脑卫浴洁具便盖配件，配有该公司与电力公司共同开发的节电功能设施。它属于手触式节电功能坐便器，在按键之后的一定时间内，便盖与温水的温度设定进入待机状态。由于用电系统实现了全自动控制，可以达到24小时内节电的状态。这样即使在睡觉或家里无人时，也不会浪费电。先进的感应冲水器实现了全自动控制水量冲洗方式，摒弃了手工开关，大大增强了节水效果。

3. 浓厚的人性化理念

日本新型电脑控制卫浴产品，除了具有除臭、柔光功能之外，还配备了音乐播放等人性化设计元素，在卫浴产品上装有娱乐设施。消费者在如厕时可欣赏自己喜欢的音乐节目，也可以根据自己的爱好，插入一张SD卡，依靠遥控器挑选自己爱听的音乐节目。由于安装了自动光控制器，即使晚上如厕也无须开灯，自然会有柔和的光线为起夜者随时照明。

4. 产品综合功能配套率高

目前，西方发达国家的卫浴产品的生产与营销，非常讲究产品综合功能配套，这在日本同类产品中表露无遗，即使最普通的卫生瓷公司，在设计生产卫浴产品的同时，也会生产相应的五金、铜活等配件产品。卫浴产品通常是与配套的各类器件一起出售的。因此，许多卫生瓷厂与铜活公司常常采用联营协作的方式。有的卫浴生产企业，其下面就有生产各类铜活配套元件的分公司。

5. 嫁接其他行业先进技术

目前，日本新一代卫浴产品，凝聚有大量高精尖的技术与配件产品，实际上是一种综合性的高技术产品。但是，由于卫浴产品内的许多元器件的设计与生产，并不是陶瓷企业之专长，这样无论陶企自身怎样用力干，也不易做好。因此，日本的卫生洁具厂商通常通过嫁接其他行业公司的技术特长与设计优势，进行合作与技术集成，共同研制开发卫浴产品所需的产品附件，如卫浴产品上的光感应元件、节能器件、密封器件、电脑元件甚至音乐播放器件等。（来源：九正建材网微博 2010－07－02《关注：日本卫浴产品以人性化设计逐渐占领中国市场》）

三、案例 3：海航人性化服务

在 2013 年下半年，海南航空（以下简称“海航”）凭借其高品质的客舱服务水平及持续多年的服务创新，连续获得三个世界级服务大奖，分别是由被誉为“全球旅游业奥斯卡金奖”的 WTA（World Travel Awards）颁发的“2013 年 WTA 世界最佳经济舱”“2013 年 WTA 亚洲最佳经济舱”奖项和“2013 年 ITCA 水星奖全球最佳客舱服务奖”。

海航自开航之日起，不断创新推出全方位的人文特色服务项目。首先推出 13 条服务承诺：

950718 服务热线——温馨周到
异地取票服务——方便快捷
客票折扣服务——经济实惠
客票签转、变更服务——灵活便利
客票退款服务——实现增值
航班超售服务——获取双赢
中转联程服务——贯通中国

无人陪伴儿童服务——细心周全
头等舱服务——尊贵超值
行李运输服务——省心快捷
航班不正常服务——真诚贴心
行李运输服务——省心快捷
客户建议服务——快速响应

具体如下：

1. “幸运之旅”献爱心

海航本着“为社会做点事、为他人做点事”的企业理念，在客舱内推出了“幸运之旅”机票娱乐竞拍游戏。竞价的机票从10元起价，最高竞价为全价。海航将竞价机票所得收入除一部分以奖品的形式回馈旅客之外，大部分用于公益事业。虽然一个航班只有一张机票，但一张小小的机票见证了海航和旅客的一份爱心。该活动开展5年多来，海航的爱心行动从地面到空中，遍布全国各地，受到了社会各界人士的赞誉。

2. “爱心天使”伴你行

为了最大限度地满足特殊旅客的特殊服务需求，海航在航班上推出了专职的“爱心天使”乘务员，在航班中全程挂牌上岗，并提供“爱心天使”的“五好”服务，即当老年旅客的好儿女、当小旅客的好阿姨、当病患旅客的好护士、当行动不便者的好帮手、当初次乘机者的好向导。为提醒旅客预防经济舱综合征，“爱心天使”乘务员引导全体旅客做“经济舱放松操”运动。经济舱放松操的推出在国内民航服务界“一招鲜”，实用、新颖、独特，成为国内空中服务独树一帜的服务形式，也体现了海南航空主动、细致、亲切及个性化的服务特色，受到广大旅客的喜爱。

如2011年10月9日，在海南航空HU7361由广州飞往杭州的航班上，乘坐了一批特殊的旅客——参加全国残运会的广东体育代表团团员。乘务长接到保障任务后，马上详细地了解了所有成员的资料和身体情况，之后对每一位残疾人运动员做了有针对性的安排与准备。乘务组内也进行了细致的分工，针对肢残旅客特点，加配了多个枕头，便于垫付伤肢，还有专为聋哑队员准备的服务温馨提示，并有专门的乘务人员用熟练的手语跟聋哑运动员进行交流。

3. “红十字会急救员”保平安

为使旅客享受一次安全、快捷、舒适的空中旅行，使海航真正成为旅客信赖的航空公司，2004 年 6 月海航推出了“红十字会急救员”特色服务，向旅客提供旅行小常识、日常保健知识等方面的咨询，通过细致服务，加强与旅客的沟通交流，给予旅客“安全”的旅行享受，对身体不适的旅客提供专业的“天使”服务。这在国内航空业创造了新的服务亮点，提升了海航的品牌知名度。

4. “瑜伽放松操”健康行

在飞机客舱中坐久了会感觉全身不适，不要紧，海航乘务员会带你一起做“瑜伽放松操”，活络你的筋骨，舒缓疲惫的腰身，愉悦你的身心，让你轻松度过漫长的旅途。加上乘务员甜美的微笑和真切的关心，相信你一定会拥有一个愉快的旅程。

5. “家居式服务”享受家的温馨

“家居式服务”在满足旅客个性化服务中脱颖而出，在海航支线航班上，乘务员就是每个家的主人，除了基本的餐饮和安全服务之外，“家”中常备特色服务：每日历史回顾、自助餐式服务、到达站概述、谈心服务和提供旅行（商务）咨询服务等让旅客充分享受和家里一样的轻松舒适。乘务员自然而不造作、随意而不懈怠、高雅而不轻浮的服务深受旅客的欢迎。

如从 2007 年 5 月 1 日起，海航在海口—北京航线上率先推出“阳光儿童餐食”服务。海航根据国际航空特殊餐食的标准，重点开发适合 2～12 岁儿童的餐食，餐食更讲究儿童配餐的“健康、放心、开心”，包括各种造型可爱的蛋糕点心、新鲜水果、卡通饼干、沙拉、面条等儿童食品，具有易咬食、易咀嚼、易消化的特点。海航是国内首家提供特色儿童餐食的航空公司。

6. “机上娱乐节目”自娱自乐

海航与美国 VIACOM 公司 MTV 音乐电视台合作推出的《海航 MTV 音乐光荣榜》，打造大陆、港台、国际最流行的音乐节目，让旅客多一份好的心情。此外，《新海南介绍》《综艺节目》等机上娱乐节目全方位展示海南特色文化，在客舱内同样可以放眼领略海南迷人景色。同时，在节目中融入了海南航空乘务员特色制服、海航企业文化格言等，给旅客带来视觉和听觉上的全新感觉，让更多的人了解海航的企业文化及服务理念。

7. “精品头等舱”享尊贵

除了打造头等舱的尊贵服务之外，海航在头等舱新推出以传统宫廷菜为主的精美餐食，为乘坐头等舱的旅客带来视觉与味觉的超凡享受。首轮推出的宫廷菜秦皇小鲍鱼、清宫母子鸭、文成公主鱼羊合蒸和干炸丸子等中式宫廷佳肴都有一段精彩的历史典故，让人回味无穷。如果宫廷菜吃腻了，豌豆黄、小豆糕、酥卷佛手、肉夹馍等多种民间小点心，加上鸡汁白菜汤、醋浇丸子汤两款特色汤品，同样让你品味寻常百姓家的味道。

2009 年 9 月 4 日开航的西安—台北航线上，选用了为国际航线提供的精美餐具。头等舱采用黄瓷托盘餐具，经济舱采用红色托盘餐具，整套餐具的设计理念强调中国元素，包括中国红、中国传统的竹和印章的图像，设计风格简约大气，与海航“以客为尊”的服务理念相得益彰。与西安知名餐饮企业“西安饭庄”合作，将西安饭庄的特色菜品及精美小吃引入客舱餐食中。同时，乘坐该航班的旅客还有机会品尝到来自澳洲的纯正杰卡斯干红。

2008 年 6 月 9 日起，海航在北京首都机场，为乘坐海南航空北京进出港自营国际航班头等舱、公务舱旅客推出了奥迪 A6 专车接送尽显尊贵品位、专业门童全天迎候指引便捷乘机、机场专家巡视大堂为您排忧解难等更加人性化的特色服务。

8. 快速通关

2009 年海航推出了快速通关服务。

机场自助值机，乘客可以在海口、三亚、深圳、北京机场的海航通用自助值机上扫描或手工输入证件号码、选择机上座位、根据系统提示自助打印登机牌。

网上值机，乘客购票以后到海航网站（http：//www. hnair. com/）选择机上座位、自行打印系统生成的登机牌，并以此通过机场安检和登机口后登机。每日 14：20 后均可办理次日航班的网上值机。

手机值机，乘客只需通过手机登录海航 WAP 电子客票系统（http：//iwap. hnair. com/），选择“办理值机”后输入乘机证件号码即可通过手机选择机上座位办理乘机手续。每日 14：20 后均可办理次日航班的手机值机。

9. 彩绘飞机

海南航空公司在1998年率先开启了中国民航客机机身彩绘的先河。这批彩绘飞机共8架，经过社会公众投票评选，分别使用具有中国传统文化韵味的名字来命名，即“国色天香”“椰风海韵”“快乐海浪”“金穗飘香”“喜鹊登梅”“君子慕兰”“竹报平安”和“菊香幽远”。机身上使用艳丽的色彩，以中国画的技法、风格喷涂了大幅牡丹、君子兰、桃花、梅花、竹子、菊花等深受国人喜爱的中国传统吉祥图案。漂亮的彩绘艺术不仅给旅客带来了新奇的感觉，同时也提升了企业的品牌形象。例如：

“快乐海浪”号彩绘飞机机型为波音737—800，机身的两侧喷涂了欢腾跳跃的海浪，沙滩与贝壳清晰可见。若从机头看过去，则是一个非常明显的由海浪波纹组成的笑脸，故起名为“快乐海浪”，寓意快乐人生、快意飞行。该飞机除执行正常航班外，还先后执飞了2006年海峡两岸春节包机、2008年海峡两岸中秋包机等，寓意着海峡两岸“同一片蓝天、同一片海洋”的浓厚血缘关系。

“金穗飘香”号彩绘飞机是海航与农业银行合作购买的飞机。飞机上的彩绘图案有着浓浓的乡土气息，卡通化的麻雀飞翔在金黄色的滚滚麦浪中，不仅寓意着金色收获、麦浪飘香、快乐飞翔，也凸显了海航与合作伙伴的友谊。(来源：节选自海航网站及相关报道)

四、案例4：四季酒店人性化服务

在全球著名优质品牌国际酒店中，被高端市场视为“顶级品牌”的有两家，那就是总部在加拿大的“四季”（Four Seasons）和总部在美国的“丽嘉”（Ritz-Carlton）。四季酒店的卓越之处就在于它将人性化发挥到了极致。

1. 员工管理人性化

上海四季酒店开业前，总部前来视察筹备工作，大家准备了许多资料和情况等待汇报。照例，总部应该关心酒店的设施、员工的培训、上海的市场、酒店的营销和竞争对手这些与经营直接关联的情况，然而总裁开口问的第一个问题竟是：“我们的员工福利是不是上海酒店中最好的？我们的员工福利必须是上海第一！”四季酒店的经营逻辑是，提供高福利待遇→拥有高素质员工→吸住高素质客人→产生高出租率和高房价的双高效益。而这种双高效益反使员工的高福利在酒店的账面上变成了低成本，也就是说，百元营业收入的劳动力成本很低，连20%都不到。这不仅国内酒店根本做不到（大多在30%以上），就连许多外资酒店也无法企及。

四季酒店是唯一一家员工不用饭卡的酒店，员工只要是穿着工作制服，都可享受一日四餐的待遇。而吃多吃少、丰俭随意，你要吃三块排骨也行，多吃水果也行，多喝几杯饮料也无妨。餐厅就这么一个，从总经理到做PA卫生的临时工都在这里就餐，没有等级之分，人人平等。“四季”的理念是，不分国籍、肤色、宗教信仰，我们都是“四季人”。员工在工作区域一律不得放杯子喝水，这是保证服务和工作环境整洁的严格要求，任何员工可抽工作空隙自由去餐厅喝各种饮料。餐厅24小时供应饮料，供餐时间除凌晨1—5点外，也连续开放（短暂的清扫停歇除外）。

员工的洗澡场所，完全跟宾客一样，有沐浴液、浴巾、拖鞋、梳子、吹风机等，擦完身，把毛巾往箩筐里一扔就行。为什么这样做？“四季”考虑得很细，若员工自己带毛巾，用完后湿湿的毛巾放在更衣柜里就会散发馊霉味；没有吹风机，员工的头发湿湿的，走在公共区域形象就不达标。

一斑而窥全豹，仅从员工餐厅和洗澡间就可以领略四季酒店对员工关怀的细致入微。有了良好而又平等的对待，员工必然能心情舒畅、集中精力地去为客人提供高品位的优质服务。因此，全球四季酒店员工的跳槽率是最低的。

2. 服务人性化

四季酒店开张前试营业不是面对社会的，而是面对员工的，试运转一个月，员工试吃一个月，发现问题，随时叫停，为的是保证开业百分之百的满意。这就是以人为本——酒店不能把客人当“实验品”。从这个理念出发，四季酒店是没有实习生的。进店员工必须经过强化的系列培训，达到各项要求才能上岗，上岗就是正式工——对客人服务必须完美无缺，没有实习过程。

目前，酒店服务中的一个缺陷是客房、餐饮、PA、康乐等一线各部门之间缺乏互相了解，酒店也规定各部门员工不得“串岗”，这样必然影响整体服务质量和团队精神。而四季酒店系列培训的最后一项是让员工做一天客人，除客房免费安排外，另发给员工600元，让员工穿上便服在酒店消费，就餐、健身、泡酒吧都可以，要求员工站在客人的角度体验酒店、理解顾客。由此出发去创造高度满意的服务，也从一开始就使员工对酒店各部门有了一个全面的认识，有利于今后部门间的沟通和配合。

四季酒店“以人为本”的一个重要体现就是高度保护客人的隐私权和对每一位客人平等的尊重。这一点，在我国既有观念上的问题，也有运作中的难度，而四季酒店在尊重人权方面是恪守不渝的。

——到客房，进电梯必须插上钥匙磁卡，才会在相应楼层停下。

——酒店公共区域未经允许，一律不准拍照，因为公共场所人多，即使看似私人照片，但背景仍可能涉及其他人，这对背景里的人有产生侵权的可能，因而严格禁止。如果确实需要照相，可告知酒店，酒店会专门为你安排。

——每一个住店客人都是平等的，即便是有重要贵宾到达，酒店正门仍必须留出供日常客人进出的车道和通道，不允许封死。如出现矛盾，四季酒店宁可不接待贵宾也要绝对保证住店客人的正常服务条件。

——不允许媒体进入大堂拍摄客人照片，如贝克汉姆的“辣妹”太太来沪，酒店在门外拉起警戒线，媒体不得超越。越这样，就越能保证店内的环境品位、客人隐私和活动自由。媒体有时颇有怨言，但四季酒店坚持原则不动摇。

四季酒店的个性化服务质量更是做到极致，其代价之大，很难有其他酒店能承担得起。美国 CNBC 电视台总裁来沪，酒店马上与上海专业机构联系，购置解码器，专门给 CNBC 一行的 10 间客房加上 CNBC 的频道播放，并精心印制专门的节目单；百事可乐的总裁来酒店，房间就全换上百事公司的产品；菲利浦公司总裁下榻，客房里全换上菲利浦公司的照明；丰田公司董事长来酒店，床头放上注有丰田标牌的模型小汽车；三星电子公司的总裁住店，酒店不惜重金把高级套房的其他品牌的等离子电视拆下来，换上最新型号的三星产品。这些待遇不只是对老板，就是小孩儿，也一视同仁。得知来店夫妇还带了一个 6 岁孩子，酒店马上配上小孩儿浴袍、儿童拖鞋和气球等小玩具，加床也符合孩子的身高。可以说，只要有来客信息，四季酒店都把服务事先充分做到位。

酒店楼层一律不采用服务车，因为用车的话，白天大多数时间楼面上就有服务车挡道，客人得侧身而过，不礼貌、没品位，而服务车上有垃圾袋，既不雅，又有异味。同时，有行李车在楼面，更会出现碰撞现象。因而酒店每个楼层都有一个小小的布草间，维持每天的周转量。

在四季酒店的客房里只有一张两面都印着“请勿打扰”的字牌，而没有“请速打扫”的提示。店方介绍说，如果有了“请速打扫”提示牌，这就意味着酒店对客人的承诺，但这不是都能兑现的。如果同一楼层一批客人共入住了 10 个房间，同时立即打扫肯定不可行，而客人也并非到了要立即打扫的着急程度。在这种情况下，酒店就会提示客人，只要打电话说有打扫需求，工人会马上到位，一定满足。而打扫客房和工程部维修客房设施都必须关上房门，这是出于酒店及员工的安全和客人的隐私考虑的。关上房门，员工会在门外挂上牌——“我们正在为阁下打扫房间”。

很多人会有在家里或办公室的桌子上铺玻璃板的习惯，而酒店客房的桌子供大家使用，一般不会铺玻璃板，但是这样的话就很容易留下杯印甚至烟头烫的焦痕，给客人一种陈旧感和破损感，而铺上玻璃，就可解决这个问题。

当然，千万不要往玻璃板下塞进这样或那样的文字材料，桌面视觉一凌乱，品位就降低了。

当然，诸如客人名字这样的服务，则是最基本的。楼面服务员衣服口袋里都有一张纸，上面写着今天楼面客人的名字，见到客人就尊称客人姓名问候致意。世界上各语系的发音有不同的特点，酒店尽力做到不同国籍客人都能听懂。

3. 设施与用品人性化

现代优质服务首先必须有现代科技和一流设备为支撑。四季酒店在这方面的人性化设计及投入巨资令其他酒店望尘莫及。

先从客房的门说起，门中有钢板，门的三面有橡皮条镶嵌，像冰箱一样密封。门的下面是大理石条，当门关闭时，底部的橡皮自动顶下，房门就全部密封。在正常情况下，绝对隔音，遇到火灾、烟雾（火灾时致死率最高的原因是烟雾窒息）进不了房，门可抗烧 6 小时之久。即使有如此安全的门，但打开电视机，首先介绍的也不是酒店的豪华舒适，而是酒店的安全指南，“四季”对客人安全的重视，令人钦佩。

进门不插节能匙卡，这是“四季”的观点，用房卡兼电源开关，易给客人带来不便，尤其是忘了拿东西返回时，更麻烦。当然，这一点，每个人心里都很明白，在我们的家里，是不用插卡控制电源的。所以“四季”的理念是，像家庭一样，门口就有能触摸到的开关。至于节能，那是酒店的本分工作，不能让客人去做，更不能给客人带来不便。

按下开关，首先亮的是顶灯，显然这是任何家居必要而又简单的照明，然而绝大多数酒店（包括国外高级酒店）就是不装，这是人性化的一大缺憾。有人在走访全球酒店两大顶级品牌四季和丽嘉时，高层管理人员都着重提出了客房顶灯的重要性。要知道，房内安装再多其他灯，都只解决了局部照明，而顶灯是用来解决整体照明的。这个简单的家居常识，为什么我们酒店的设计者、管理者和行业指导者多少年来一直视而不见，置若罔闻呢?

“四季”的床堪称是极品，包括弹簧、填充料等里里外外用100多种原材料制成，人体任何部位的沉降力它都能支托到。而且“四季”的床全球一致，住纽约、伦敦、东京，与住上海的四季酒店，床垫的质感和软硬性完全一样，连床上布草也采用完全相同的200支棉织品。若客人对床垫另有要求，可以另换，如枕头的高低软硬不合适，可立即更换，并联网储入客史档案。床尾的垫凳可以翻起放大箱子，让客人把衣物等摊在床上，从容地整理入箱。笔者曾仔细观察了四季酒店客户的沙发，从扶手、坐垫、靠背到下沿，全部花纹都准确对拼，这份精致，需要多大的工夫啊！（来源：职业餐饮网2011－07－07《四季酒店人性化服务》）

第 2 章　营销的两个方向

有人说，企业管理是小型企业靠领导，中型企业靠制度，大型企业靠文化。于是，大型、超大型企业纷纷开展企业文化建设工作，然而几年下来，并没有获得预期的效果。有学者在研究这些情况后认为原因是多方面的，而其中最重要的是价值观、使命、愿景没有得到员工的认可，没有变成员工的行为，更谈不上自觉。

细究起来，企业不但企业文化建设是如此，其他方方面面工作不也是如此吗？营销也概莫能外，一个好的营销方案，最后的结果大打折扣甚至失败，有很多时候都是因为员工没有执行到位所导致的，简单总结为执行力不够。然而在笔者看来，其深层次的问题是把员工简单地当作被管理者，认为他们的任务就是执行命令。没有把员工当成合作伙伴、战友，没有把计划、方案向员工交代清楚，员工没有理解更谈不上认可，再加之将员工置于被管理者位置，人为地制造了管理者与被管理者的矛盾状态，那么好的方案达不到预期效果也就可以理解了。

让员工理解、认可营销方案，进而变成员工的自觉执行，需要管理者向员工征求意见，反复沟通；制订出行动计划，并向员工进行传播；同时为确保执行到位，还需要了解员工的需求，针对需求制定出奖惩措施并严格兑现，这样才能确保营销方案的落实。这一过程归结起来就是个营销过程。所以，企业的营销不但有传统的对外向顾客营销，还有对内的向员工营销。

第一节　营销有两个方向

我们谈营销，一般都是说企业对客户的营销或企业员工对客户的营销。而瑞典经济学院的克里斯琴・格罗路斯（Christian Gronroos）1981 年发表了论述"内部营销"概念的论文。菲利普·科特勒曾指出:"内部营销是指成功地雇佣、训练和尽可能激励员工很好地为顾客服务的工作。"所以,营销已经不再单单是对外部客户的营销,还有对内部客户的营销问题。

一、营销的构成

营销的"营"是谋求,经营、管理之意;"销"是销售之意。营销就是谋求销售、经营销售、管理销售。销售是主,是核心,是目的;谋求和经营、管理是辅,是手段,是过程。营销整体是个动态的过程,是销售者把产品或服务销售给销售对象的过程。无论是营销,还是销售,销售者都是主体,销售对象是客体,只有主体和客体同时存在,才能完成营销的事项,或者才能称其为营销。只有一方,无论是主体还是客体,都不能称其为营销。

尽管很多营销学家或权威机构都是从供产销一体化企业中的产品生产出来后的销售环节,或进存销的销售企业的销售环节来对营销加以阐述或定义,但从营销的实践看,营销不单单是销售环节的事,而且是销售整个价值链上所有节点和环节的事。关于这一点,很好理解。比如,以销定产、以销定进的问题,这是营销的基本问题,前者是对供产销一条龙的生产企业所说,后者是对进销存的销售企业而言。这虽然是多少年前就提出的概念,但时至今日还是有很多企业做不到。库存积压、降价倾销、价格战等,不全是市场因素,更多的是企业营销因素,或者直白地说营销只停留在 1.0 的水平上,还停留在以企业为中心、以产品为中心的初级阶段。

如果我们能按彼得·德鲁克所说去做,即营销是先去发现潜在客户的需求,然后着手制造或开发相应的产品,这样一来,该产品在产出时就已经符合了潜在客户的需求。如果营销做得好,那么基本上不需要销售,产品就可以被卖出去。彼得·德鲁克在《管理实践》中又进一步阐述:"它(营销)囊括了一切业务。从最终结果看,也就是从客户的角度看,一个企业要做的事情只有营销。因此,企业的各个部门都应该关注营销,负责营销。"

无论是从营销的实际还是按营销大师所说,营销如果只向外看到顾客，而看不到内部的员工，显然是不够的。企业的营销不是单向的，而是双向的，向外是顾客，向内是员工。所有营销成功的企业，无一不是首先向内部员工做好营销工作的。

■ 案例：创维留住核心员工的案例

2000年11月2日，在4年内一手将创维的销售业绩从7个亿做到43.3个亿的原创维中国区域销售总部总经理陆强华，携创维150多号人马，其中有11位创维片区经理，20多位管理层的核心干部，以及他们最亲近的核心员工，集体跳槽至“目前行业内最差的企业”（陆强华语）——高路华。至此，创维中上层已发生了十起以上出走事件：胡秋生、褚秀菊、杜健君、任健、陶均、黄学政……这其中有创维生产厂长、中国区域销售总经理、集团副总裁、财务总监、执行董事，他们带走的不仅是公司的客户关系，更重要的是带走了公司的核心员工，给公司核心业务的正常开展和日常经营造成了巨大的困难。面对这些情况，创维采取了一系列措施来留住核心员工。

1. 核心员工对企业的认同

妨碍核心员工业绩提高的一个因素是在一线员工中缺乏关于企业的真正的和有意义的信息。大多数的公司并未将信息共享放在一个优先地位。结果，许多一线员工对公司究竟取得什么样的收益，自己如何能为公司做出更大的贡献等只有一个笼统而模糊的概念。而只有让核心员工更多地了解企业的运营状况和公司的理念，让他们对公司感到更多的骄傲以及增进他们对公司客户需求的认识和了解才能有效地达到“双赢”。

2. 让核心员工有意义的参与

对企业存亡负有责任的核心员工并不会自发产生对企业的认同，除非他们真正认识到自己的日常活动是如何与公司业绩挂钩的。事实上，提高核心员工满意度的一个关键在于让其做有意义的参与，当前缺乏真正使团队成员参与到决策活动中去的机制，也很少或根本不考虑雇员观念滞后所产生的影响。大西洋航空公司管理方采取“GITS”（“成长与改进团队”英文首位字母的缩写）作为提高员工主人翁精神的建设性方法。GITS的成员一个个都变成了活动的主人：他们检查自己所推荐的变革并确定其是否得到有效的落实。这样，就完成了从诊断角色向一个更具领导色彩的角色的转变，从而使员工能更积极地投入工作并对业绩的改进负有责任。

3. 制定明晰的目标和业绩考核体系

没有明确的、可测量的绩效目标，对企业的认同与投入对核心员工的忠诚和绩效的影响将微乎其微。要想使核心员工的忠诚与绩效之间的联系看得见、摸得着，就必须让员工理解目标并定期进行考核。正是因为牢记了这一点，Bayer公司的员工与管理方共同开发出了绩效计分板。计分板包含了对整个企业进行测评的一整套办法，反映了员工确实能够施加影响的五个方面。由于计分板直观地反映出五个方面在各个时期的变化，因此雇员能够明白他们自己的绩效是如何影响这些变化的以及这些变化又是如何对整个公司的业绩产生影响的。

4. 切实提高员工对工作的安全感

由于经济的全球一体化和商业竞争的日趋激烈，有保障的工作已逐渐成为陈年旧事，但这并不意味着雇员就不需要工作安全感。如果雇员圆满完成了他的工作并帮助他所在的企业取得成功，就有助于他保住自己的饭碗，并且提高他发现另一个工作机会的概率，同时反映到其薪酬的增加上。例如，Bayer公司的管理方通过坦诚的沟通向员工解释公司的策略并对员工的关心做出回应。现在，主管每月都会得到关于绩效测评指标的反馈报告并与员工共享这些信息。这种沟通提高了员工的工作安全感，因为他们知道管理方并不是在刻意隐瞒某些可能的坏消息。

5. 靠激励制度留人

除了设计合理的薪酬制度外，还要有一个长期的激励制度。一般来说，激励制度包括内部晋升制度和期权激励制度。晋升制度包括的范围比较广，既包括职位的晋升，也包括非领导职位的晋升，也就是可以使员工在企业中的地位上升或社会地位提高的广义晋升制度。我国科技企业的期权激励制度主要是借鉴西方已经比较成熟的期权激励制度，包括股票激励、股票升值权、限制股票奖励、延期股票发行和员工持股计划。

6. 靠“职业适应”留人

就业市场虽然紧张，但才华横溢、富于进取的人才仍是众企业的“抢手货”。国外大公司普遍认为，最难留住的人才是中层管理人员，特别是在公司任职3~8年的管理人员。他们熟悉公司的经营之道，但获得奖励和提升的机会少。留人要留心，公司要制定职业适应制度，让招聘进来的员工一进公司就了解各部门不同的工作职责，一旦你想离开岗位，可以先在公司内部找发展机会，找适合自己的工作。美孚石油公司注意发挥不同层次雇员的能力，提前给他们晋升机会、安排不同工作。通过层层筛选管理人员，以发现培养公司新的领导人，并让新人轮流到各个职能部门工作。为了让他们适应职业，还为每位新人配备了一位发展联络人。另外，SONY 公司独创的内部招聘制度也不失为一个很好的解决办法。

7. 靠“特殊任务”留人

美国哈尼根公司为了留住能干的员工，实施雇员结构图模式，搞满意坐标：一条轴线反映管理人员对工作的满意程度，另一条轴线反映他们对公司满意的程度、离开公司的可能性。两个轴的坐标到了交叉点后，公司就要采取刺激措施，帮助员工度过跳槽危险期。为此，对一些有晋升希望的员工，在一时没有职位空缺的情况下，让雇员担负需要几个月才能完成的特殊任务。公司总裁坦言：因为雇员在一项引人注目的工作中突然离去会感到内疚，所以他们会竭尽所能去完成任务，与此同时，在其完成任务的几个月内，公司还可以细致观察，为其寻找更好的晋升机会。

8. 信任员工，充分授权

授权意味着激励员工承担更多的责任，拥有更多自行决策的权力。首先，授权必须要有适宜的对象，即成熟而热忱的员工，他有足够的能力和意愿去担当责任，所以授权的第一步是要培养他学会激励员工。懂得怎样用有效的态度和方式去激励别人，在经理生涯中起着双重作用，你激励别人，别人也在激励你，是互动的成长。我们可以从托马斯·爱迪生和他的母亲那里认识到这一点，当孩子感觉到他完全沉浸在可靠的信任中时，他会把事情干得很出色。员工也一样，处于信任的氛围中，他不会费尽心机地去保护自己免遭失败的伤害；相反，他将全力地探索成功的可能性。在这一阶段，经理人扮演着领导者的角色，需要给予员工具体的目标并加以指引和指导，协助他一起完成任务，很显然，这时的效率很低下，因为员工不能独立工作。

通过这些措施，创维集团不但从集体跳槽的阴影中摆脱出来，继续取得了超常规的发展，还不断从全国各地，甚至从海外引进各种类型的人才，形成了包括产品开发、销售、品牌、国际营销、资本运营等方面的国际化、专业化的人才航空母舰。（来源：360 问答 2013 - 07 - 01《知名企业留住核心员工的案例》）

二、员工是否需要营销

《老子》中提到："善用人者为天下。"古今中外能够说明这一命题的实例俯首皆是，在现代企业界也是如此，其中被称为全球"最佳 CEO"和"全球第一 CEO"的杰克·韦尔奇应该说是最杰出代表。

在谈到成功时，杰克·韦尔奇说："要说成功的模式，它的独特之处在于其一致性，让员工实践共同的价值观，同一切的不和谐做斗争。"

"要大力培养那些认同公司价值观的员工，价值观很重要，因为这是双方合作的基础。"

"用具体而伟大的目标去吸引员工，鼓舞员工，放手让他们自由表现，最后我们会发现，员工们精神振奋，生产效率也会大大提高。"

"要做好一名领导，就必须要学会鼓动人、笼络人，要善于把握住一切可能的机会，毫不吝惜地加以表扬，越具体越好！"

"领导者的工作，就是每天把全世界各地最优秀的人才招揽过来。他们必须热爱自己的员工，拥抱自己的员工，激励自己的员工。"

"每天我都在努力深入每个员工的内心，让他们感觉到我的存在，即使我出差在很远的地方，我也会花上 16 个小时与我的员工交流。"

"什么样的人企业坚决不能用？是有业绩、有能力，但不认同公司文化和企业价值观的人，这样的人坚决不能用，坚决不能在企业待着，更不能说进入高层。"

从杰克·韦尔奇的这些话中，我们不难发现，他用 50% 的时间去做人的工作的重点是向员工宣传传播 GE 的价值观，从中要褒奖德才兼备的人才，要培养精英人才，为全球最优秀的人才创造机会，让他们不断成长并实现梦想；要珍视每个员工，每个创意，尊重人人，珍视每个员工的贡献。

那么，向员工传播企业价值观的过程是不是营销的过程呢？从营销过程来看，营销就是发现顾客的需求，创造顾客价值，让顾客感知到价值，满足顾客的需求。那么，一个好的激励政策不也是这样一个过程吗？所以，现在有内外部顾客之分，外部顾客是原有普遍意义上的顾客，内部顾客则指企业内部有业务关联的人。想让外部顾客满意，首先要让内部顾客满意。正所谓“没有员工的满意，就没有顾客的满意”，这就是德国慕尼黑企业咨询顾问弗里施提出的弗里施定理。

1981年，瑞典经济学院的克里斯琴·格罗路斯（本处提法是采用360百科中“内部营销”的解释中的说法，而在360百科中“克里斯琴·格罗路斯”的解释中说克里斯琴·格罗路斯教授是芬兰市场学家，执教于芬兰赫尔辛基瑞典文经济与管理学院，现任该校学监、市场营销学系主任、管理教育中心主任。作为全球权威管理学家被国际学术和实务界誉为“服务营销理论之父”、世界CRM大师）发表了论述“内部营销”概念的论文。他认为，公司设置了强有力的营销部门，并不意味着这家公司实施了营销导向；公司实施营销导向的关键，是要培养公司经理和雇员接受以顾客为导向的观念，而这一工作比为顾客开发有吸引力的产品和服务更为棘手。在此基础上，菲利普·科特勒进一步提出了“营销化”的理论，指出要使公司营销化，就是要在公司里创造一种营销文化，即培养和训练公司员工以满足顾客需求作为宗旨和准则，并逐步在意识上和行为上产生认同感。他还提出：“内部营销是指成功地雇佣、训练和尽可能激励员工很好地为顾客服务的工作。”有人进一步总结出通过调动员工积极性，协助员工更好地完成工作，充分授权给员工，确保他们实现了工作目标并对他们取得的成就给予奖励等内部营销的四种方法，进而打造出一支干劲十足的员工队伍。

■ 案例：希尔顿酒店集团打造 Homewood Suites 品牌

几年前，希尔顿酒店集团旗下的 Homewood Suites 的品牌经理霍尔特豪泽（Jim Holthouser），想要聘请高人帮助他复兴这一低迷的酒店品牌。从第一天开始，他就知道在他的战略规划中，与复兴酒店占据同等重要地位的，是将这一品牌与其他品牌区分开来，不仅是在希尔顿酒店集团以外，而且还得在内部。

霍尔特豪泽说：“我们的确需要一些贤能来帮助我们发展。但是，我刚到 Homewood 的时候，招聘广告发出去后却没有一个来应聘的人。大家都想去客似云来的地方，而在公司内部，我们这个品牌默默无闻。所以，Homewood 必须激起内部员工对这个品牌的兴奋度，这样就能够吸引一部分人才了。”霍尔特豪泽还说：“我们一直都在孜孜不倦地培养和推广

Homewood 的品牌个性。我们这不拘谨，员工在这里工作很开心。我们把‘谢谢’挂在嘴边，向员工提供很好的培训、发展机会和奖励机制。而且我们做了大量的沟通工作，使团队中的每一个人都能全心全意地工作。我们的团队成员都为 Homewood 的品牌感到骄傲，他们希望客户也喜爱这一品牌。”

霍尔特豪泽和手下的几位高层经理定期和公司一线的团队成员召开电话会议，同时也定期与每位总经理召开电话会议，以了解业务的最新进展情况。当有员工表现突出时，霍尔特豪泽会发去书面感谢信，并致电表示祝贺。由于霍尔特豪泽为员工敞开了信息大门，他们的工作非常出色。不仅如此，员工在客户服务方面的表现也更上了一层楼，因为他们真正担起了促使公司品牌成功的责任。霍尔特豪泽说：“我们一直认为内部营销同外部营销一样重要，而我在这里的经历证明了我的想法是对的。”

5 年之后，霍尔特豪泽再也没有遇到招聘方面的问题了。他说：“现在发出招聘帖子后，应聘的人数超过了我们能够应付的程度。”酒店行业面临的最大问题是员工流失率高，但是 Homewood 的优秀员工却一直没有离开那里。

这些员工关心客户，而客户也回馈他们以支持和赞赏。霍尔特豪泽说：“由于客户的好评，我们赢得了三项行业大奖。这些奖励是我们致力于营造企业文化的直接结果，在这种文化氛围内，团队成员满腔热情地实现着我们的品牌承诺。”（来源：360 百科《内部营销》中的案例）

三、顾客第一还是员工第一

“第一条，顾客永远是对的；第二条，顾客如有错误，请参看第一条。”这就是沃尔玛著名的顾客至上的服务理念。沃尔玛董事长山姆·沃尔顿说：“我们都是为顾客工作，你也许会觉得是在为上司工作，但事实上他也和你一样。在我们的组织之外有一个大老板，那就是顾客。”这些故事是所有服务及相关企业行业耳熟能详的，认为其是对的，所以很多企业都把“以市场为导向”“以顾客为中心”“顾客是上帝”“顾客是老板”等写在了公司的战略、企业文化建设纲要中，有的付诸实施后收到明显成效。

但很多人只注意到了沃尔玛的服务理念，而忽略了沃尔玛的其他方面。有人在总结沃尔玛成功经验时认为有四条最为关键：薄利多销、服务至上、团队精神、力争完美。但沃尔玛成功最为关键的一条是什么呢？是依次选取吗？其实在沃尔玛的员工手册中已有了答案。

翻开《沃尔玛中国集团员工手册（全职员工）》首先看到的是："欢迎加入沃尔玛大家庭！在我和我的兄弟姐妹们的成长历程中，我们总是在父亲的商店里帮忙——扫地、搬箱子，甚至操作冰淇淋机。我记得我的感觉是，商店的员工就像家庭中的一员，他们总是努力工作并乐于助人。虽然公司已经从几家发展到今天的3000多家，但是我每天依然能够感受到以往'大家庭'的温暖。对于像我们这样大的商业集团而言，保持归属感，为向我们的国家和社会做出积极贡献而共同工作是能够做到的。"这是沃尔玛百货公司董事会主席罗博·沃尔顿欢迎辞的第一段，开篇就说沃尔玛是个"大家庭""保持归属感""为向我们的国家和社会做出积极贡献而共同工作"。

接下来是目录，从"欢迎您"到"确认书"共计14项内容，其中"尊重个人"是第6项，"服务顾客"是第7项。然后是沃尔玛中国集团总裁的"欢迎您"，其中讲到"当您阅读手册时，请牢记公司创始人向我们所有同事灌输的价值观。山姆·沃尔顿把它们称作我们的三项基本信仰：尊重个人、服务顾客、追求卓越"。

在"尊重个人"篇里有"公仆领导""每个人都是公仆领导""门户开放政策""信息分享""沃尔玛在中国""基层调查"6个部分。细读下来，让人真真切切地感受到"尊重"，通篇的"您""我们"更使人感觉到亲近和归属感。如在"尊重个人"中写道：

我们公司是建立在一些非常朴素的价值观和信仰的基础之上的。我们关于人的哲学的一个主要基础就是，我们的同事创造非凡。这种信仰贯穿于我们所从事的每一件工作之中。

在沃尔玛，我们直呼其名。这有助于营造一种顾客和同事都希望得到的温暖、友好的氛围，为我们大家提供一个愉快的工作环境。沃尔玛相信从自己同事的身上能够反映出其服务的顾客和社区的多样性。为了保持竞争力，沃尔玛必须保留一支多样化的员工队伍。沃尔玛完全遵守现行的就业机会均等法。

在提供招聘、雇佣、培训、提升及提供其他就业条件时，沃尔玛的政策不因种族、肤色、年龄、性别、宗教信仰、残疾、国籍或兵役情况而受影响。

沃尔玛期望员工以严谨和尊重的态度对待他们的同事，且全力支持沃尔玛提供平等就业机会和保持一个没有任何骚扰的工作环境这一工作宗旨。

我们为同事提供均等机会的承诺不仅由公司政策来保证，更会付诸行动，我们不会容忍任何形式的歧视。

您可能在主管和经理被称为老板的公司工作过。在这里主管和经理被称作教练。他们通过培训来帮助你解决工作中遇到的困难。

我们的主管和“教练”是经过甄选并且在技术方面经过培训的。同时他们还熟悉日常管理和人事工作。他们懂业务，并且懂得公开交流的宝贵。我们“教练”队的才能在同行业中是有口皆碑的。

如果您想事业有成，那么您必须让您的同事感觉到您是在为他们而工作——而不是他们在为您而工作。

——山姆·沃尔顿

从中我们可以看出，沃尔玛是把尊重个人放在服务顾客之前的，这正体现了“没有员工的满意，就没有顾客的满意”的原理。

所以，罗森布鲁斯国际公司的总裁哈尔·罗森布鲁斯（Hal Rosenbluth）根据该公司惊人的成功史写出了《顾客是第二位的》。

哈尔·罗森布鲁斯认为，公司要想真心使顾客满意，必须使公司员工而非顾客位于第一位。因为欲取于外必先安于内，试想一个员工技艺低下、怨气冲天的公司怎么能生产出高质量的产品，又怎能对顾客进行“微笑服务”呢？怎么能提高公司的形象，且不让公司的名声扫地呢？所以作为一个公司的首脑，在市场观念上，自然应该是“顾客第一”。市场需求什么或曰顾客需求什么，公司才生产什么、销售什么；顾客需要什么样的服务，公司就制定什么样的服务措施。但在经营管理上，则应该是“员工第一”。因为生产靠员工、销售靠员工，按现代行话说：营销即人。公司市场行为的全过程自始至终都体现着员工参与的主体、主导作用。事实上，企业产品的高质量和优质服务，无一不是员工恪尽职守，在具备应有的专业技术水平基础上，发挥自己最大潜能努力的结果。所以，企业经营者在做管理决策时切不可只为了单纯的“顾客至上”热了外面而寒了里面。同时，没有良好的员工满意度，对企业稳定高效也是一个挑战，对“顾客至上”的落实更是一个隐患。

■ 案例：罗森布鲁斯国际旅行社的员工第一，顾客第二

罗森布鲁斯国际旅行社，20世纪70年代末还只是费城的一个旅行社，销售额为2000万美元。到1992年，该公司的营业额上升到150亿美元，成为全球业务覆盖范围第二的旅游管理公司。该公司在美国、英国及亚洲设有582个分支机构，雇用了3000名员工。它的客户多为企业客户，如杜邦、伊斯曼科达、通用电气等。

分析该公司快速增长的原因，其首席执行官哈尔·罗森布鲁斯认为原因在于，由于公司将员工放在顾客之前，使公司对服务质量有着不懈的追求。请注意这里我们写的是将员工放在顾客之前。

哈尔·罗森布鲁斯解释道：“当人们为传统的工作障碍，如恐惧、挫折、官僚主义等担忧时，他们是不可能将注意力放在顾客身上的。他们必须担心他们自己。只有当员工们知道什么是其上司眼里最重要的东西时，他们才会将同样的情感给予顾客。”

哈尔·罗森布鲁斯相信，他有能力把工作变成一个愉快而幸福的经历，所以他组建了一个“幸福晴雨表小组”。该小组由从各部门随机挑选的18名雇员组成，这些雇员将员工们对工作的感受反馈给总经理。调查问卷一年分两次被派发给所有的员工，以了解他们对工作的喜好程度。公司会把调查问卷分析计算出的结果告诉给每一位员工。

在旅行社这一行里，工作强度相当大，正如哈尔·罗森布鲁斯所说：“员工们就像是空中交通管制员，一个电话接着另一个电话。”正因为如此，在这一行里人员流失率高达45%～50%，而在该公司，流失率仅为6%。该公司的招聘及培训工作说明了这一现象的原因：每一位职位候选人均被仔细审查以确保公司招聘的是合格的人才。

罗森布鲁斯公司需要的是有良好的团队协作能力的乐观积极的人才。哈尔·罗森布鲁斯说：“所有的公司都可以买到同样的机器或工具。是员工才使这一切具有创造力。到最后，人才才是公司的竞争优势，所以员工

对公司来讲至关重要。我们寻找最有潜质的人，其他的一切都可以教会。在挑选的过程中，我们把亲和力、爱心及对工作的狂热放在比工作经验、过往薪金等更重要的位置。”

一般来说，合格的候选人会有一个3～4小时的面试。对于高层位置，哈尔·罗森布鲁斯会亲自同候选人见面。例如，对于销售主管这个位置的候选人，他会邀请该候选人及其妻子同他和他的妻子共渡假期。“到了第三天，所有的东西都显现出来。”一旦被雇用，新员工会很快熟悉他的工作环境。与其他公司上班第一天先要填表不同，在该公司新员工将在幽默剧中扮演一个角色，以让这些员工知道罗森布鲁斯公司希望它的每一位员工从工作中获得欢乐。幽默剧的扮演也同样是一个学习的过程。员工会在剧中因为糟糕的服务而结束他们的事业。所有的新员工都会进行为期2～8周的培训，在培训过程中，经理人员会评估这些新员工以了解他们是否适合罗森布鲁斯公司高强度的工作，是否注重团队合作的工作气氛，那些喜欢个人英雄主义的员工将被请出公司。

1994年，由哈佛商学院詹姆斯·赫斯克特等5位教授组成的服务管理课题组提出的服务价值链模型则更好地诠释了企业、员工与顾客的关系，如图1所示。

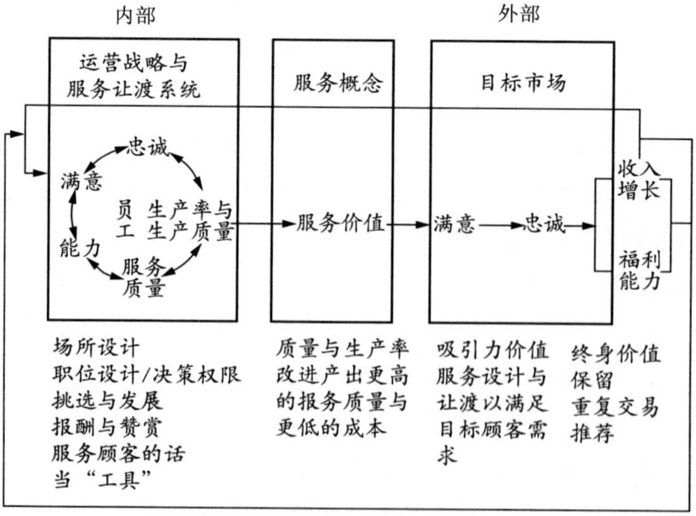

图1　服务价值链模型

从以上关系可以看出：企业要想提高利润，就要提高内部服务质量，增进员工满意度；员工满意度促进员工忠诚度；员工忠诚度是工作效率和服务价值的保证；高服务价值导致高客户满意度；客户满意导致客户忠诚；客户忠诚导致企业获利性与成长，又进一步为企业提高内部服务质量提高条件。如此形成良性循环，使企业健康成长。

由此可以得出：企业对内是员工第一，顾客第二；对外是顾客第一，员工第二。

第二节　内部营销

克里斯琴·格罗路斯教授于1981年提出了“内部营销”的概念，虽然这一概念得到学术界和实务界的认可，但并没有像其他营销方法那样风靡一时。人们更多地还是用员工激励管理、情感管理或人性化管理、人本管理等概念来描述内部营销的内容，以至于菲利普·科特勒说“内部营销是指成功地雇佣、训练和尽可能激励员工很好地为顾客服务的工作”。

其实，“内部营销”和完整意义的“整合营销”中对内资源整合是相同的。之所以说“完整意义的‘整合营销’”，是因为现在看到的“整合营销”概念，不是完整的“整合营销”，只是企业对外即对顾客进行营销传播的部分，不包括对内整合的意思。美国西北大学唐·舒尔茨、斯坦利·田纳本、罗伯特·劳特朋三位教授合作，在1992年出版了全球第一部整合营销传播（Integrated Marketing Communications，IMC）专著《整合营销传播》，提出了整合营销传播概念，而风靡于世。但他们提出的是“整合营销传播”，而不是“整合营销”概念。

“整合营销”应该包括对内整合营销和对外整合营销。对外整合营销，就是整合营销传播；对内整合营销，则是内部营销的概念。正如哈佛大学商学院教授迈克尔·波特所说：“消费者心目中的价值由一连串企业内部物质与技术上的具体活动与利润所构成，当你和其他企业竞争时，其实是内部多项活动在进行竞争，而不是某一项活动的竞争。”

但现在的内部营销概念，“是指成功地雇佣、训练和尽可能激励员工很好地为顾客服务的工作”。这仅仅是内部营销的重要组成部分，但内部营销绝不仅限于此，还应该包括企业内的各利益相关者。2002 年由中国证监会发布的《上市公司治理准则》第八十一条规定：“上市公司应尊重银行及其他债权人、职工、消费者、供应商、社区等利益相关者的合法权利。”该准则虽然是讲的上市公司，其实所有企业也都该如此。利益相关者包括：投资人或股东或合伙人、企业的供应商和服务商、债权人、社区、环境、社会公益活动、政府相关部门等。迈克尔·波特教授的价值链理论认为，“每一个企业都是在设计、生产、销售、发送和辅助其产品的过程中进行种种活动的集合体”。其实，这也很好理解，就是企业在向自己员工营销企业价值观的同时，也必须要向企业利益相关者去营销企业价值观。如果某一利益相关者不认可你的价值观，都会影响到企业价值观的落地，进而影响企业经营。

■ 案例

2010 年，国家质量监督检验检疫总局公布了 2007 年 3 月不合格产品。达能旗下“比奶还贵”的依云矿泉水榜上有名，上榜的原因是：细菌总数超标！事实上，依云矿泉水细菌总数超标已不是第一次。早在 2006 年 9 月，依云进入中国的 5.2 吨矿泉水就出现了同样的问题，并被退港。

达能方面表示：“依云矿泉水的条件和所含微生物菌落含量符合世界卫生组织所颁布的国际食品法典标准以及欧盟颁布的欧洲标准。但是在对于未经处理的天然矿泉水中微生物菌落总数含量的标准上，中国和世界卫生组织及欧盟有所不同。当然我们完全尊重中国政府的相关规定。”

尽管如此，依云再次遭遇“细菌门”，仍然极大地打击了消费者的信心。据新浪网的一项调查结果显示，87% 的消费者表示以后不再购买依云矿泉水。

■ 案例

2004 年 11 月下旬，耐克广告片“恐惧斗室”在央视体育频道和各地方电视台播出，广告中出现了中国龙和中国人形象被美国篮球明星勒布朗·詹姆斯轻松击败的画面。11 月 26 日，《华商晨报》以“耐克广告‘中国形象’被击败”为题报道了耐克广告涉嫌侮辱民族风俗一事。文章刊出后，引起消费者的一片愤慨，耐克遭到声讨。耐克在舆论的压力和国家广电总局的干预下，不得不做出书面道歉，并停止播放该广告。

■ 案例

沃尔玛在全球都没有建立工会的先例，所以在进入中国10年后，沃尔玛仍拒建工会，被称为建立工会的“钉子户”。鉴于沃尔玛漠视劳工权益，藐视中国的《工会法》的行为，上海市曾一度拒绝沃尔玛进入，其雄心勃勃的中国扩张战略受到挫折。2006年7月29日，沃尔玛不得不在福建晋江店建立了第一个工会。这家曾经高呼“不建立工会是我们的全球惯例”的跨国企业，终于在中国低下了高昂的头。

■ 案例

在日本丰田霸道的广告中，曾经出现过石狮向霸道汽车敬礼的画面，并曾一度引发人们对卢沟桥事件的联想，极大地激起了民族情绪，消费者通过各种渠道，指责甚至抨击丰田公司的行为，给其品牌形象带来了相当负面的影响。(来源：慧聪网 THLDL 培训 2010－12－30《跨国公司的中国危机管理》)

内部营销虽然包括很多方面，但在本书的探讨中还是限于企业员工。

一、内部营销的意义

再卓越的企业，再优秀的产品，没有顾客的认可，一切都归于零。

■ 案例：图形化使用者界面

1980年，一位施乐帕罗奥托研究中心的员工 Dominik Hagen 访问了苹果电脑的史蒂夫·乔布斯，并且向他展示了此时施乐发展的图形化使用者界面。苹果公司为此技术折服，打算向施乐购买此技术，但因帕罗奥托研究中心并非商业单位而是研究单位，因此施乐回绝了这项买卖。

在此之后，苹果一致认为个人电脑的未来必定属于图形使用者界面，因此也开始发展自己的图形化操作系统。现今许多我们认为是基本要件的图形化接口技术与规则，都是由苹果电脑打下的基础（如下拉式菜单、桌面图标、拖曳式操作与双点击等）。

后来，苹果成功开发了 Mac 操作系统，但明确规定不得安装到非 Mac 电脑上。也就是说，苹果自己销售的苹果电脑上才会安装 Mac 系统，是靠独家硬件支撑软件，无法安装到普通的 PC 机上。而 Windows 则是靠通用硬件平台支撑，如 INTEL、AMD、内存、显卡，等等。所以，虽然一些专业人士认为，Mac 比 Windows 好，但 Mac 却没有像 Windows 那样普及，长期占有高市场份额。

彼得·德鲁克认为，企业只有一个有效的宗旨，这就是创造客户。他说："欲望客户是企业的基础，是企业赖以生存的前提。工作岗位都是客户创造的。为了满足客户的需求与愿望，社会才把能够创造财富的资源委托给了企业。"

山姆·沃尔顿说："所有同事都是在为购买我们商品的顾客工作。事实上，顾客能够解雇我们公司的每一个人。他们只需到其他地方去花钱，就可做到这一点。衡量我们成功与否的重要的标准就是看我们让顾客——'我们的老板'满意的程度。"

世界上第一个全面推行顾客满意度指数的国家是瑞典。1989 年，瑞典实施顾客满意度指数（Customer Satisfaction Barometer，CSB）。CSB 基于计量经济学模式的原理，用量化的百分比来表示有多少客户再来购买商品或服务，这个信息对企业而言是至关重要的。为测得 CSB，瑞典共测定了 31 个工业行业的 100 多家公司的顾客满意度指数。经过 5 年的运行，瑞典发现了一个引人注目的相关关系，即 5 年中企业如每年能把顾客满意度指数提高 1 个百分点，这一期间平均资产收益率能增加 11.3%，这个结论引起了人们广泛的关注和兴趣。

决定企业生死存亡及利润高低的是顾客及顾客的满意度，而决定顾客及顾客满意度的是员工，即内部营销的核心——"没有满意的员工，就没有满意的客户"。这也就是内部营销的意义所在。也就是说，企业通过内部营销，持续提高员工满意度，进而达到忠诚。然后为客户提供价值服务，持续提高客户满意度，并不断转化为忠诚度，进而实现客户份额的提升，直至客户终身价值。

（一）调动员工积极性，实现公司目标任务

泰勒实行的计件工资制，福特实行的5美元的双倍工资制，现在油品销售企业实行的吨油或升油工资制等，都是最为直接的通过薪酬激励办法来调动员工积极性的措施。薪酬是员工生存的必需，所以无论什么样的企业和什么样的员工，除掉极特殊的个别人之外，薪酬都是企业内部营销最为直接和有效的措施，可以说立竿见影。

比如，在薪酬总额不变的情况下，刚性薪酬部分越小，薪酬差异越大，对员工的吸引力越强；反之，刚性薪酬部分越大，薪酬差异越小，对员工的吸引力越弱。如果一个组织中员工的工作热情不高、员工比较懒散，想加大激励力度，可以采用高弹性的薪酬模式，即加大薪酬的差异，缩小薪酬刚性部分。相反，如果是一个因品牌弱小导致招聘困难的新兴公司，可以采用高稳定的薪酬模式，增加薪酬中的固定成分，让员工有安全感。

■ 案例：雅芳薪酬与激励

雅芳坚信：只有维持具有竞争力的薪酬福利，才能吸引、保留、鼓励和奖赏高绩效的员工，充分发挥雅芳人的力量。

为了吸引和保留优秀的人才，雅芳提供的薪酬福利在劳动力市场上是极具竞争力的。公司依据国家和政府政策的要求，顺应公司外部和内部环境的变化，进行不断的评估，检讨和调整，确保公司的薪酬福利水平具有竞争力。

1. 薪酬

公司每年都进行薪酬调查，根据劳动力市场和外部环境的情况，并结合公司的经营状况、员工个人的绩效进行检讨，以使雅芳员工的薪酬具有相当的竞争力。

2. 社会保险

（1）退休养老保险：雅芳根据各地的要求为各地员工在当地社会劳动保险公司办理养老保险，部分公司缴纳的养老保险金及全部员工个人负担的养老保险金都将进入员工个人账户，以确保员工退休时得到一定的退休金保障。

（2）雅芳遵守各地政府法规的规定为员工购买工伤、生育、失业（待业）等其他社会保险项目。

3. 假期

(1) 法定节假日：所有雅芳员工将有权享受每年10天的法定节假日。

(2) 公司年假：正式员工会根据其服务年限，每年享受一定工作日的员工年假。

(3) 探亲假：凡符合国家规定可享受探亲假的正式员工可获探亲假。员工可选择探亲假或公司年假，但不可以在同一年内享受两种假期。

(4) 病假：根据正式员工在雅芳的服务时间及公司的政策，员工享受全薪及部分薪酬病假。

(5) 婚假、丧假、产假：根据国家有关政策与法规规定，员工享有婚假、丧假及产假。

(6) 公司其他假日：员工除享有国家规定的10天法定假日外，公司额外给予春节、中秋节、圣诞节等假期。

4. 购物折扣

全体雅芳员工在购买供个人和家庭使用的雅芳产品时可享受低于顾客价的优惠。

5. 员工服务奖

雅芳将鼓励并表彰长期服务于雅芳并为雅芳的成功做出贡献的员工的忠诚和奉献精神，公司将会给在雅芳服务5年及5年的倍数的所有正式员工颁发员工服务奖。

6. 医疗福利

雅芳会根据政府要求及外部环境变化及时调整员工医疗政策，以确保雅芳员工的医疗福利符合政策规定，并在市场上具有相当的竞争力。

7. 全球雅芳公务出差保险

这是全球雅芳员工享有的一项福利计划，全部保险费由雅芳支付，在员工为雅芳公务出差时自动受保。如员工在公务期间发生意外事故，此保险计划将根据员工的受伤或损失程度为员工的家人提供最高不超过5年年薪的公务出差保险补偿。

8. 其他福利

雅芳分享新婚员工的快乐，并为生育第一个孩子的员工发放适当的贺金，遇到员工生日，部门同事也会为其庆祝。（来源：鲤鱼网 2008 - 07 - 29《雅芳薪酬与激励案例分析》）

（二）提高员工满意度，为顾客提供价值服务

企业的一切营销战略、细节、制度、执行及文化都需要员工来完成。所以企业只有为员工提供了满意的服务，员工才能为客户提供满意的服务。如果员工对企业不满意，即使企业制定了再好的营销战略，细节规定得再清楚，制度制定得再完美，文化再高雅，员工不去执行，或执行不到位，一切都归于零或效果大打折扣。

■ 案例：海底捞的服务营销

以“变态服务”而引起人们关注的海底捞在各种议论声中继续前行，继续坚持着它的“变态服务”。海底捞专注于每个服务细节，让每个顾客从进门到出门都体会到“五星级”的服务：停车时有代客泊车服务，等位时有无限量免费水果、虾片、黄豆、豆浆、柠檬水提供，有免费擦鞋、美甲服务，可免费上网，还有各种棋牌供大家娱乐；为了让顾客一次就餐能够吃到种类更丰富的菜品可点半份菜，怕火锅汤溅到身上为顾客提供围裙，为长发顾客递上束发皮筋，为戴眼镜顾客送上擦眼镜布，为手机套上塑料袋，当饮料快喝光时服务员主动来续杯；洗手间也有专人为你按洗手液、递上擦手纸巾；要求多送一份水果或者多送一样菜品，服务员也会爽快答应。服务员不仅熟悉老顾客的名字，甚至记得一些人的生日以及结婚纪念日。

服务员的“变态服务”，使得每一位顾客在内心深处感到欠了海底捞的感情债，以至变成回头客和忠诚顾客，并成为口碑传播者。那么，为什么那么多企业想做而做不到的事情，海底捞却做到了？海底捞的员工为什么那么努力工作，并愿意在工作之中付出情感？原因就在于海底捞的老板“把员工当人看”。

海底捞管理层认为，要想顾客满意必须先让员工满意，让员工首先感到幸福和自由，再通过员工让顾客感到幸福。客人的需求五花八门，仅仅用流程和制度培训出来的服务员最多只能算及格。海底捞的每位员工是真心实意地为顾客服务，而这份真诚，则是源于海底捞董事长张勇将员工当作家人般对待。他认为：“人心都是肉长的，你对人家好，人家也就对你好；只要想办法让员工把公司当成家，员工就会把心放在顾客上。”

在海底捞，员工住的都是正式小区或公寓而不是地下室，空调、洗浴

设施、电视、电脑一应俱全，可以免费上网，步行20分钟内可到工作地点。工作服是100元一套的好衣服，鞋子也是名牌——李宁。不仅如此，还专门雇保洁员给员工打扫宿舍卫生，员工的工作服、被罩等也全部外包给干洗店。公司在四川简阳建了海底捞寄宿学校，为员工解决了头疼的子女教育问题。此外，还将资深员工的一部分奖金，每月由公司直接寄给其在家乡的父母。

海底捞的普通服务员都有免单权，只要员工认为有必要，都可以给客人免费送一些菜，甚至免掉一餐的费用。当然，这种信任一旦发现被滥用，就不会再有第二次机会。

在海底捞，几乎所有高管都是服务员出身，没有管理才能的员工任劳任怨也可以得到认可，如果做到功勋员工，工资收入只比店长差一点。海底捞还鼓励员工创新，很多富有创意的服务项目都是由员工创造出来的，因为他们离顾客最近。海底捞让员工能够发挥自己的特长，从而在工作中获得乐趣，使工作变得更有价值。

海底捞“变态服务”的背后是企业的人性化管理，是对员工的尊重和信任，培养与公平，让他们有归属感，以一种“主人翁心态”而非“打工者心态”来工作，使员工变“要我干”为“我要干”，变被动工作为主动工作。充满热情、努力让顾客满意的员工成为难以模仿的海底捞的核心优势，成就了网络笑谈中的“地球人已经无法阻止海底捞”式的优质服务。

■ 案例：××公司员工的不满意

××公司是一家中外合资的集开发、生产、销售于一体的高科技企业，其技术在国内同行业中居于领先水平，公司拥有员工100人左右，其中的技术、业务人员绝大部分为近几年毕业的大学生，其余为高中学历的操作人员。

目前，公司员工当中普遍存在着对公司的不满情绪，离职率也相当高。员工对公司的不满始于公司筹建初期，当时公司曾派遣一批技术人员出国培训，这批技术人员在培训期间合法获得了出国人员的学习补助金，但在回国后公司领导要求他们将补助金交给公司所有。技术人员据理不交，双方僵持不下，公司领导便找这些人逐个反复谈话，言辞激烈，并采取了一些行政制裁措施给他们施加压力。但这批人员当中没有一个人按领导的意图行事，公司领导因为这批技术人员不服从上级而非常头疼，对他们有了一些成见。而这些技术人员也知道领导对他们的看法，早就预计到了未来会受到上级的刁难，因此也都不准备在公司长期干下去。于是，陆续有人开始寻找机会“跳槽”。

由于人员频繁离职，公司不得不从外面招聘以补足空缺。为了能吸引招聘人员，公司向求职人员许诺住房、高薪等一系列优惠条件，但被招人员进入公司后，却发现当初的许诺难以一一兑现，非常不满，不少人干了不久就另谋高就了。

为了留住人才，公司购买了两栋商品房分给部分骨干员工，同时规定，这类用房不出售，员工离开公司时，需将住房退还给公司。这一规定的本意是想借住房留住人才，但却使大家觉得没有安全感，有可能即使在公司干了很多年，将来有一天被公司解雇时还是“一无所有”。因此，这一制度并没有达到预期效果，依然不断有人离职。另外，公司强调住房只分给骨干人员，剩下的近一半的房子宁愿空着也不给那些急需住房的员工住，这极大地打击了其他员工的积极性，使他们感到在公司没有希望，因此工作情绪低落，甚至有消极怠工的现象。

在工资奖金制度方面，公司也一再进行调整，虽然工资和奖金的结构变得越来越复杂，但大多数员工的收入水平并没有多大变化。公司本想通过调整，使员工的工作绩效与收入挂钩，从而调动员工的积极性，但频繁的工资调整使大家越来越注重工资和奖金收入，而每次的调整又没有明显的改善，于是不少员工产生了失望情绪。此外，员工还发现在几次调资过程中真正受益的只有领导和个别职能部门的人员，如人事部门。

这样一来，原本希望公平的措施却产生了更不公平的效果，员工们怨气颇多，认为公司调整工资和奖金不过是为了使一些人得到好处，完全没有起到调动员工积极性的作用。公司的技术、业务人员虽然素质较高，但关键职能部门，如人事部门的人员却普遍素质偏低，其主管缺少人力资源管理系统知识，却靠奉迎上级稳居这一职位。他制定的考勤制度只是针对一般员工，却给了与他同级或上级人员以很大的自由度，普通员工对此十分不满。

公司人员岗位的安排也存在一定的问题。这位人事主管虽然自己没有很高的学历，但盲目推崇高学历，本可以由本、专科毕业生做的工作由硕士、博士来干，而有些本、专科生只能做有高中学历的人就能胜任的工作，如此一来，员工普遍觉得自己是大材小用，工作缺乏挑战性和成就感。

员工们非常关心企业的经营与发展情况，特别是近来整个行业不景气，受经济形势的影响，企业连年亏损，员工更是担心企业未来的发展和对策。但公司领导在这方面很少与员工沟通，更没有做鼓动人心的动员工作，使员工看不到公司的希望，结果导致士气低下、人心涣散。（来源：道客巴巴 2012－10－25《××公司员工为何对工作不满意》）

（三）激发员工潜能，创造竞争优势

创新是一个企业发展的灵魂，是一个企业基业长青的不竭动力。内部营销调动员工积极性，完成企业目标任务，持续提高顾客满意度，这只是最为基本的作用，重要的是要激发员工潜能，不断进行技术、管理、制度创新，不断为企业创造优势。

■ 案例：过火实验

世界顶尖潜能大师安东尼·罗宾在心灵革命的课程中，为了证明人类的巨大的潜能曾做过下面的实验：那是一种赤足从火上走过的课程，在整堂课里，所有的学员必须得面对火红炽热的木炭所铺成的"火路"，然后勇敢地赤足走过。对于没有那种过火经验的人而言，那是极为骇人的场面，有的人会哭，有的人会叫，也有的人腿软，更有人发抖，甚至有人会哀求免去这种"考验"。不过，最终所有的学员还是得走过这条路，因为没有经历过这场考验的人，就无法在随后的课程中得到最大的效果。

对此，安东尼·罗宾说："我们当中很少有人有过赤足过火的经验，但却有不少人见过他人赤足过火的场面，特别是在寺庙的拜火祭典中。当我们看见过火之人平安走过火堆之后，总以为是神明在庇佑那些人，或是有人预先在火堆中做了手脚，殊不知过火行为在妥善安排而不是使诈的情况下，人人都能平安走过。"美国一些科学家通过对过火过程的观察与测试发现，不需要跑，只要步行的速度够快，便不容易灼伤脚底。因为每当脚掌在接触火炭的瞬间，便会立即释放出汗水，形成一层绝缘体，在那层汗膜尚未蒸发前提起脚掌，汗水便会吸收先前的热量而化为蒸气，因而使脚掌丝毫不受伤。

由于大多数人不了解人体的神奇机能，以无知来面对那些自己视为可怕的遭遇，便容易陷入畏缩不前的状态中。就算是真的无知吧，当那些研讨会的学员在咬紧牙关平安走过火堆后，他们整个观念会有很大的改变，因为原先认为做不到的事，竟然轻易可以实现，且于己毫发无损。原来，“任何的限制，都是从自己的内心开始的”。

多年来，人人都知道要用不到4分钟的时间跑完1英里的路程是不可能的。生理学刊物上刊登的文章也证明，人类的体力无法达到这个极限。但是，罗杰·贝尼斯特却于1954年打破了4分钟的纪录。谁也没想到，不到两年，又有10位运动员打破了这项纪录。

这其实就说明了一个道理，人类的潜能能够被接连激发。客观地说，到目前为止，人们对潜能的认识还很肤浅。但上面的例子却说明了一个简单的道理，所谓的极限是可以突破的，人类的潜能是非常巨大的，甚至可以说是无限的。

这个实验说明了一个道理：人的潜能犹如一座待开发的金矿，蕴藏量无穷，价值无比，我们每个人都有一座潜能金矿。

安东尼·罗宾总结到，大自然赐给每个人以巨大的潜能，但由于没有进行各种智力训练，每个人的潜能从未得到淋漓尽致的发挥；并非大多数人命中注定不能成为爱因斯坦式的人物，任何一个平凡的人都可以成就一番惊天动地的伟业。（摘自：安东尼·罗宾的《一分钟的巨人》）

柏拉图曾指出：“人类具有天生的智慧，人类可以掌握的知识是无限的。”人类有90%～95%的潜能都没有得到很好的利用和开发，我们每个人都有巨大的潜能等待发掘。

加拿大病态心理学家汉斯·塞耶尔在《梦中的发现》一书里做出了一个十分惊人也极其迷人的估计：人的大脑所包容智力的能量，犹如原子核的物理能量一样巨大。从理论上说，人的创造潜力是无限的，不可穷尽的。

被尊为“控制论之父”的维纳认为，每一个人，即使是做出了辉煌成就的人，在他一生中所利用大脑的潜能也还不到百亿分之一。他还认为，人脑原则上能储存大量信息，每个人的大脑能记忆世界上最大的图书馆储存的全部信息。

人的潜能是无限的，企业做内部营销更应该关注员工潜能的挖掘。黄铁鹰老师在《海底捞你学不会》中强调，学不会海底捞的原因在于：大部分企业只是聘请了员工的双手，而海底捞聘请的是员工的大脑。所以，一些成功的大公司在内部营销时，都十分注意挖掘员工的潜能。

比如，科技公司为激发员工潜能各出奇招。在这些奇葩创意的刺激下，不仅员工们满意了，老板也因成功产品的诞生而满意，当然，消费者们也满意了。

1. 设计公司 Sagmeister & Walsh 每 7 年就给其员工放 1 年的假

每隔 7 年，设计师 Stefan Sagmeister 就会把他的设计工作室 Sagmeister & Walsh 关闭 1 年，让公司的员工还有他自己放一个长达 1 年的假期，假期结束后，大家都带着全新的面貌精力充沛地重新投入到工作当中。

2. 谷歌著名的“20% Time”

谷歌的这项“20% Time”计划允许员工每周有一天的时间用于正常工作职责之外的自选项目。而这些自选项目可是包括大名鼎鼎的“Gmail”哦！

此外，谷歌公司还为其雇员提供丰富头脑的“@ Google Talk”。除了“20% Time”外，为了激发雇员的创新能力，谷歌还邀请各界名人来到谷歌校园为其员工演讲。这些名人包括艺术家、演员、作家、政治家等。不得不提的是，我们熟知的 Lady Gaga 和蒂娜 · 菲也曾受邀哦。而“@ Google Talk”这一项目的目的在于“让我们的大脑不断地学习、成长、思考”。

3. HubSpot 要求其不同团队的雇员彼此之间要相互学习对方的业务知识

与谷歌公司一样，HubSpot 也是一个因其大受热捧的公司文化而出名的公司。HubSpot 为其雇员开设演讲和教学班。最重要的是，公司要求不同团队的员工相互学习彼此的业务知识。比如，工程师可以学习营销的知识，反之亦然。

4. 3M 公司的“15% Time”

其实，相比谷歌公司的“20% Time”，3M 公司的“15% Time”计划要早上几十年呢！早在 1974 年，3M 公司的科学家 Art Fry 就因“15% Time”这一项目研发出了该公司最具代表性的产品“便利贴”。

5. 微软公司将比尔 · 盖茨原来的办公室作为“激发灵感的圣地”

微软公司将比尔 · 盖茨原先的办公室重新装修成了一个到处都是想象力丰富的高科技玩具的“车库”。雇员们可以到这里捣鼓他们的高科技项目。有时候，为了激发雇员的创新能力，整个产品团队还可以享受一个“车库周”的待遇呢。

微软公司还会举办科学博览会：除了所谓的“车库”外，微软公司还定期为其雇员举办科学展览会，每年两次。在展览会上，会展示一些员工们研发的各类项目，经常是在微软“车库”中诞生的产品哦！

整个公司的人员，包括高级副总裁都会出席，共同对这些项目进行评判。获胜者可获得名为“山圣杯”（Mount St. Awesome）的自制火山模型。

6. IBM 公司会举行盛大的“jams”活动

所谓的“jams”，是针对某一特定主题而开展的大规模头脑风暴事件。而其中最著名的可能就是在2006年举办的“Innovation Jam”了吧，这可是IBM公司有史以来举办的最大规模的集体研讨会了。

这次研讨会，IBM公司总共召集了来自104个国家，67家公司的15万多人。会上提出了10项新的项目创意，而IBM公司为这些项目投入了1亿美元左右的资金。其中，包括智能医疗支付系统以及3D互联网，等等。

7. Asana 公司为其员工准备美味的午餐和巧克力

Asana 公司是由达斯汀·莫斯科维茨和贾斯汀·罗森斯坦共同创办的。这家公司选择用美食来提高员工的创造性。

Asana 公司的办公室中配有一个商业厨房，还雇用了两名专业的厨师来为员工搭配健康、美味的有机菜肴。这样不仅可以提高员工的工作效率，还可以避免午后嗜睡的现象。

还不够吗？没关系，还有各种美味的巧克力等着你呢！

（来源：玩新网 2013－07－16《科技公司为激发员工潜能各出奇招》）

（四）传承文化，基业长青

据美国《财富》杂志报道，美国中小企业平均寿命不到7年，大企业平均寿命不足40年。而在中国，中小企业的平均寿命仅2.5年，集团企业的平均寿命仅7～8年。美国每年倒闭的企业约10万家，而中国有100万家，是美国的10倍。

基业长青是每个企业及每个企业家的梦想。正如詹姆斯·C. 柯林斯和杰里·I. 波拉斯在《基业长青——企业永续经营的准则》（可简称《基业长青》）中写道的那样：“如何建立一个伟大并长盛不衰的公司？有思想的人们早已经厌倦了‘年度流行语’般稍纵即逝的管理概念，他们渴求获得能经受时间考验的管理思想。”

在《基业长青》中，作者通过研究18个基业长青公司的成功经验后，给出了基业长青的公司都应该具备这些条件：

（1）开办公司时伟大想法的不必要性。很少有公司在开办的时候就抱定一个伟大的想法。许多公司在最初开办的时候根本没有具体想法，如惠普公司和索尼公司。实际上这种一开始就制定的伟大想法经常使得公司难以变通。

（2）有长足发展的公司必须拥有卓识远见的领导，并不是要长足发展的公司需要卓识远见的领导，而是有卓识远见的领导决定了公司的长远发展。

（3）最为成功的公司产生以后，他们就能得到极大的利润。然而事实是，他们虽然得到利润，但他们的利润在所有公司中并不是最高的。

（4）目光长远的公司内部都有一个共同的核心价值观，但是价值观因不同的公司文化而不同。

（5）存在的东西只有变化是永恒的。然而核心价值观能够存在 100 年以上，而且已经有好多核心价值观做到了这一点。

（6）关键时刻公司要保持头脑冷静，只有头脑冷静的公司才能规避风险。

（7）立足长远发展的公司是每个员工最为向往的工作地方。但是只有你适应了公司的文化和观念，公司才会变成适合你的工作环境。

（8）非常成功的公司经常是通过几个英明的综合计划来实现他们的重要步骤。他们曾经使用过许多措施，但只保留那些能很好运作的。

（9）公司应该从外面聘请 CEO 来刺激公司的变革。许多公司也有来自于内部的变革因素。

（10）最成功的公司致力于赢得竞争。他们的对手是自己。

（11）做决策的时候并不都是非此即彼的，也有可以得兼的时候。

（12）基业长青的公司有着使他们基业长青的因素，但是这并不是一种因素，而是一种做生意的方式。

对于以上 12 条，核心的内容正如詹姆斯·C. 柯林斯在《从优秀到卓越》中总结的那样，那些由优秀的公司变为伟大公司的佼佼者并不一定都拥有最新的技术，最擅长管理的 CEO，哪怕是较为和谐的公司策略可能也没有。而他们最有力的武器是他们的公司文化，一种激励每个人都按照他们想要的方式去工作的文化。

同时，詹姆斯·C. 柯林斯又对那些想成为伟大公司的公司提出了忠告。这些忠告包括：

（1）这些伟大的公司的领导都有着谦卑和专业化的个人素质。

（2）人并不是最重要的资产，但某些人是最重要的资产。

（3）正视存在威胁的现实。必须有最终必胜的信心，但也必须直面现实中存在的构成威胁的问题。

（4）必须有一种能使自己成为世界上最好的公司的信念。

（5）形成纪律化的文化。当公司雇用纪律化的员工时，等级制度和官僚化管理是不必要的。

（6）技术推动。光有技术并不是主要的，更为关键的是使之伟大或是弱化的根源。

（7）从优秀到卓越的转变并不是瞬间完成的，而是一个不间断的超越过程。所研究的这些公司至少经历了15年以上的时间，才完成这个转变。

有研究表明，在历史上，百年企业最多的不是欧美，而是日本。日本创业100年以上的企业有50000家，创业200年以上的企业也超过了3000家。其中，历史最悠久的公司——专营寺庙建筑的金刚组——创立于公元578年（日本的飞鸟时代），至今已有1400多年。美国布莱恩特大学的名誉校长威廉·奥哈拉称其为“终级生存者”，英国《经济学人》杂志在2004年12月18日也认为它是世界上最长寿的企业。排名第二的是德国，维系200年以上的企业有1560家；排名第三的法国约有330家。

■ 案例：日本法师旅馆

在日本石川县，有一家世界最古老的被世界吉尼斯纪录登录为“世界历史最久的旅馆”法师旅馆。这家位于日本石川县栗津温泉的法师旅馆，创立于公元718年，距今1300年之久，到今天法师善五郎已是第46代。旅馆绝不开设分店。主人始终以严格的家族世袭制代代相传——长子继承，离开家的子女甚至连旅馆里的一针一线都得不到。如果儿子难担大任或是没有儿子，日本企业就会通过找入赘女婿、收养养子等方法将其选定为接班人。就是旅馆的仆人也以世袭制代代相传，由少女承继家业。

有人在研究日本企业长寿的秘密时发现，不管时代风云如何变幻，外界诱惑如何大，清楚自身的定位和方向，专注地坚守本业是企业长寿的必要条件。这个结论不错，但笔者认为在历经数百年、上千年，几十位领导人的更替中，“专注地坚守本业”这一理念得以传承和坚守才是关键所在。

美国著名的智囊公司——兰德公司，花费了20年的时间跟踪世界500家大公司，发现百年不衰的企业具有一个共同的特征，就是树立了超越利润的社会目标，不以利润为唯一追求目标。具体包括三条原则：

一是人的价值高于物的价值；

二是共同的价值高于个人的价值；

三是客户价值和社会价值高于企业的生产价值和利润价值。

这说明，那些能够持续成长的公司，尽管它们的经营战略和实践活动总是不断地适应着变化的外部世界，却始终保持着稳定不变的超越利润最大化的核心价值观和基本目标。

所以，内部营销最为关键的是企业文化的营销，企业核心价值观的营销。只有员工认可了企业文化，忠诚于企业，与企业同呼吸，共命运，才可能把“创建一家恒久的伟大公司，一个真正值得长青的基业，乃是崇高的使命”深刻心中，如此企业才能多留住人才并获得发展。

二、内部营销解决的问题

人的潜能是无限的，员工的潜能也是无限的。挖掘员工潜能，为实现企业目标服务，就成为企业研究者和企业家及各级管理者永恒的主题。从泰勒制、行为科学、管理理论丛林、企业文化到以产品为中心的营销、以消费者定位的营销、以价值驱动的营销，前者是研究挖掘员工潜能的问题，后者研究的是营销中如何挖掘员工的潜能的问题。员工激励、薪酬管理、情感管理、人本管理、人性化管理等，更是这些研究在实践中的具体应用。每一个办法实实在在去用，都能收到明显效果。将这些问题归结成哲学命题，其实就一个——主观能动性，即要调动和发挥员工的主观能动性问题。将这一哲学命题再返回企业管理中，具体要解决的就是员工“想干事”“会干事”“能干事”的问题。

（一）员工“想干事”的问题

这个问题很土气，但却是所有围绕员工的理论和实践的终极目标，最后要解决的就是员工想干事的问题。之所以要研究这个问题，是因为要解决聘用员工双手还是聘用员工头脑的问题。员工最大的财富是头脑，而态度又决定一切。

研究人类行为超过70年的全球性管理咨询公司盖洛普公司，在2013年发布了2011—2012年对全球142个国家和地区雇员对工作投入程度的调查报告，结果显示，只有13%的员工是真正敬业的，63%的员工漠不关心，24%的员工消极怠工。全球的敬业员工比例为13%，中国敬业员工只有6%，是最低的。调查采用一个由与绩效结果之间有密切的相关性，包括生产效率、客户服务、产品质量、员工在职率、安全和盈利能力等12个关键维度组成的指标体系测评员工敬业度，这个指标体系是根据盖洛普几十年来对全球各类公司及组织机构的研究总结出来的。

调查显示，中国员工对工作的投入程度，在各行各业和各种教育水平中，都是一样的。比如7%的本科学历员工敬业，和5%的小学教育程度以下的员工敬业，两者差不多。

即便是在高技术员工和管理者中，他们的敬业程度也很低，在8%左右。更甚者，在销售和服务类员工中，只有4%的员工真正积极投入，令人担忧，因为这部分员工是公司用来吸引顾客，增加收入的。文秘和办公室员工的敬业程度最低，仅为3%。

调查显示，中国的公司常常有“指挥控制”的阶层色彩，很多情况下，管理者位居其职，却不具备鼓励员工的能力。在回答“工作时，你的意见是否有影响”的问题时，中国员工的回答尤其低，只有1/8左右的员工给了“强烈同意”的回复，而全球的平均水平为1/4。另外，中国员工只有一半左右认为其现在的工作是理想的职业。

敬业度不只是用工作的付出来衡量，更多的是员工的心理感受和归属感。

盖洛普公司发布的2011年第三季度每日跟踪调查的结果显示，完全没有归属感的员工比例达到了非常令人沮丧的程度——接近52%，与上年同期相比有1个百分点的出入。

撇开调查的科学性和准确性，其结果都向我们揭示了一个严肃的问题，也是一个机会，那就是针对员工主观能动性的工作大有可为。那么，我们如何解决员工想干事的问题呢？这是企业经营管理的首要问题，如果解决不好，轻则导致企业业绩下滑，重则会使企业衰亡倒闭。

案例：惠普业绩下滑

惠普的人性化管理随着《笑着离开惠普》一书的发行而广为流传。惠普坚持“人性本善”的理念。他们坚信，任何员工都会力图把事做好。管理者的任务就是创设良好的条件，为他们搭建一个舒适方便的展现才华的平台。在此理念上，惠普（中国）采取了一系列人性化措施。例如：

薪酬是公司根据全球以及中国当地的情况而制定的，它包括现金（基本工资与奖金）、公司股票以及公司业绩奖金。给予员工赚钱的机会，干得越好，赚到的钱就越多。员工福利，包括医疗保险、退休金政策、弹性工作制、带薪年假、全薪病假和国家规定的公共假期等。

鼓励并建议员工制订个人发展计划，为员工制定各种培养方案，培训则包括各种技术和管理培训，网上学习，导师制度，在职培训和自学资助计划。不论何种形式，每位员工都会获得全方位的辅导支持。

开放式办公。公司高层管理人员和一般工作人员同在一个大办公室办公，有问题随时可以交流讨论。管理人员要以身作则，高管把80%的时间用在了帮助员工解决问题上。公司的元器件仓库不上锁，公司职员可以随时进出。员工与管理人员平等，称呼不加职务，可直呼其名。员工上班不打卡，上班时间给员工必要的灵活性。允许员工按照自己的想法做事，不会因此而受到惩罚。给员工提供晋升的机会，任人唯贤，唯才是举，表现好就能上去。

惠普提倡“工作与生活两不误”，不希望员工因为工作而失去个人生活、家庭生活和个人爱好。在20世纪80年代末，中国惠普公司因国内的家具水平与国际标准差距大，而从国外为员工进口1万元一张的办公桌，3000元一把的椅子。办公设施必须达到国际上通用的EHS标准，即“环保”“健康”和“安全”。任何一个新办公室使用前，会有人专门测照度，看各个角落的照度是否达到国际上规定的标准。每天两次测办公室的温度和湿度，每个办公室选取20个点进行测试，然后把每个点的温度跟湿度记录下来，以保证在办公室内的每一个角落都符合惠普的健康标准。实行每周对办公场所检查一次的EHS定期检查制度，由经理人轮流当组长，检查内容包括每个人的工作环境是不是有安全隐患，比如：所有的电线必须贴着墙边走；超过人高的柜子，不能单独立着，后面必须弄一个角铁把它固定到墙上；座位底下不能放箱子等杂物，更不能有电线，以免影响员工伸腿，造成疲劳，或者引发触电，等等。在检查中，如果发现问题，就责令有问题的员工立即改正，并记录下来，下次检查时重点检查这些员工，看是否改正了。每年都要进行一次员工满意度调查。

惠普的创始人之一，比尔·休利特（Bill Hewlett）访华时，在员工沟通会上曾针对竞争激烈、员工流失的问题回答说：“我们不可能阻止员工离开公司，因为人才流动是正常的现象。我的愿望就是，让每一个离开惠普的员工说惠普好。”

惠普的人性化管理，着实让很多的职场人士羡慕不已。然而，如果在这么好的人性化管理公司里，仍然要笑着离开且离开的人多了，恐怕就不是好事了吧。将来情况如何不敢妄言，但现实中惠普利润下滑却是事实。

据腾讯财经2014年08月21日《重组影响惠普业绩多年 明年还要裁员9000人》介绍：

惠普周三发布的财报显示，该公司季度营收为276亿美元，较上年同期增长了1%，在过去3年中首次出现同比增长，但股价下跌了0.91%。

不包括裁员、收购等支出（不按照美国通用会计准则计算），惠普第三财季每股收益达到0.89美元，符合公司此前每股0.86~0.90美元的预期。但是加入这些支出，按照美国通用会计准则计算，惠普每股收益为0.52美元，较上年同期下滑了27%，远低于此前预计的0.59~0.63美元。

惠普在第三财季的裁员支出为6.49亿美元，高于上一财季的2.52亿美元，高于上年同期的8100万美元。本轮裁员始于2012年，原本计划在2014财年结束时完成，共计裁员2.7万人。后惠普把裁员人数增加至2.7万，随后又扩大至3.4万。2014年5月，惠普宣布将裁员人数扩大至4.5万~5万，时间延长至2015年。

惠普首席财务官凯茜·莱斯加克（Cathie Lesjak）在电话会议中表示，在本轮裁员中，已有3.6万名员工被裁。她说，惠普在第四财季将裁员5000人，并将在2015财年裁员4000~9000人。

在进行裁员之前，重组几近已成为惠普的常态。自2008年斥资139亿美元收购EDS之后，惠普投入的重组支出超过了80亿美元。

Twitter用户@WallStCynic在发布的一条Twitter消息中称：“惠普已连续20个季度在财报中计入重组支出，平均每季度为2.91亿美元。按照美国通用会计准则计算的净利润才是其真实的净利润。”

■ 案例：××公司因员工跳槽导致危机

××公司是一家全国有名的民营钢铁企业，在我国钢铁产业蓬勃发展的大好环境下，经过短短几年的发展已经从原来的一家小型炼铁厂发展成为一家在业界颇有声望的中型钢铁企业，并带动了当地焦化、轧钢、建材、矿产以及服务等一系列相关产业的发展，解决了当地4000余人的就业与再就业问题，为当地的社会稳定和经济发展做出了突出贡献。公司管理层踌躇满志，希望把握住钢铁产业良好的发展机会，争做我国民营钢铁企业的领先者。

但是，××公司最近连续发生了好几起骨干员工跳槽事件，这让公司的管理层感到坐立不安。随着钢铁产品市场形势持续看涨，钢铁投资浪潮一浪高过一浪，一边是新建的钢铁厂如雨后春笋般出现，一边是原有的钢铁企业纷纷扩建，这些新建的钢铁企业为了尽快达产，纷纷采取挖墙脚的方法来获取企业所需的人才。一时间，钢铁行业的技术人员和熟练技术工人呈现供不应求的局面，身价不断攀升，很多技术人员和技术工人禁不住外部高薪的诱惑，纷纷跳槽。××公司也不例外，仅第一季度离职的骨干员工就有十几人。刚开始，管理层还算是比较镇定，觉得几千人的企业走十几个人很正常，对公司的正常生产经营不会有什么大的影响。但是，“跳槽风波”愈演愈烈，前两天公司下属的炼钢厂的两名技术非常出色的炼钢工被竞争对手给挖走了，更为严重的是他们走了以后又陆续带走了一些工人。

管理层知道这件事情之后感到异常恼火，责令人力资源部尽快采取措施来改变当前被动的局面。公司人力资源部在经过一番调查和研究之后，向公司领导递交了一个报告，要求公司把那些还在公司工作的跳槽员工的家人和亲戚全部开除，以防止事态的扩大。公司管理层很快就批准了人力资源部的报告，一星期之内，就有数十名员工因为与跳槽员工有亲属或者朋友关系被公司单方面解除了劳动合同。

但是，事情并没有管理层想象得这么简单，后来发生的一连串连锁反应令管理层始料未及：被开除的员工都为自己喊冤，纷纷进行抗议，并向当地的劳动主管部门上诉，要求维护自己的权利……当地劳动主管部门在经过现场调查之后，认定这样的“株连政策”是严重的侵权行为，责令公司尽快恢复这些员工的劳动关系……当地媒体也为这些被无辜解雇的工人声援，纷纷谴责公司……公司内部的员工一方面觉得公司的“株连政策”很不近人情，同时也担心自己会不会受到牵连……公司管理人员对此也纷纷发表意见，认为“株连政策”很不人性，对于那些被解雇的“家人和亲戚”是非常不公平的……

××公司的“跳槽风波”迅速上升为公司的重大危机，管理层无奈之下只好撤销已经发布的“株连政策”，恢复那些被开除员工的劳动关系，并且费了很大力气做劳动主管部门和媒体的工作才化解了这次危机。但是，“株连政策”的负面影响却很难消除，与员工的关系从此变得非常脆弱……（来源：搜狗问问 2010－11－08《企业管理失败案例》）

那么，如何解决员工想干事的问题呢？答案很简单，就是营销的本质——洞悉人性，投其所好。

美国大思想家爱默生与儿子想牵牛进棚，使出浑身解数牛就是不进。女佣人拿来草引诱牛悠闲地嚼食，顺利引牛进栏。这个故事很好地诠释了营销本质。虽然牛与人不同，但道理是相同的。对此，戴尔·卡耐基说道：“你想让一个人心甘情愿地做一件事，只有一个办法就是给他想要的东西。”

在“大多数业内评论员认为，我们注定要完蛋”，老板要从“金门大桥上跳下去”，但后来又一跃成为世界第二大精品酒店——美国幸福生活酒店集团的创办者兼 CEO 奇普·康利，在其带有自传性质的著作《巅峰》中，介绍了其利用马斯洛需要层次理论实现咸鱼翻身的过程。他认为能实现咸鱼翻身，是因为他成功利用服务利润链原理建立起包括雇员、顾客、投资者三者在内的快乐生活心，并在实际应用中让三者都体验到巅峰快乐所致。其中，在讲到雇员需求金字塔时，将其归结为金钱、认可、意义三个层次，认为金钱层次是培养员工基本动机，认可是培养员工忠诚度，意义是培养员工的灵感。

我们可以借鉴奇普·康利的雇员金字塔，来研究解决员工的需求问题。其实，在这些方面，有很多企业已做出很好的尝试。下面的几个案例足以说明这个问题。

1. 金钱激励

金钱不是万能的，但没有金钱是万万不行的。美国作家及激励大师齐格·金克拉说：“金钱不是生活中最重要的事情，但它理所当然地类似于氧气，是必不可少的。”除掉个别人外，几乎所有人出来工作的首要目的都是为了生存，金钱就成为其选择工作的首要条件。所以，金钱激励是最让人动心、最直接的有效方式。有人说它不是主要的，但其绝对是首要的。

■ 案例：泰勒的计件工资制

费雷德里克·泰勒的差别计件工资制，包括三方面的内容：

（1）设立专门的制定定额部门。这个部门的主要任务是通过计件和工时的研究，进行科学的测量和计算，制定出一个标准制度，以确定合理的劳动定额和恰当的工资率，从而改变过去那种以估计和经验为依据的方法。

（2）制定差别工资率。即按照工人是否完成定额而采用不同的工资率。如果工人能够保质保量地完成定额，就按高的工资率付酬，以资鼓励；如果工人的生产没有达到定额就将全部工作量按低的工资率付酬，并给予警告，如不改进，就要被解雇。

（3）工资支付的对象是工人，而不是职位和工种，也就是说，每个人的工资尽可能地按他的技能和工作所付出的劳动来计算，而不是按他的职位来计算。其目的是克服工人“磨洋工”现象，同时也是为了调动工人的积极性。要对每个人在准时上班、出勤率、诚实、快捷、技能及准确程度方面做出系统和细致的记录，然后根据这些记录不断调整他的工资。

泰勒总结出了差别计件工资制的许多优点，其中最主要的有以下三点：

第一，有利于充分发挥个人积极性，有利于提高劳动生产率，能够真正实现“高工资和低劳动成本”。

第二，由于制定计件工资制与日工资率是经过正确观察和科学测定的，又能真正做到多劳多得，因此，这种制度就能更加公平地对待工人。

第三，能够迅速地清除所有低能的工人，吸收适合的工人来工作。因为只有真正好的工人，才能做到又快又准确，可以取得高工资率。泰勒认为这是实行差别计件工资制的最大优点。

例如，在铁锹试验中，每个工人每天的平均搬运量从原来的16吨提高到59吨；工人每日的工资从1.15美元提高到1.88美元，而每吨的搬运费从7.5美分降到3.3美分。对雇主来说，关心的是成本的降低，而工人关心的则是工资的提高，所以泰勒认为这就是劳资双方进行“精神革命”，从事合作的基础。

为此，泰勒在总结差别计件工资制实施情况时说：“制度（差别计件工资制）对工人士气影响的效果是显著的。当工人们感觉受到公正的待遇时，就会更加英勇、更加坦率和更加诚实，他们会更加愉快地工作，在工人之间和工人与雇主之间建立互相帮助的关系。”

■ 案例：福特汽车公司的科学管理

福特汽车公司之所以取得今天的巨大成就，与福特汽车公司创始人亨利·福特推行科学管理是分不开的。1910 年，福特开始在高地公园新厂进行工厂自动化实验。他率领一群高效率的专家，检讨装配线上的每一个环节，试验各种方法，以求提高生产力。而他最重要的突破就是利用甘特图表进行计划控制，创造了世界上第一条汽车装配流水线，实现了机械化的大工业，大幅度提高了劳动生产率，开创了高效率、低成本、高工资和高利润的局面。1914 年，福特宣布 8 小时日工资为 5 美元（取代了 9 小时 2. 34 美元的工资标准），这个报酬是当时技术工人正常工资的两倍。福特认为，这样，制造汽车的工人就能够成为汽车的拥有者了。5 美元一个工作日的消息一公布，有数万人不顾冰冷刺骨的天气，涌到福特的海兰公园制造厂申请工作。亨利·福特开创了一个新时代，他独特的汽车生产线和为大众服务的经营理念一方面给自己带来了丰厚的利润，另一方面也改变了美国人的消费观念，从此美国成了汽车的王国。

应该说，泰勒计件工资制很好地说明了对员工进行金钱激励的作用，尤其是福特汽车公司应用科学管理取得的辉煌成就，更是成了企业管理界经典案例中的经典，一直被人们推崇有加。时至今日，泰勒的计件工资制还在广泛应用，并且依旧发挥着巨大的激励作用。如各行各业各种模式的销售提成，加工业的计件提成，手工业者按量取酬，等等。

金钱激励不但在企业界广泛应用，即使在其他各个方面也都被广泛应用。

如曾国荃赤裸裸的物质奖励法：进攻太平天国首府江宁（南京）时，曾国荃明目张胆地鼓励下属，攻下南京城可以七天内烧杀抢掠奸淫、保举升迁。如攻不下，或有临阵脱逃者，则杀无赦。

楚汉争霸时，投靠了刘邦的陈平对西楚霸王项羽的评价：大意是项羽表面上很爱他的士兵，他的士兵生病他也会因此落泪。但当他要奖赏他的将士时却特别吝啬，手里拿着发给士兵的印鉴，连印鉴的角都磨光了，却迟迟不肯发下去。下属得不到应该有的赏赐，就会觉得他并不是真的爱惜他的下属，连看见士兵生病流泪的事也显得虚伪了。时间一长，英雄的“本色”会被下属看得很清楚，跟随他的人会越来越少。

■ 案例：日本砸钱鼓励民间研发军用技术

据2014年8月18日凤凰资讯滚动新闻援引《新民晚报》报道，日本政府消息人士16日透露，日本防卫省在拉拢民间机构研发军用技术的道路上再进一步，已基本决定创设一项基金，分拨给应征研究军用技术的大学等机构。

据日本共同社报道，防卫省打算未来3年为这项军用技术研发基金提供60亿日元（约3.6亿元人民币）经费，计划把约20亿日元经费列入2015财年防卫省预算申请。

这项基金计划以美国国防部高级研究项目局模式为蓝本，由防卫省公布数个研究课题，向提出最佳方案的大学等机构分配经费，研究成果除用于防卫省装备品开发外，也可转为民用。消息人士确认，防卫省眼下提出的研发课题包括用于警戒监视的雷达技术和用于飞机机体的新材料。

在新《防卫计划大纲》中，日本政府已明确表示，将扩大与大学和研究机构的联合，积极利用可应用于防卫的“民生技术”。

2. 认可激励

美国心理学家威廉·杰姆士曾经说过：“人性最深层次的需求，就是渴望得到别人的欣赏和赞美，这是人类之所以区别于动物的地方。”美国著名女企业家玛丽·凯也曾说过：“世界上有两件东西比金钱更为人们所需——认可与赞美。”

现代激励理论之父德里克·赫茨伯格提出的“C－A－R”动机循环模式认为，增强员工工作动力和满意度的源泉来自这样一个循环：挑战（Challenge）—成就（Achievement）—认可（Recognition）。赫茨伯格对1685名员工进行的研究结果显示，使员工产生对工作的满意感最多的因素按高低排列依次为：成就—认可—工作本身—责任感—晋级—成长。

美国的员工关系专家Bob Nelson在1999年9月至2000年7月对美国的34家公司的中层经理和员工所做的调查表明，认可与改善工作绩效有着非常强的联系。

在调查中，经理们普遍认同下列观点：

（1）组织认可是一种有效的员工激励方式（90.5%）。

（2）在员工绩效突出的时候提供非现金的认可给员工可提升他们的绩效（84.4%）。

（3）组织认可是给员工提供的一个很有实际意义的反馈（84.4%）。

（4）认可绩效突出的员工会增强他的上进心（80.3%）。

（5）组织认可可以提升员工的工作效率（77.7%）。

（6）提供非现金的认可可以帮助员工更好地实现个人目标（69.3%）。

（7）提供非现金的认可有助于实现个人的工作目标（60.3%）。

72.9%的经理认为，如果运用非现金的认可的话，无论是即时的还是过后一段时间，他们都能取得他们想要的效果，98.8%的经理则认为他们确实取得了需要的效果。而在接受调查的598名员工中，77.6%的人认为在他们工作表现突出的时候，上级的认可对他们来说非常而且极其重要，这时希望给予认可的员工是，即时的（20%）、一会儿（52.9%）、过后（18.8%）。

从这些专家学者的论述中可以看出，对员工的认可是多么重要。以此为出发点，对员工进行激励其效果可想而知。

案例：海尔集团的认可激励

海尔的激励通过满足员工的需求来达到。员工为企业拼命，企业就得主动考虑员工的需要，甚至个人的特殊需要。如张瑞敏常提到的人之四大特性：具有个体差异、生理与情趣完整、需要即时激励、追求个人价值的实现。

从研究和满足人的需要来调动员工的积极性，是海尔文化的一大特色。海尔考虑得很细，认为研究人们的需求，目的就是在完成组织目标的前提下，尽可能满足个人需求。只有这样，才能调动员工积极性，这是因为组织把人们的利益联系在一起了，离开组织就无法满足个人的需求。

海尔允许员工竞争领导岗位，甚至在员工这一层面海尔也制定了“三工并存，动态转换”等奖罚措施，既通过设置切实可行的目标给人以期望，又通过制度办法刺激动机，如成为“优秀员工”的升级，算是正刺激，而成为“不合格员工”的降级使用就算是负刺激。通过这样反复不断的刺激，促使每个人认同新的更高的目标。张瑞敏说：“我们靠的是建立一个让每个人在实现集体大目标的过程中充分实现个人价值的机制。这种机制使每位员工都能够找到一个发挥自己才能的位置。我们创造的是这样一种文化氛围，你干好了，就会得到正激励与尊重；同样，干得不好，会受到负激励。”他解释说，为什么不叫惩罚而叫负激励，其目的在于教育员工不再犯同样的错误，而不仅仅是简单地让他付出点代价。

好的公司内部存在一种表扬文化，海尔也不例外。《海尔企业文化手册》中明确规定了海尔的奖励制度：

海尔奖：用于奖励本集团内各个岗位上的员工对企业所做的突出贡献；

海尔希望奖：用于奖励企业员工的小发明、小改革及合理化建议；

命名工具：凡本集团内员工发明、改革的工具，如果明显地提高了劳动生产率，可由所在工厂逐级上报厂职代会研究通过，以发明者或改革者的名字命名，公开表彰宣传。

这些奖项无疑是一种激励的源泉。当获奖者的新闻通过分发到每位员工手中的《海尔人》、领导讲话和闲聊传开之后，这样的竞争就成为联合成千上万员工的强大力量。（来源：597 厦门人才网 2013－03－13《正负激励法经典案例：海尔集团》）

3. 意义激励

爱因斯坦说：“对一个人来说，所期望的不是别的，而仅仅是他能全力以赴和献身于一种美好事业。”

乔布斯说：“成就一番伟业的唯一途径就是热爱自己的事业。如果你还没能找到让自己热爱的事业，继续寻找，不要放弃。跟随自己的心，总有一天你会找到的。我把这段话浓缩为：‘做我所爱’。去寻找一个能给你的生命带来意义、价值和让你感觉充实的事业。拥有使命感和目标感才能给生命带来意义、价值和充实。这不仅对你的健康和寿命有益处，而且即使在你处于困境的时候你也会感觉良好。在每周一的早上，你能不能利索地爬起来并且对工作日充满期待？如果不能，那么你得重新去寻找。你会感觉得到你是不是真的找到了。”

应该说，成就一番事业是每一个人的梦想。这也是古今中外那些矢志不渝追求个人目标而不怕杀头、诛灭九族的成王败寇们的动力源泉所在。这恰恰成为激励员工的最有效方式。

■ 案例：秦孝公富国强兵

在2300多年前的公元前361年，秦孝公即位。当时的秦国，已陷入四面楚歌之绝境，辎重耗尽，兵源匮乏，国力虚弱。这位年轻的新秦主嗟叹："诸侯卑秦，丑莫大焉！"遂发布了著名的"求贤令"，向天下才俊发出邀约："本公即位，常思国耻，悲痛于心，今赢渠梁明告天下，但有能出长策奇计，而使秦国恢复穆公霸业者，居高官，领国政，与本公共治秦国、分享秦国。"

这个震撼的事业激励计划一出台，时在魏国难施身手的卫鞅为之所动，西入访秦，四见孝公，终一拍而合，秦孝公给卫鞅戴上了"金手铐"，并许诺"你我君臣相知，终我一世，绝不负君"。其后便有了改变秦国命运乃至影响中华民族历史进程的商鞅变法。自此秦国走向强盛，为最终统一中国奠定了基础。公元前340年，已被周天子赐封为霸主的秦孝公兑现承诺，封卫鞅为列侯，号商君。

■ 案例：哥伦布发现新大陆

大约500年前的1492年，统一西班牙后的伊莎贝尔女王在最后时刻改变主意，接见了准备离开的哥伦布。经过三个月的谈判，双方达成协议：西班牙赞助哥伦布的西航寻找大陆的计划，并任命他为发现地的统帅，可以获得发现地所得全部财富和商品的1/10，且一律免税；对于以后驶往这一属地的船只，哥伦布可以收取其利润的1/8。

由此，这一年成为西班牙历史上最伟大的年份。哥伦布的探险队经过70天航行之后，终于到达北美洲的巴哈马群岛，为这个新成立的国家带来不尽财源和广阔的拓展空间。伊莎贝尔女王也完全履行了当初的约定。此后一个世纪，西班牙依靠广阔的海外领地和源源不断的黄金输入，确立了世界霸权。

■ 案例：肿瘤免疫学博士的走与留

A获某著名医学院校肿瘤免疫学博士学位，在攻读博士学位期间，便有创造性的科研成果，某一技术居国内领先水平。南方某生物制药公司得到这一信息，不惜派专人多次同A接触，许诺了房子、车子、票子等待遇，终于在众多竞争对手中将A请到了本公司的开发研究室做研究员。

面对丰厚的待遇、较好的实验工作条件，加上领导的关心，初来乍到的A心里暗暗发誓：一定努力工作，争取早日将自己的成果转化成产品，为公司做出应有的贡献。A的上司即开发研究室主任是一位留美归来的教授，主攻神经生物学，现在正承担着本公司一项神经科学基因工程新药的开发研究工作。不知是出于本专业的需要，还是其他原因，主任提议让A先暂缓开展肿瘤方面的研究，而协助他加快神经科学的研究。这一方案竟也被主管开发的副总批准。一半出于无奈，一半出于尊重领导，A便成了主任的助手。

半年过去了，一年过去了，A自己的科研迟迟不能开展，他为此很伤心。常常在夜深人静时，面对豪华的住宅，守望妻儿，独自思考：走吧，好像说不过去，这么好的待遇，领导待他也不错；不走吧，眼看自己的事业就要荒废了，他陷入了两难的境地。A一天天消瘦，一天天萎靡不振，他也向有关领导反映了问题，但未能引起公司的足够重视。有一天，A的一位同学从国外回来，见此情景便痛陈利害关系，让他立即离开。惶恐的A第二天便向人力资源部递交了辞职报告。

人力资源部经理十分吃惊，直接将这一问题反映给了总裁。总裁亲自调查此事，弄清原因之后，一面竭力挽留A，一面立即调整科研计划。此后，A留下来专心从事自己的研究工作，经过一年半的努力，成果正式上报，即将成为药品。总裁为A庆功，同时将A送到国外深造一年，以备将来承担更重要的工作。（来源：卓博才经）

（二）员工“会干事”的问题

1990年，美国密歇根大学商学院教授普拉哈拉德（C. K. Prahalad）和伦敦商学院教授加里·哈默尔（Gary Hamel）在其合著的《公司核心竞争力》（*The Core Competence of the Corporation*）一书中首先提出了核心竞争力概念，并将其定义为：“在一个组织内部经过整合了的知识和技能，尤其是关于怎样协调多种生产技能和整合不同技术的知识和技能。”而这些技能、技术及协调、整合的知识和技能，虽然最终是通过产品或服务展现出来，但其实质是由员工来掌握的。所以，企业要想拥有自己的核心竞争力，就必须拥有掌握技能、技术及协调、整合知识和技能的员工。如若没有，就等于企业没有核心竞争力，出路只有一条——倒闭。

■ **案例：柯达破产**

2012年1月19日，成立于1881年，具有130多年的老字号企业与长寿企业，世界上最大的影像产品及相关服务的生产和供应商，世界著名的伊士曼柯达公司申请破产保护。

是什么原因造成了柯达的灭顶之灾？很简单，是管理。

柯达第一管理败笔是忽视了危机管理与科技创新。当柯达传统影像部门的销售利润很明显地下降时，柯达决策层没有意识到这是一种灾难。进而导致柯达缺乏危机管理与应对的脚本计划，忽视了危机管理与科技创新。

柯达第二管理败笔是对市场情况反应迟钝。柯达决策层与管理层过分迷恋传统的胶卷，缺少与时俱进的思维，以鼠目寸光替代了远见卓识与高瞻远瞩，以急功近利替代了长远规划。他们沉溺于过去的辉煌，仍躺在功劳簿上，扬扬得意，骄傲自满。

柯达第三管理败笔是忽视核心竞争力的建设。由于数码相机的技术取代胶卷技术，使得胶卷市场渐渐萎缩，而且竞争对手瓜分市场很大份额。柯达不去想办法研发核心科技，构建核心竞争力，反而跟竞争对手搞联盟关系。

柯达第四管理败笔是忽视了顾客日新月异增加的新需求。胶卷的照相成本相对于数码相机的成本要高得多。而且，现在的顾客比较偏向于个性化的需求，而数码相机正好满足了这一需求。遗憾的是柯达没有针对这一需求去创新。（来源：勤加缘社区2012－03－01《企业缺乏核心竞争力走向破产是必然》）

■ **案例：日本金刚组破产**

公元578年，即日本敏达天皇六年，圣德太子为庆祝灭掉6纪时期的废佛派官员物部守屋，祈求法神四天王庇佑佛法及信众，从韩国百济招请三名匠人兴建四天王寺。该寺被视为飞鸟时代的代表建筑，其间经历七次破坏，屡被修补，一直保存至今。

同年，由三名百济匠人之一的金刚重光创设了金刚组，专门以建造佛寺为主。公元607年，金刚家族建造法隆寺，达到日本木造建筑的高峰。

法隆寺与四天王寺是代表日本建筑的两大历史遗产，它们的构筑施工方法至今还代代相传地存活于金刚组《施工方法汇编》里。金刚家族还曾两度完成水户偕乐园（与金泽兼六园、冈山后乐园并称日本三大名园）中“好文亭”的复原设计工作。

金刚组“堂主”相当于总裁一职，到破产前已传至第40代。金刚组的企业架构分成多个小组，5~8人为一组，各组保持其独立性，并以组为单位集中改良固有技术，互为竞争。接单时总部会评估各组的能力，借以决定哪一组承办工作。他们能将一根水泥柱，建得像木柱一样。金刚家族第40代堂主金刚正和曾说：“我们公司能生存这么久其实没有什么秘密。正如我常说的，坚持最最基本的业务对公司来说非常重要。”金刚正和认为，无论是经济繁荣还是衰退，专一于自己的核心业务永远是生存之道。

金刚组由于专注于佛寺这一“最基本的业务”，而度过了多次危机。但在1955年金刚组转型为有限公司，除建造寺庙、庭园外，开始承办一般建筑，并且过度扩张的行为最终引发庞大负债。在20世纪90年代开始的日本泡沫经济破灭中，金刚组负债累累，在2006年宣布清盘，资产由高松建设2005年11月创建的同名子公司“金刚组”接管，从此金刚组重回老本行，专做寺庙建筑。

2006年6月7日，《胡润百富》在上海发布了《胡润全球最古老的家族企业榜》，全球有100家家族企业上榜。第一名是日本大阪寺庙建筑企业金刚组，它成立于公元578年，传到第40代，已有1400多年的历史。第二名是日本小松市饭店管理企业粟津温泉酒店，它成立于公元718年，传到第46代，已有1288年的历史。但2006年初，美国《家族企业杂志》因金刚组被收购，所以把全球最古老家族企业的头衔给了胡润的第二名——日本的粟津温泉酒店。

金刚组因专注于其拥有核心技术的佛寺建设而存活1400多年，因扩张至没有核心技术的一般建筑领域而破产。有人在研究日本企业长寿的秘密时发现，不管时代风云如何变幻，外界诱惑如何大，清楚自身的定位和方向、专注地坚守本业是企业长寿的必要条件。这不能不引起有志于企业经营管理的人们反思，企业要基业长青，就要拥有核心技术，并专注于拥有核心技术的业务领域。而企业的核心技术首先表现在员工的技能上，具体就是员工不但“想干事”，更要“会干事”。员工不会干事，不能在产品或服务上实现核心技术，那么就等于没有核心技术。所以，现在各行各业中的很多企业都在努力地培养员工，不断地提升员工素质。

■ 案例：宝钢《员工综合发展目标体系》

……

（二）推进员工能力素质实施举措

1. 系统推进绩效管理体系

重新修订员工岗位说明书，建立员工岗位胜任素质模型；创建员工成长机制，开展员工职业生涯设计；梳理员工岗位绩效流程，推进员工岗位绩效管理。

2. 有效开展公司教育培训

完成人才战略性储备，强化中层管理干部职业经理人培训；梳理公司教育培训流程，建立基于能力的员工培训体系。

3. 全面实施岗位成才策略

创建公司岗位信息交流平台，满足员工职业发展需求；推行拜师学技，促进知识经验互补交流；推进干部和技术人员挂职锻炼，创建岗位成才新通道。

4. 加速推进人才国际化建设

整合海外培训资源，建立海外培训基地；梳理海外培训流程，创建管理和技术人员定期互访制度。

5. 加强核心员工队伍建设

创设公司内部 MBA 交流平台，举办各种管理知识讲座；创建首席师成长平台，建立首席师为首的项目团队；创建研发人员成长机制，推行技术创新累计积分制；完善岗位竞争机制，进行岗位轮换锻炼；拓展员工成长管理面，建立一线员工岗位成才信息档案。

（三）推进员工思想道德素质实施举措

1. 营造诚信氛围，实施年度宣传行动计划

推进诚信管理，建立诚信管理评价体系；建立失信记录档案，实现诚信过程监控；结合综合管理体系，梳理完善现行管理制度。

2. 系统推进公司用户满意文明建设

归并用户满意管理，完善用户满意度评价标准、细则；创建工序互动

评价机制，完善工序互动评价工作制度；归并公司用户服务管理，梳理公司用户服务管理流程、公司形象管理流程，推进“五大形象”（服务、设备、产品、环境、行为）工程。

3. 全面提升员工文明行为

推进案例教育，完善员工行为管理办法；完善公司激励机制，进行金牛奖、曾乐奖激励；整合公司企业文化资源，编撰使命故事；推进联管共建，实行“五个文明”（就餐、作业/办公、用车、沐浴、如厕）管理。

4. 系统完善员工社会公益活动

形成系统的、固定的公司及员工捐赠、社会公益活动体系；整合希望工程资源，提高希望小学援助质量；倡导更多员工无偿献血、骨髓捐献；丰富公司帮困送温暖内涵，提升帮困送温暖活动质量；整合公司回报社会资源，梳理回报社会专项资金。

（四）推进员工科学文化素质实施举措

1. 全面开展群众性科技活动

构建分层次的学术性机制，定期举办国际性学术年会和公司层面学术年会；创新工作方法，定期举办公司重大技术创新成果推进会；丰富公司群众性科技活动，系统推进科技创新小组活动；发挥青年技术创新骨干作用，举办青年创新创效系列活动；创建高层次人才交流平台，完善高层次人才交流研修制度。

2. 系统构建公司知识共享体系

梳理公司知识管理流程，搭建知识共享平台；完善公司门户网站，开设科普知识网站；尝试远程办公，推行办公自动化；整合公司网络资源，完善公司网络学习平台。

3. 打造和建设宝钢“文化家园”

实施公司整体环境形象设计规划，提升整体环境形象；整合公司内外专家资源，成立公司智囊库，开设系列人文讲座；建立公司品牌管理流程，每年组织重大品牌策划活动；打造公司文化品牌，每年组织“宝钢之声”迎新音乐会；建立员工“文化家园”，倡导员工参加各类兴趣娱乐活动；开展与国外同行的文化交流，举行有突出贡献员工自费公助出国考察活动。

（五）推进员工健康素质实施举措

1. 全方位推进“绿色宝钢”

梳理员工职业安全管理流程，定期开展全员安全主题活动；创建员工环境保护机制，开展“与绿色宝钢同行”行动；提高环境发展报告质量，发布年度环境报告。

2. 积极开展全员健康行动

开展“三为一增”全员健身活动，员工健身活动进入管理流程；扩大职工运动会的参与面，完善员工健身强体活动平台；完善员工体检制度，增加员工体检个性化服务项目；完善员工体检信息档案库，建立员工健康状况反馈制度。

3. 系统优化健康环境管理

每年归并员工的基本需求，推进实事工程；坚持领导信访接待日制度；坚持E线心声网上交流制度；创建员工心理健康平台，开展心理咨询和辅导。

4. 提升员工生活品质活动

展示员工艺术生活水平，定期举办职工艺术节；提升员工审美情趣，举办员工特长展览活动；倡导品质生活，坚持和完善员工休假制度；引导员工积极消费，建立员工文化健康消费专项资金。（来源：豆丁网2010－08《提升员工素质 促进企业进步——宝钢在创争活动中的〈员工综合发展目标体系〉》）

■ 案例：中轻依兰管理人员综合素质提升

2012年中轻依兰（集团）有限公司（以下简称“中轻依兰”）把管理人员综合素质提升系列培训计划作为领导干部学习的长效机制，于6月13日下发依兰发〔2012〕17号文《关于印发公司管理人员综合素质提升系列培训计划实施方案的通知》。以“依兰讲坛”的形式在中轻依兰内部开展管理人员综合素质提升系列培训，实现“一个转变两个提升三个增强”，即“转变工作作风；提升知识水平，提升业务素质；增强服务意识，增强管理能力，增强执行能力”，进一步提升管理人员综合素质和生产经营管理能力，同时为中轻依兰下一步发展储备人才提供基础。

根据《公司管理人员综合素质提升系列培训活动计划表》安排，从2012年6月到2013年6月，为期一年，计划每月安排两次，时间为每周周六上午（8：30—11：30），遇特殊情况或特定假日需调整，经公司领导批准后另行通知。培训人员以中轻依兰全体中、高级以上管理人员为主，必要时扩大到其他专业技术和管理人员。先后将有24名中轻依兰领导班子成员，部门及分厂、分公司负责人走上讲台成为培训讲师，培训主要以公司政治思想、生产、经营、管理等相关内容为主。形式主要为专题讲座，安排一定的互动讨论，也将根据需要从外部聘请部分讲师培训其他相关的专题。

为保证教学质量，还制定了相应的考核激励机制：①要求参训人员按时参加培训，中级管理人员的参训出勤情况将列入年终干部考核内容。②要求公司安排授课讲师按照时间要求提前做好充分准备（授课时间按2～2.5小时准备），在专题讲座开始前10～15天将PPT演示稿提交人力资源部审核备案。同时，以该专题为主要内容提交一定量的测试题作为考核题库基础资料，公司将在培训一段时间后统一组织进行考试。③要求每个专题讲座完毕，全体学员需要对授课讲师的培训效果进行评估，评估情况作为该讲师考核评比的依据。④要求各部门领导在参加完公司的专题培训后，将所学专题内容对单位其他员工进行培训，由本单位领导负责讲授，做好培训相应的考勤和记录台账，人力资源部不定时进行抽查，对未按要求进行培训的将纳入公司综合考核，对开展情况好的予以奖励。

“依兰讲坛”从公司领导班子成员带头讲课，除进行专题管理知识理论学习外，还把目前影响公司发展的重大问题列举出来，结合班子成员的工作分工，对相应问题进行调查研究，撰写专题调研报告，坚持主要领导讲发展战略、经济分析、企业管理、团队绩效等专题，各级中层管理人员结合工作实际讲技术、讲工艺、讲流程、讲方法，其他领导干部围绕课题展开讨论，达成共识，为中轻依兰的脱困、改革、发展献计献策。

“依兰讲坛”作为不断提高领导干部的思想政治理论水平、科学决策能力、管理能力和统揽全局、驾驭复杂局面和实现依兰公司三年战略目标的重要举措，以查找问题、剖析问题、提出措施、完善机制、提升管理水平和实际工作能力为目标，努力把学习成果转化为讲党性、重品行、做表率的自觉行动，转化为推动公司艰苦奋斗、生产自救的坚强信心，不断增强政治意识、大局意识和责任意识，增强工作的原则性、系统性、预见性和创造性，成为指导具体工作和决策的思想武器，并且把学习型班子建设作为依兰公司中层以上领导干部业绩考核纳入目标管理体系。（来源：云天化集团官方网站2012－12－27陈明辉的《提升干部综合素质管理案例》）

（六）解决员工“能干事”的问题

员工“想干事”，也“会干事”，但未必“能干事”。要想让员工“能干事”，还需要企业及管理层为员工创造“能干事”的条件，如建设放手让员工干事的文化，给予员工干事的政策，提供员工干事的支持，构建员工干事的关系，对员工干事的激励，等等。否则，员工空有一腔干事的热忱，也无法干事。

■ 案例：Intel鼓励员工尝试冒险的价值观

Intel的文化特质中非常有特色的一项是“鼓励尝试冒险”，这里说的鼓励尝试冒险并不是闭着眼睛，一头栽进去的匹夫之勇。Intel推崇的是充分评估，在接受挑战之前，充分掌握情报，尽可能了解种种变通之道与替代方案。Intel创始人之一的戈登·摩尔就有两次成功的挑战：一次是成立仙童半导体公司；另一次则是成立Intel公司。他把“鼓励尝试冒险”作为Intel的文化。摩尔常常说：“变动是我们的盟友。”

1985年，安迪·葛鲁夫决定放弃存储器的生意，将全部精力放在一个前景未明的微处理器市场，结果使Intel成为微处理器芯片之王，让Intel找到了“未来之路”。后来，安迪·葛鲁夫还不惜花巨资，冒险推出“Intelinside”的品牌推广活动，提升Intel的品牌认知度，这些都是Intel“冒险”成功的典范。

在员工中，Intel非常鼓励冒险精神。在芯片领域，创新成为日常工作，如果没有技术的领先性，无法谈论优势，因为芯片是计算机的心脏，对其健康的要求超过许多产品。对员工来讲，既要以结果为导向，又要尝试冒险，听起来好像是矛盾的，细究则不然。有时候为了保证好的结果要去冒险，有时候为了好的结果不能去冒险，所以Intel通过评估风险去降低冒险的风险。如果员工尝试过冒险，但没有达到目标，公司会宽容他的行为。公司鼓励和奖赏承担风险的行为。

Intel为了给员工更大的创意空间，主张在工作中进行争论，团队要密切合作。Intel认为，两个工程师经过讨论甚至激烈辩论之后产生的议案，往往比一个人闭门造车出来的要好。更进一步来说，工程师提出的建议通常不够好，通过与客户、市场行销人员以及工程师之间的互动探讨，才能够开发出更好的产品。1992年，Intel设立了一个“创新日”，为员工提出的冠军提案设立10万美元的奖励。1993年，Intel迎来了第一届“创新日”，创新建议超过100个，最后选出了两个冠军议案，后来两个议案都用在了Intel的新产品中。

Intel不论个人是否已经为晋升做好准备，往往是直接授予更高职位，让有能力的人迎接更高的挑战。Intel的看法是，重点在于一个人学习的速度，而非他以往的经验。学习速度快的人，一旦授予高职，会更快速度学习，达到目标。

有一次，Intel前亚太区总裁John Bresilin，对每天早上7点半进办公室，晚上很晚才回宿舍，且已持续了近一年的英特尔亚太区总裁技术助理洪力说：“我觉得你的工作量不够。”“你确实花了很多时间，也很辛苦，但在这一年里，我没看见你犯错误，这对我来说是不可以接受的。因为你只做了你熟悉的、让你感到很舒服的事情，花时间在小的方面做得很完美，使你失去了其他机会，不能去把握创新的机会。”

企业没有创新，就等于死亡。然而创新有风险，企业是该鼓励员工冒风险创新，还是选择规避风险求稳？Intel给了我们很好的答案。Intel是一个没有对手的公司，所以在一般人看来，都会认为没有必要那么辛苦地去制造竞争气氛。一位Intel的员工描述Intel人的个性：比较激进，有主动进攻的意识。例如，在员工里有一种“假设是我的责任”的鼓励，从工作描述里自己对这件事情可能没有责任，但是很多时候一些事情无法界定得那么清楚，所以在Intel提出“假设是我的责任”，这样确实使许多边际工作得到完成。

冒险创新不但给Intel创新带来了促进作用，更为Intel创造了一个各施所长的人才环境，激励每一个Intel员工把他们的才智发挥出来，促进Intel组织的进步。“创新日”、争论，也为Intel的员工提供了一个相互沟通与交流的舞台，在这里，员工之间，员工与高层管理者之间，可以面对面地进行思想与智慧的碰撞。

■ 案例：北欧航空公司的倒金字塔管理法

20 世纪 70 年代末，石油危机导致世界范围内的航空业不景气，瑞典的北欧航空公司也不例外，每年亏损 2000 万美元，公司濒于倒闭。在这个危急的时刻，杨·卡尔松受命于危难之中，担任了北欧航空公司（可简称为“SAS 公司”）的总裁。卡尔松接任后采用了倒金字塔管理法（Pyramid Upside Down）。一年后，北欧航空公司盈利 5400 万美元。这一奇迹在欧洲、美洲等广为传颂。

卡尔松来到北欧航空公司时，公司一片萧条，人心惶惶，员工们不知道公司会走向何处。卡尔松利用 3 个月时间，在仔细研究了公司的状况后向所有员工宣布，他要实行一种全新的管理方法，并起名为“Pyramid Upside Down”，即倒金字塔管理法。

传统的管理构架呈正金字塔形（见图 2）：

上层：决策者、总经理；

中间层：中层管理者（部门经理、车间主任等）；

下层：一线工作人员，也叫政策的执行者。

倒金字塔构架管理结构（见图 2）：

上层：一线工作人员（卡尔松将其称为现场决策者）；

中间层：中层管理者；

下层：总经理、总裁（卡尔松将自己称为政策的监督者）。

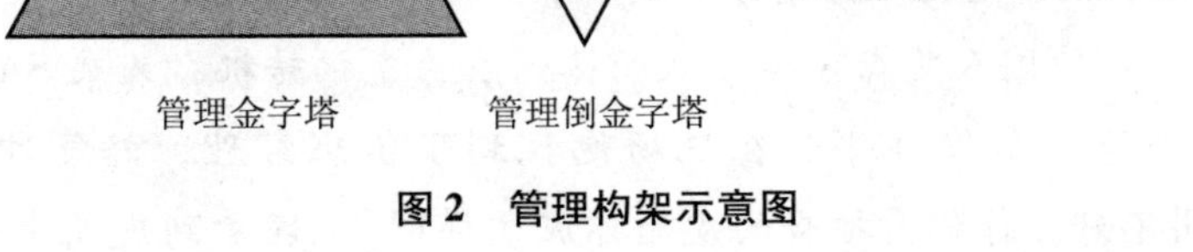

图 2　管理构架示意图

倒金字塔管理法总的含义是：“给予一些人以承担责任的自由，可以释放出隐藏在他们体内的能量。”卡尔松认为，要把公司工作做好关键在于员工。“人人都想知道并感觉到他是别人需要的人。”“人人都希望被作为个体来对待。”“给予一些人以承担责任的自由，可以释放出隐藏在他们体内的能量。”“任何不了解情况的人是不能承担责任的；反之，任何了解情况的人是不能回避责任的。”

倒金字塔管理法就是在这样一种思维指导下产生的。SAS 公司采用这种方法 3 个月之后，公司的风气就开始转变，它开始让员工感觉到，我是现场决策者，我可以对我分内负责的事情做出决定，有些决定可以不必报告上司。把权力、责任同时下放到员工身上，而卡尔松作为政策的监督者，他负责对整体进行观察、监督、推进。

事例一：有个美国商人叫佩提，这一天他接到通知要乘飞机从斯德哥尔摩到巴黎参加地区会议。阿兰德机场是斯德哥尔摩的国际机场，阿兰德机场距离斯德哥尔摩市 70 公里，当佩提先生到达机场后，一摸口袋，脸变了颜色，发现没带飞机票。世界上各个国家的航空公司的规定都是一样的，没有机票是不能够办理登机手续的。正在这个时候，SAS 公司的一位小姐走来说：“Can I help you?”佩提很不耐烦地说你帮不了，可是小姐还是笑眯眯地说，您说出来或许我能帮助您。佩提说我没带飞机票，没想到小姐说：“您没带飞机票呀，这事很好办，您先告诉我机票在哪儿?”他说在 × × 饭店 411 号房间，随后小姐给了他一张纸条，让他拿着先去办登机手续，说剩下的事情由她来处理。佩提先生到了登机的地方很顺利地办好了手续，拿到了登机卡，过了安检，到了候机厅。当飞机还有 10 分钟就要起飞的时候，刚才那位小姐把一张机票交给了他，佩提先生一看果然是自己落在饭店的机票。那么，这位小姐是怎么把机票拿到的呢？原来，她拨通了饭店的电话后是这样说的：“请问是 × × 饭店吧，请你们到 411 号房间看看是否有一张写着佩提先生名字的飞机票，如果有的话，请你们以最快的速度用专车送往阿兰德机场，一切费用由 SAS 公司支付。”是什么力量驱使她这样做的呢？就是倒金字塔管理法，因为它把权力充分地赋予了一线工作人员。

事例二：德国人艾森·候波从柏林到法兰克福转机，又乘 SAS 公司的飞机赶到斯德哥尔摩办事。在机场他找到了值班经理，怒气冲冲地说：“SAS 公司不好，你们看把我的皮箱摔成这样!”经理看到皮箱上确实有一个崭新的口子，他笑着对德国人说：“先生，实在对不起。这样吧，您能不能等我几分钟?”10 分钟后，经理拿来一个和客人的皮箱基本一样的皮箱，对他说，这个皮箱就作为 SAS 公司送给您的一件礼物吧，请收下。德国客人想了想，拿着箱子走了。这个德国人晚上翻来覆去地想，心里很不好受。第二天，德国客人带着新皮箱找到那位经理说，我很不好意思，经理赶忙说："您别说了，我都知道，我已经说了，就作为一件礼物收下吧。"德国人很惊奇，你是怎么知道的呢？机场的经理笑了笑说："您昨天拿的皮箱的裂痕确实是新摔的，但是不是在我们公司摔的。因为皮箱在上飞机之前我们都是要检验的，如果皮箱已经有裂痕或者破损的情况，旁边要贴标记。而我在您的皮箱上看到了这个标记。"德国客人脸红地说，我的皮箱是在法兰克福摔坏的，找他们，他们不承认。到阿兰德机场本来想跟你们撒撒气，但没想到你们会这样处理。我回去之后要鼓励他们都坐SAS公司的飞机。这也是倒金字塔管理法在起作用。在SAS公司，处处都能感受员工们那种自信、自豪，他们有着非常明确的奋斗目标，而且总裁卡尔松带领他们向这个目标进发。

事例三：SAS公司很多员工胸前别着一个很精致的鸡心胸针。在门口有一个警卫，是个50多岁的老职工，精神抖擞地站着，他的胸前就别有一个鸡心胸针，这是怎么回事呢？原来卡尔松觉得公司的情况已经基本扭转，应该奖给员工一些东西。想了想对秘书说，去定做精制的鸡心胸针，每个员工一个，不能直接发到员工手中，要按照每个员工的家庭住址，通过邮局寄给他（她）的配偶。当老员工回到家里的时候，老伴冲上来抱住他狠狠亲了一口，还说："汤姆，你真棒！"老员工感到莫名其妙。老伴这才说："你知道你们的总裁给我们寄来了什么吗？"汤姆一看，原来是一个精制的鸡心胸针，还有一张纸条，上面写着：

> 尊敬的汤姆逊太太：
>
> 感谢您一年来对汤姆逊先生工作的全力支持，使得北欧航空公司的工作取得了很大的成就。我谨代表我个人向您表示衷心的感谢。
>
> 杨·卡尔松（亲笔签名）

老汤姆看了激动得不得了，他只是个普通的警卫而已。老两口一边喝酒庆祝一边讨论，明年要怎么干才对得起总裁的关心。

在SAS公司看到一位小姐也别了个同样的鸡心胸针，以为她也会高兴地谈她的感受。但是出乎我们的意料，她满含热泪地说，她是个秘书，她的部门负责航线的制定，白天开会做出航线的计划，晚上她就要负责打出来，所以经常加班。因此，她新婚不久的丈夫起了疑心，两个人的关系紧张起来，已经到了要说分手的地步。这天她加班回到家打开房门，发现和平时不太一样，餐桌上放着几盘菜和一瓶酒，正在她纳闷的时候，丈夫走过来对她说："你回来了，这么晚，累不累？"丈夫一反常态的表现让她很诧异，她跟丈夫说："有什么话就直说吧。"没想到丈夫却对她说："看来以前我是误解你了，我错了，希望你能原谅我。"她奇怪地看着丈夫。原来她丈夫收到了卡尔松总裁寄给他的信和一个精制的鸡心胸针，信上写道：

> 感谢您在过去的一年里全力支持您的妻子为SAS公司的成就做出了这样大的努力，我谨代表我个人向您表示最真挚的问候。
>
> 杨·卡尔松（亲笔签名）

就这样，总裁的信和一枚胸针挽救了一个家庭。

■ 案例：中国电信安徽公司五个平台建设

中国电信安徽公司根据《中国电信企业文化宣贯推进工作实施意见》的要求，结合实际大力营造"想干事、会干事、干成事"的文化氛围。努力为广大员工构建好五个平台：

1. 构建学习的平台

通过创建学习型组织，开展多种形式的教育培训，引导员工树立全员学习、终身学习的理念，感悟工作学习化、学习工作化的境界，建立激励学习的有效机制，培育浓郁的学习氛围，从而不断提高干部员工的思想境界、工作能力，全面提升干部员工队伍的政治业务素质。

2. 构建创新的平台

教育引导干部员工坚持解放思想、转变观念、与时俱进，立足本职不断创新发展理念，创新工作思路，努力创造一流的业绩。各级企业要通过开展调查研究、合理化建议等活动，集中员工智慧，依靠员工办企业，使广大员工为企业发展献计献策，使各项工作不断取得新的突破、新的发展。

3. 构建优质服务的平台

坚持“用户至上，用心服务”理念，企业内部要改进作风，提高效率，做到机关为基层服务，后端为前端服务，管控支撑部门为生产一线服务，全员为客户服务，全心全意满足客户需求，用心追求客户满意，实现企业效益最大化。

4. 构建员工发展的平台

坚持以人为本的理念，关心爱护员工，努力创造人尽其才和优秀员工脱颖而出的机制和环境。通过深化五项机制创新，建立激励约束机制，健全完善技术业务系列和管理系列双重晋升机制，为各类人才提供畅通的职业发展通道，充分调动员工的积极性、主动性和创造性，为企业发展贡献全部的聪明才智，实现企业和员工的共同发展。

5. 构建团队协作的平台

努力营造相互尊重、坦诚沟通、积极进取、团结协作的组织氛围，提倡共同创造、共同进步的团队精神，鼓励不同岗位、不同专业、不同部门和不同地区的员工在专业分工基础上进行有效合作，共同创造企业整体价值的最大化。

要通过中国电信企业文化核心理念体系宣贯工作，在中国电信安徽公司大力营造“想干事、会干事、干成事”的良好氛围，让想干事的有机会，会干事的有舞台，干成事的有地位，形成具有中国电信安徽公司特色的企业文化体系，不断提升中国电信安徽公司的整体实力和综合竞争力。（来源：豆丁网 2012 -03 -08《中国电信企业文化——精品完整版》节选）

美国全食超市创始人兼 CEO 约翰·麦基说：“企业的经营是非常简单的，管理层的职责是关注雇员的利益；雇员的职责是关注顾客的利益；愉快的顾客关注股东的利益。这是一个良性循环。”

美国著名作家弗雷德·赖希赫德说：“领导者的基本工作是树立榜样，成为值得别人效仿的合作伙伴，其主要目标是帮助人们最充分地发挥自己的潜力。”

美国西南航空公司创办人、总裁赫伯·凯勒尔说：“服务之旅的核心是提供精神上的服务，而不是提供机械般的服务。”“重顾客服务，不重利润；利润是顾客服务的副产品……利润本身不是终点，而且它也不会自行终止。”“顾客始终是次要的；我们的雇员是最重要的。”“在经济繁荣期或萧条期，盈利和保持稳定的关键是雇员的士气。”

从以上的话中，我们可以清晰地得出如下结论：

第一，要树立正确的经营理念，服务顾客是第一位的，企业利润是第二位的。

第二，要正确地理解人性，精神服务是第一位的，物质服务是第二位的。

第三，要关注员工利益，而且员工是第一位的，顾客是第二位的。

第四，要信任员工，要给予与职责相匹配的授权，要鼓励员工创新。

第五，要为员工创造学习培训的环境和机会。

第六，领导者要成为值得别人学习的榜样，要帮助员工发挥潜力。

企业如果能够做到这几点，就为员工“能干事”创造了条件，调动和发挥员工的主观能动性就不成为问题，基业长青就有了可能。美国管理学家惠特曼和彼得斯对全美历史最长、业绩最好的60家大公司进行调查研究后发现，它们之所以能保持经久不衰，秘密就是“把员工当作重要的资产”来经营。

三、内部营销的方法

内部营销是企业及其管理者，将企业的价值观、愿景、使命及具体的工作任务、目标、措施等，通过一系列的方法销售给内部客户，即员工。企业希望员工能够按照企业或管理者的思路要求，积极主动地去做好本职及相关工作，就要了解员工的需求。马斯洛的人的需要层次论（见图3）是对人的普遍需求的概述，适用于所有人，当然也适用于员工。内部营销总的方法就是整合企业资源来满足员工的这些需要。

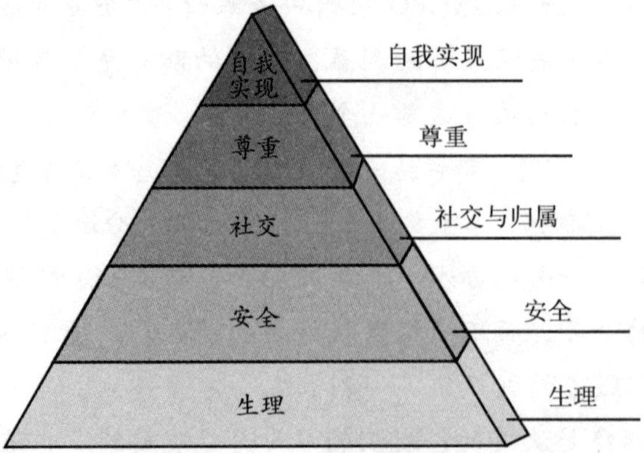

图3　马斯洛需要层次论

（一）生理需要

生理需要是人们最原始、最基本的需要，如空气、水、吃饭、穿衣、性欲、住宅、医疗等。若不满足，则有生命危险。也就是说，它是最强烈的不可避免的最底层需要，也是推动人们行动的强大动力。马斯洛认为，只有这些最基本的需要满足到维持生存所必需的程度后，其他的需要才能成为新的激励因素，而到了此时，这些已相对满足的需要也就不再成为激励因素了。

满足员工生理需求的基本方法就是支付薪酬福利及物质奖励。但在支付薪酬、福利及物质奖励的具体方式上有很强的艺术性。同样的薪酬总额，用不同的方式支付，对员工的激励则不同。如时薪、日薪、周薪、月薪、年薪制，固定工资制、浮动工作制、绩效工资制、计件工资制、提成工资制、混合工资制，等等。在这方面，各个企业及其管理者、人力资源工作者等，都做了很多的研究和实践，可以说是百花齐放，百家争鸣。

■ 案例：松下电器的高工资、高效率

“经营之神”松下幸之助认为，员工有了安定的生活保障，才能发挥十二分的努力，勤勉工作。精神的力量是以物质的力量为后盾的，即使是清真教徒，也不能饿着肚子诵经。安定员工的生活，解除其后顾之忧，才是员工动力的永久源泉。

松下幸之助从福特公司那里了解到“高工资、高效率”原则，大为赞赏那些做出成绩以及值得奖励的人。后来，松下便以此原则为基础，逐步改革工资制度，提高工资水平。其实，在此之前，松下电器员工的平均工资在同行业中一直处于领先水平，这也是它吸引人才、稳定员工的重要原因。

从1965年11月开始，松下电器着手建立自己的住宅制度。该制度规定，每一个职工达到35岁时，可拥有一套自己的住房。具体办法是，本人存款达到一定数额，公司就给他1倍的贷款，再加存款利息，这笔钱可建一套住房15坪、空地50坪的住宅，所有权归本人。

松下电器的养老金制度规定，根据职工个人意愿，把退休金改为终身养老金。从57岁退休起，15年内可领取基本养老金，以后便改为终身养老金。养老金加上保健金，可保证达到退休前工资的60%。这样，职工退休后不再到其他地方工作也可安度晚年了。

这些制度的实施，全面保障了松下电器员工的物质文化生活，它像强

力胶一样，将全公司20多万颗心牢牢地结合在一起。

■ 案例：GE中国区的员工福利

GE的“福利”所代表的含义不只是简单的现金激励或者是免费午餐，他们将员工基本工资的40%投入于各项福利政策。诸如：

GE员工储蓄计划，是长期为员工提供的一些现金支持，从而补助他们在购房、买车、子女教育方面对现金的需求。

GE员工股票购买计划，让员工更关注公司的长期绩效，将公司发展和员工切身利益结合。

GE的“健康我先行”计划，是一项为员工提供的与健康有关的福利措施。它包括相应的健身设施和健身条件，在GE中国区的上海总部，设有很大的健身中心，在全国各地其他的办公室内部如果没有这样的设施，GE会给员工提供相应的健身卡，并组织一些相关活动。

GE不设任何吸烟房或吸烟室，公司要求全面禁烟。为了帮助员工戒烟和养成良好的生活习惯，公司提供很多的戒烟方式与解决方案。

GE推出了工作生活平衡的辅导服务。公司不仅关注员工的身体健康，更关怀员工的心理健康。聘请香港的专业机构为员工提供平衡工作与生活的辅导，为员工提供热线咨询服务。辅导的内容都是高度保密的。热线咨询服务不单提供给员工，也对员工家属开放。

即便是在财务紧张的经济危机时期，GE在特别待遇项目上也没有减少任何的投入，反而在那时推出了员工股票认购制度。

每隔两年GE公司会对员工进行一次全方位的满意度调查。这个全方位满意度调查是对一个最佳雇主所要具备的特性进行全方位的了解，其中包括文化、薪酬福利制度、员工职业生涯培养等。

自助式福利平台。福利项目不是一成不变的，每年都会根据员工讨论的意见进行调整或者更新。GE通常会将部分项目外包给第三方保险公司，由保险公司提供这些福利。对于第三方公司，包括公司内部给员工提供服务的职能部门，都会做一些满意度调查以及服务质量调查，来促进这方面工作的改进。

GE针对员工的年龄段跨度比较大，各年龄层在个人需求上也不尽相同的情况，将公司所有的福利计划集中放在一个平台上，以菜单呈现的方式让员工去选择。

在公司人力资源部设有一个专门的薪酬福利部门，负责所有的福利待遇项目，其领导者包括各个层面的人力资源代表。除此之外，还有一些专家团队，如税收专家、财务专家、医疗专家等对福利项目进行评估。

（二）安全需要

要求劳动安全、职业安全、生活稳定、希望免于灾难、希望未来有保障等。安全需要比生理需要高一级，当生理需要基本得到满足以后就要保障这种需要。每一个现实生活中的人，都会对安全感、自由和防御的实力产生欲望。

马斯洛认为，整个有机体是一个追求安全的机制，人的感受器官、效应器官、智能和其他能量主要是寻求安全的工具，甚至可以把科学和人生观都看成是满足安全需要的一部分。当然，当这种需要一旦被相对满足后，也就不再成为激励因素了。

随着人类社会的发展进步，各个国家和企业、团体及公众都越来越重视人类的健康、安全、环保，各企业更是大力推进 HSE 管理体系［即健康（Health）、安全（Safety）和环境（Environment）三位一体的管理体系］的建设工作，以满足政府对健康、安全和环境的法律、法规要求；为企业提出的总方针、总目标以及各方面具体目标的实现提供保证；减少事故发生，保证员工的健康与安全，保护企业的财产不受损失；保护环境，满足可持续发展的要求；提高原材料和能源利用率，保护自然资源，增加经济效益；减少医疗、赔偿、财产损失费用，降低保险费用；满足公众的期望，保持良好的公共和社会关系；维护企业的名誉，增强市场竞争能力。

杜邦的安全理念是全世界有名的，同样，也有很多其他企业在 HSE 方面做得非常出色。

■ 案例：中油 BP 公司出色的 HSE 表现

中油 BP 公司是由中国石油和 BP 公司于 2001 年共同出资组建的合资公司。成立伊始，就把“出色的 HSE”作为五条宣言中的第一条郑重地向社会宣布。他们把“不发生事故、不损害人身健康、不破坏环境”作为 HSE 目标，作为黄金法则始终予以遵守。并制定了一系列的健康、安全和环境政策和程序，以充分保障员工、客户的健康和安全，使业务运营对环境的影响降低到最小。

在人身安全方面，在与员工签订《劳动合同》时明确规定“员工在工作期间不准骑摩托车”，以降低发生事故的可能性；前庭加油员夜间必须穿反光背心；接卸油品必须佩戴护目镜、手套、安全帽；加油站明显位置都贴有“紧急逃生路线指示”，站内每名员工都熟知逃生路线与集合地点。

在资金安全方面，油站设专职收银员，加油员只负责加油，不带现金；除找赎金（300元或500元）外收银机内销售款不得超过1000元，销售款要及时投入收银台内的投币保险柜，投币时由前庭主管与收银员一起确认签字，从管理上降低了发生事故的损失；保险柜钥匙与密码由站经理和出纳分别保管，站经理出差要写出委托书，将钥匙委托给出纳以外的人管理。

在施工安全方面，施工队伍入站前必须制订详细的施工方案，并进行工作安全分析，经中油BP工程师和HSE主管批准后方可入站；施工前承包商的安全主管必须接受中油BP公司关于工地安全管理的培训，经考试合格后，方可代表承包商在现场进行管理。

在行车安全方面，公司所有车辆后排座都安装了安全带，出行时必须全部系好安全带，车辆不得超员；油罐车安装有GPS和行车记录仪，对超速行驶的车辆给予严厉处罚。

潜在事故报告制度。公司中高层管理人员，每月必须到加油站或承运商所在地，开展安全审计工作，每人每月必须完成1~4个不等的高级安全审计，跟踪落实查出的问题，完成情况将列入绩效考核指标。并要求全员参与，规定每人每年至少要交1~2份潜在事故报告。

安全活动及安全培训。油站每周召开HSE例会，每周进行一次安全检查。HSE例会学习内容由大区HSE主管制定，一般为事故分享、国家或公司新政策解读、HSE黄金规则重温等内容，并将学习情况记录在《安全例会记录》上，由所有参会人员签字。

加油站全部安装监控系统，对加油区、收银台、便利店、油站出入口等处进行24小时不间断监控，降低了偷、抢等事故的发生，发生事故后可及时分析原因、落实责任，为警方破案提供依据。

实行第三方关联扩责制度。规定第三方承运商的事故视为公司事故，业绩考核中相关人员会受到影响。要求第三方承运商（合作商）必须遵守HSE制度，每年要进行1~2次安全演习，年终公司总经理、副总经理联名致函合作商，重申公司安全规定。

中油 BP 公司出色的 HSE 表现，赢得了业内外广泛的关注和肯定。

案例：Ideal 以其在 HSE 领域的出色表现获得嘉奖

Tomkins 是世界级的全球工程和制造集团，在工业产品以及汽车和建筑产品两项业务领域均处于市场和技术领先地位。Ideal 是 Tomkins 公司的子公司，总部位于佛罗里达州的圣奥古斯丁，是一家领先的蜗杆和特殊软管卡箍制造商，其产品广泛用于多种紧固应用环境。凭借超过 90 年的卡箍生产经验，Ideal 可提供卓越的客户服务、经验丰富的行业工程人才和多样化的优质产品。

2007 年 4 月 25 日，Ideal 以其在 HSE 领域的出色表现，在 180 家参与 HSE 奖项角逐的 Tomkins 公司中脱颖而出，成为 35 个荣获 2006 Tomkins HSE 杰出表现奖的获奖企业之一。该奖项表明 Tomkins 公司在健康、安全和环保（HSE）影响方面对持续改进和坚决执行的承诺。

Tomkins 奖根据 Tomkins 管理层制定的 12 条标准和行业标准评选，并颁发给旗下公司中最符合 HSE 标准的企业。这些标准归纳如下：

1. 事故安全

提供有关设施安全性的有价值信息，并从工作安全性分析中提出改进方法。

2. 严重事故率

强调通过减少伤害、降低严重事故率来改善安全计划。

3. 浪费指数

了解设施的输入与输出、绘制价值流向图、精益改进和降低加工过程中的浪费。

4. 放射

该项标准不但需要遵守，而且要发现最大限度减少对环境影响的机会。其中，包括监督和管理温室气体（GHC）排放（二氧化碳、甲烷、氮氧化物），污染物和消耗臭氧物质（ODS）。

5. 审计

需要通过环境管理系统（EMS）的审计。

6. 遵守 HSE 强制性标准

与监管/政府机构保持联系，了解本公司在合规性或潜在的违反健康、安全和环境法规方面的问题。

7. 实施

实行报告措施并确保设施的更新，以保证审计、报告和沟通的准确无误。

8. 资源保护

跟踪资源的消耗情况。为在资源使用上做出节约成本的决策提供数据。其中，包括对能源使用、水资源消耗、车队和原材料的管理。

9. 企业公民

衡量公司/设施与周围社区之间的关系，支持员工参与当地社区的活动，与社区形成互动。

10. HSE 员工的职业发展

对获得与 HSE 相关的证书以及参与话题会议和研讨会给予奖励加分。

11. 第三方审计

在规定的时间内给出第三方审计并完成所有纠正措施的计划。

12. 公司审计

给出公司审计，并必须向公司控制审计员提供所有纠正措施的证据和分析。（来源：www. tomkins. co. uk《Ideal 以其在 HSE 领域方面的出色表现获得嘉奖》）

（三）社交需要

社交需要也叫归属与爱的需要，是指每个人都害怕孤独和寂寞，希望自己归属某一个或多个群体，如有家庭，有工作单位，希望加入某个协会、某个团体，这样可以从中得到温暖，获得帮助和爱，从而消除或减少孤独和寂寞，获得安全感。社交的需要比生理和安全需要更细微、更难以捉摸。它与个人性格、经历、生活区域、民族、生活习惯、宗教信仰等都有关系，这种需要是难以察觉、无法度量的。

员工归属感是指员工经过一段时期的工作、在思想上、心理上、感情上对企业产生了认同感、公平感、安全感、价值感、工作使命感和成就感，这些感觉最终内化为员工的归属感。归属感的形成是一个非常复杂的过程，一旦形成后，将会使员工产生内心的自我约束力和强烈的责任感，调动员工自身的内部驱动力而形成自我激励，最终产生投桃报李的效应。

梁咏琪有一首歌叫作《归属感》。歌词是："想问你，是如何让我心软/又同时间让我坚强/也想问你，为何我靠着你肩膀/就肯定自己会平安/就算你不在旁，我都不曾再提心吊胆/就算在很远的地方我也能勇敢/睡在那陌生的床，想象你睡在另一端/我就能习惯/我爱你，这就是归属感/我知道，你在盼我回返/你臂弯，爱本身是指南/我托你，好好将我的爱保管/允许你这辈子不还/为我撑伞，或对我嘘寒问暖/连脆弱都显得自然/就算你不在旁，我都不曾再提心吊胆/就算在很远的地方，我也能勇敢/睡在那陌生的床，想象你就在另一端/分开是短暂/我爱你，就是这归属感/也就是我寻找了好久的答案/两个人的圆满/我爱你，就是这归属感/也就是我寻找了好久的答案/两个人的圆满……圆满，圆满。”

这虽然是一首爱情歌曲，但细细品味，整首歌词几乎就是在诉说员工与企业之间的归属感。

企业管理咨询专家分析，培养员工归属感的方法主要有以下三种：用团队激励加强归属感；用公平激励营造良好的群体氛围；用舆论激励监督群体行为。

1. 团队激励

团队以任务为导向，它是由具备不同能力的员工组成的，大家走到一起的目的是为了某个（些）明确目标的实现。团队与一般的工作群体不同，它的核心是共同奉献，有具体的奋斗目标。由于团队目标清晰、责任明确、互补协作，这会加强特定时期、特定任务下的归属感，所以团队这一工作形式本身就能很好地激发员工。作为激励方法，团队激励最重要的一点就是激发团队精神。优秀的团队、成员间具有互补性，每个人必须认识到只有通过合作才能达到共同目的。这一方法的特点是，首先将团队作为激励对象，再通过团队激励个人，利用了人的归属需要。

2. 公平激励

融入一个群体，需要得到群体的认可，群体对个人认可是否公平，直接影响其对集体的归属感。激励学中的公平理论，是美国心理学家亚当斯于20世纪60年代提出的。公平理论认为，人们不仅关心劳动所得报酬的绝对值，还关心报酬的相对值。报酬的相对值包括把自己付出的劳动和所得到的报酬进行历史比较（纵向比较），还包括把自己付出的劳动和所得到的报酬进行社会比较（横向比较）。当这些比例相当时，就认为公平；如果比例不相当，则认为不公平。对公平的认可，更多的是一种社会评价，是把历史的和他人的报酬看作比较标准。当认为分配公平时，自己得到集体认可，相信付出会有合理的回报而努力工作；当认为分配不公平时，则感到在集体中被偏视、轻视或忽视，不但工作消极，还会直接或间接地影响其他员工。公平激励强调付出与获得的公平关系，这一劳动规则深入人心，自然会激发人们为满足更多的需要而努力。

3. 舆论激励

要得到群体的认可，就是要得到群体成员的认可。成员间的相互评价，往往决定人们在这个圈子中的地位。舆论是非正式沟通的一种形式，是以社会关系为基础的，与组织内的规章制度无关。舆论往往带有强烈的感情色彩，评价者的态度主要来源于个人在人际交往中的表现。

鉴于舆论的重要性和特殊性，将它作为一种激励方法应该谨慎运用。尽量引导舆论评价标准与组织需要一致，与影响舆论的关键人物保持沟通，掌握舆论主流和变化。因为人们很重视舆论观点，所以可以通过舆论表扬先进、批评后进，从而规范员工行为。为了与群体保持一致，为了受到他人的喜爱、尊重，人们会有意地调整自己的行为以符合舆论趋势。所以，舆论激励可以激励人们的行为与组织期望相符。对于舆论激励，组织更多的应是引导和利用。

目前，中国企业普遍充斥着“打工思想”，员工归属感普遍不高。例如，一个有关归属感的研究分析显示：对于“您对企业是否有归属感”的回答，有很强归属感的占 12.5%，有较强归属感的占 22.37%，一般的占 43.42%，没有的占 21.71%；对于“您同事对企业归属感”的回答，有很强归属感的占 9.21%，有较强归属感的占 23.68%，一般的占 53.29%，没有的占 13.82%。但好在许多有识之士已经认识到了这个问题，开始研究和解决。世界上一些大公司的做法也很值得借鉴。

■ 案例：日本企业员工的归属感

面对二战后美国经济的衰落和日本经济的高速发展，美国的学者、企业家像当年淘金者追逐加州的黄金一样，贪婪地挖掘日本企业管理的妙诀。他们得出结论：美国经济的落后不仅仅在于技术问题，而且还在于缺乏日本那样独特的企业文化。正如《战略家的头脑——日本企业的管理艺术》一书作者指出的：“美国人的‘敌人’不是日本人或西德人，而是我们企业管理‘文化’的局限性。”有人总结出日本企业快速发展的三大法宝：终身雇佣制、年功序列制、企业工会。

1. 终身雇佣制

日本企业大多采用终身雇佣制，它们从大学毕业生或刚刚踏入社会的青年人中间挑选，然后通过各种考验，选择合适人才，被录用的人将在这个企业里工作到退休为止。只要它们喜欢，可以一直工作到死。有些大企业甚至设有专门埋葬本企业员工的墓地，把死去的员工埋葬在灵塔下，在节日里企业的领导和员工会一起到墓地举行大规模的宗教仪式，以表示对死去员工的缅怀之情，同时也是对新员工进行一种“终生依付”的教育，使他们一生忠于企业。

日本企业家认为与其以“炒鱿鱼”这种大棒来威胁员工，不如把员工当成企业的主人，形成员工与企业共存共荣的依存意识，更能激发员工的责任感、积极性与创造力。如此一来，企业不仅是员工从事生产活动的场所，更成为每个员工社会生活的中心，是每个成员“人格形成”和“精神修养”的学堂，马斯洛提出的人的五个层次的需要在企业中都可以得到满足。因此，这种企业文化已将日本企业变成了劳资双方的利益共同体和社会生活共同体，人与人之间不存在防不胜防的不公平竞争和暗箱操作，成功地使企业变成大家庭，使员工对家和国的忠诚变成对企业的忠诚。

2. 年功序列制

在日本企业，可以很普遍地看到一个现象，即企业管理人员的层级越高，年纪越大。这就是对员工实行长时期考核和逐步提升，使职务和工资随个人在企业的工龄增加而增加的“年功序列制”。一般而言，管理层人事选拔都是阶梯式的。在经历了下一级的各个岗位实践考核后，可机会均等地获得逐步晋升，这使每个员工都能设计和看到自己的职业生活奋斗目标，获得充分的满足感、归属感。同时，日本企业极为重视对员工的终身培训，使其不断提升工作能力与素质。这就是日本企业常用的岗位轮换和培训制。

当代管理学大师彼得·德鲁克说过一段发人深省的话：“在日本的企业机构中，自总经理以下还没有退休离职前，每一个人都经常在受训，每星期都有训练课程，受训成了日常事务的一部分。”由此可见，日本企业在使用人、教育人、培养人、造就人方面的造诣是很深的。由于它们走的是非专业化的经营道路，培养的是适应各种工作环境的多技能人才，因此，每个人都能在合适的岗位上各尽其才。另外，这也使得企业里没有离不开的尖子人才。所以，在日本企业中员工跳槽、人才流失的现象是很少发生的。不得不说的是，一个频繁跳槽的员工会被视为“不忠诚的人”，而被企业拒之门外。

3. 企业工会

日本的企业工会是支撑日本企业的第三大支柱。这里所说的企业工会是指企业内部的工会，不同于跨企业的行业工会，它的成员仅限于科长以下职工，一旦晋升为科长，就不再是工会成员。

日本的企业工会不同于西方工会。西方工会和企业管理阶层处于对立位置，而日本企业工会却和企业管理者的目标是一致的，基层工会与企业管理者是同一命运共同体。因此，工会虽不参与企业的经营，但工会也要履行对企业的经营状况、财务状况进行监督的职能，以防止经营者滥用职权，损害职工的利益。当企业遇到困难时，企业工会也会采取办法，鼓励员工为企业尽力。

这三大支柱是一个有机统一体，相互渗透，相互作用，为增强日本企业活力，提高竞争力发挥了巨大作用。

如索尼“大家庭”。索尼公司总裁盛田昭夫谆谆教诲新入职的员工：“索尼是个亲密无间的大家庭，每个家庭成员的幸福要靠自己的双手来创造。在这种崭新的生活开始之际，我想对大家提出一个希望——当你的生命结束的时候，你们不会为在索尼度过的时光而感到遗憾。”

索尼绝大多数员工都要在这里度过一生。领导把员工当作索尼大家庭的成员来对待。在公司里，员工和老板都穿一样的工作服，在不分等级的食堂吃饭。工厂的任何一位管理人员都没有个人办公室，连厂长也不例外。公司主张管理人员与他的办公室职员坐在一起办公，共同使用办公用品和设备。

在车间里，每天早晨上工之前，领班都要和他的同事开个短会，向他们交代当天的工作。开会时，他向他们报告前一天的工作。报告中，他会仔细观察工人们的面部表情。如果有人气色不好，领班也一定要弄清楚这个人是病了，还是有什么心事。总之，这里的气氛和家庭里一模一样。

盛田昭夫主张，衡量一位管理人员的工作成果，主要是看他能把一大批人组织到什么程度，以及能否有效地使每个成员做出最好的成绩，并使他们真正融为一体。他常对管理人员说：“你不必向职工表明你怎样努力，而是争取他们心甘情愿听从你，为公司的成功做出贡献。”

索尼公司的每个员工每年平均提出 8 条建议，多数建议使得工作更省力、更可靠，或者使工作效率有所提高。

如果某个职工不适应他的岗位和工种，索尼绝不会对这种事情漠然视之。盛田昭夫为此创办了一份公司周报，缺人的车间可以在报上登招聘广告，有意向的职工可前去应聘。同时，公司约定每年一次，设法调整部分职工的岗位或工作性质，使他们对工作保持新鲜感。

索尼公司从来不因为某个成员的偶然过失而解雇职工。有一次，东京一家合资公司的美方经理为未能确定一起事故的责任者而向盛田昭夫诉苦。盛田对他说，索尼公司的优点恰好在于所有人都承认对事故负有责任，而找出一个犯错的当事人就可能摧毁整个职工队伍的士气。最重要的不是把错误归罪于某人，而是找出错误的原因。如果澄清失误原因并公之于众，犯错误的人就可从中吸取教训，其他人也就不会犯同样的错误。也正因为这个原因，盛田昭夫从不过分地规定每个人的职责。

（四）尊重需要

尊重的需要包括自我尊重、信心、成就、对他人尊重、被他人尊重。人人都希望自己有稳定的社会地位，要求个人的能力和成就得到社会的承认。

尊重的需要又可分为内部尊重和外部尊重。内部尊重，是指一个人希望在各种不同情境中有实力、能胜任、充满信心、能独立自主。总之，内部尊重就是人的自尊。外部尊重，是指一个人希望有地位、有威信，受到别人的尊重、信赖和高度评价。马斯洛认为，尊重需要得到满足，能使人对自己充满信心，对社会满腔热情，体验到自己活着的用处和价值。

美国心理学家兼哲学家威廉·詹姆斯曾经写道："人类最深层次的愿望是渴望得到重视。"

世界第二大精品酒店——美国幸福生活酒店集团创始人兼CEO奇普·康利在其带有自传性质的著作《巅峰》一书中说："大多数组织深陷于有形的薪酬问题而不能自拔，以至于它们忘记了真正让雇员感到被认可，是保持较低的雇员流动率和较高的生产力的好办法之一。具有讽刺意味的是，在薪酬上的花费不少，然而其实只满足了基本需求，而认可是一种廉价的礼物，在满足雇员的更高层次的需求上，能以最少的钱创造出巨大的效果。那么，大多数公司为什么把绝大多数时间用在关注雇员需求金字塔的底层上呢?"

白金汉与考夫曼在《快速公司》中说："人们最希望上级带给他们的与孩子们最希望家长带给他们的是一回事，即提出明确的、始终如一的期望，关心他们，重视他们所独有的素质，鼓励与支持他们的成长与发展。”

不知道别人是怎么看待这个问题的，但笔者完全认可这些说法。中国有句古话，叫作“士为知己者死”，足以说明这个道理。

理查德·巴雷特在《解放公司的灵魂》中援引了一项研究结果，在影响公司财务绩效的可变因素中，大约40%的因素归结为某些非常简单的事情，如雇员在工作场所中的满意度。而影响满意度的可变因素中，几乎70%的因素与雇员和经理之间的关系有关。巴雷特援引另一项研究结果显示，受到激励的雇员在生产力上比一般性动机的雇员高52%～127%。艾德里安·高斯蒂克和切斯特·埃尔顿在《胡萝卜管理法》中援引的一个研究成果显示，在认可雇员的工作上制定了对策的公司所实现的股东回报，是没有制定这种对策的公司的2倍。

从以上这些研究结果足以看出对员工尊重的重要性。

■ 案例：松下幸之助的故事

有一天，“经营之神”松下幸之助在一家餐厅招待客人。一行人都点了牛排。待大家用完餐后，松下便让助理去请烹调牛排的主厨过来，并特别强调说：“不要找经理，找主厨。”助理这才注意到，松下的牛排只吃了一半，心想过一会儿的场面可能会很尴尬。

主厨很快就过来了，他的表情很紧张。因为他知道，请自己来的人是大名鼎鼎的松下先生。“有什么问题吗，先生？”主厨紧张地问。“对你来说，烹调牛排已不成问题”，松下说，“但是我只能吃一半，原因不在于厨艺，牛排真的很好吃，但我已80岁高龄了，胃口大不如前。”主厨与其他用餐者，困惑得面面相觑。过了好一会儿，大家才明白这是怎么回事。

“我想和他当面谈，因为我担心他看到只吃了一半的牛排被送回厨房，心里会很难受。”原来松下先生是怕主厨怀疑自己的烹调手艺出了问题。这让主厨很感动，在场的客人更是钦佩松下的人格，更喜欢与他交朋友、做生意了。

还有一次，松下对一位管理人员说：“我个人要做很多决定，并且要批准他人的很多决定。实际上只有40%的决定是我真正认同的，余下的60%是我有所保留的，或者觉得过得去的。”

这位管理人员感到非常惊讶。在他看来，如果松下不同意办某件事，一口否定就是了，大可不必如此。

但松下则认为，对于那些自己认为还算过得去的计划，可以在实际操作过程中指导他们，使他们重新回到你所预期的轨道。在他看来，作为一个领导人，有时候应该接受自己不喜欢的事，因为任何人都不喜欢自己的主张被否定。

关注对方的感受——这就是松下的领导风格。显然，这是对对方极大的尊重。无疑，这更能得到部下和员工的信赖和拥护。

■ 案例：微软的管理

戴维·赛伦写的《感受微软：比尔·盖茨的12个小秘密》第一次向世人披露了他们的成功之道。本书包含的核心原则不仅激励每位员工要出人头地，还引导所有管理人员不断进行思考。

1. 尊重失败

微软将“失败是成功之母”作为工作的指导理念。微软给每一个员工灌输正确对待失败、尊重失败的思想，甚至提出“没有失败，说明工作没有努力”。因此，在微软工作的人从不惧怕失败，他们将失败看作是任何事情走向成功的铺垫。在微软，只要遇到失败，接下来不是进行批评、斥责或者评估损失，而是“残酷无情”的剖析过程，他们认为这是对失败的尊重。失败的结果促使他们去尝试新的实现可能，也正因为失败成就了微软一次次令对手胆寒的成功。用微软自己的话说：“失败是成功的一种需要。”

2. 释放信息

微软提倡一种“释放信息”的管理方式，不论你是哪个部门或哪个项目小组，不论你是上级还是下级，都尽可能地将自己目前的工作状况、项目思路、计划实施、遇到问题等信息公布出来。在“释放信息”这种形式的背后，微软营造的是一种相互信任、相互协助、高效率的工作氛围，培养了员工们“个人成功服从公司成功”“任何人的工作都是为了公司发展”的企业理念。

3. 工作任意小时

微软没有实行从早上9点到下午5点的传统工作制，实行“工作任意小时”的“家庭式办公”。在大多数情况下，没有对工作小时数的设定，以便员工在状态最佳的时候工作，提高工作效率。

4. 微软员工无等级隔阂

只要是微软公司的员工，都有自己的办公室或房间。每个办公室都是相对隔开的，有自己的门和可以眺望外面的窗户；每个办公室的面积大小都差不多，即使董事长比尔·盖茨的办公室也比别人的大不了多少。

对自己的办公室，每个人享有绝对的自主权，可以自己装饰和布置，任何人都无权干涉。至于办公室的位置也不是上面硬性安排的，而是由员工自己挑选的，如果某一办公室有几个人选择，可通过抽签决定。另外，如果谁对第一次选择不满意，可以下次再选，直到满意为止。为充分尊重每个人的隐私权，公司给每个办公室都安装了可随手关闭的门。

5. 无等级划分的停车场

在微软公司，各办公楼前都有停车场，这些停车场是没什么等级划分的，不管是比尔·盖茨还是一般员工，谁先来谁就先选择地方停车，没有职位高低之分。但是，即便如此，比尔·盖茨也从未因找不到停车的地方而苦恼过，因为每天他比任何人来得都早。

6. 没有时钟的办公大楼也是微软公司与众不同的一个特点

微软西雅图市总部办公大楼是用简单的方法建造的，主要材料是玻璃和钢材。办公大楼内的地面上铺着地毯，房内屋顶上散发着柔和的灯光，但让人奇怪的是整座办公大楼内看不到一个钟表，大家凭良心上下班，加班多少也是自愿的。美国西雅图市的天气是阴多晴少，只要一出太阳且风和日丽，员工们可自由自在地在外面散心。

办公楼内随处可见高脚凳。微软公司除为职工免费提供各种饮料之外，在公司内部，可用于办公的高脚凳更是随处可见，其目的在于方便公司员工不拘形式地在任何地点办公。当然，这种考虑也离不开软件产品开发行业的生产特点。

（五）自我实现需要

这是最高层次的需要，它是指实现个人理想、抱负，发挥个人的能力到最大程度，达到自我实现境界的人，接受自己也接受他人，解决问题能力增强，自觉性提高，善于独立处事，要求不受打扰地独处，完成与自己的能力相称的一切事情的需要。也就是说，人必须干称职的工作，这样才会使他们感到最大的快乐。马斯洛指出，为满足自我实现需要所采取的方法是因人而异的。自我实现的需要是努力发挥自己的潜力，使自己越来越成为自己所期望的人物。它包括道德、自觉性、问题解决能力、公正度、接受现实能力。

吉姆·柯林斯在《从优秀到卓越》中说："最后，除非生活是有意义的，否则享受美好生活是不可能的。同时，如果没有有意义的工作，享受有意义的生活是非常困难的。或许，你之后会拥有那一片难得的宁静，而这种宁静来源于你的认识，即你曾经为创造某项在本质上卓越的事业尽了全力，而你全情投入对这项事业是有帮助的。实际上，你获得的满足感甚至可能是最深层次的：你知道此生此世十分短暂，但你没有虚度年华，而且这种满足感弥足珍贵。"

保尔·柯察金说："人最宝贵的东西是生命，生命对于我们只有一次。一个人的生命应当这样度过：当他回首往事时，不因虚度年华而悔恨，也不因碌碌无为而羞耻——这样，在他临死时，可以说：'我已把自己的整个生命和全部精力献给了世界上最壮丽的事业——为人类的解放而斗争'。"

吉姆·柯林斯和保尔·柯察金所说其实是一个意思，都是告诉人们在有限的生命中去努力做一些让自己感到骄傲的、有意义的事情，无论是在企业工作，还是在战争年代。尤其是在"能维持现状的工作场所越来越少，而改变现状的越来越多"的21世纪，"越来越多的人希望有机会作为完整的人在工作中发挥自己的全部潜能。他们希望为有社会责任感的组织工作，他们希望做让他们感兴趣的工作，他们希望被归属感包围。今天，许多人把他们的工作场所视为自我实现和寻找自己的目标的园地。在这个经历了'9·11'，有点接近世界末日的时代，人们甚至把更多的精力放在寻找此时此刻的意义上"。

正如维克多·弗兰克的《活出意义来》中的精神病学家认识到的那样，人们"对意义都有一种渴望"。从集中营死里逃生的人比较有可能感悟到人生的意义，而且一旦走出集中营，他们就需要通过这种意义表达自己的想法。弗兰克写道："人越具有忘我的精神，即专注于某项需要实现的目标或关注需要关爱的人，他就越具有同情心，而且他达到自我实现境界的机会就越大。"同时，他也遗憾地说："人们拥有足够的生活来源，但没有生活的目标；他们拥有生活的手段，但没有发现生活的意义。"

所以威廉·波拉德在他的《企业的灵魂》中指出："人们希望为事业

而工作，而不只是为生活而工作。”

所有这些都说明，现在的员工已经不再单纯的是为“五斗米而折腰”，更多的是在追求个人价值的实现。这就要求企业要从单纯的追求效益最大化的狭隘理念中跳出来，建立起积极的有社会责任感的企业价值观，并把这个价值观传递给员工，使员工的个人价值观与企业价值观相统一。企业要为那些想实现自我的员工提供平台，让员工在自我实现中完成企业目标，在完成企业目标中实现自我价值。要让那些“没有发现生活的意义”的员工发现生活的意义，进而实现自我价值。

■ 案例：IBM 公司鼓励科研人员创新

IBM 公司，自 1993 年以来，持续成为全球获得美国专利最多的公司，成为世界最具创新能力的企业。其奥秘何在呢？

首先，坚持“志同道合”的选人理念。能够成为 IBM 公司的科研人员必定是首先认可 IBM 公司价值观的人才。为此，他们建立了全球性的战略人才储备库，全世界各类人才不仅可以响应公司当年的招聘，还可以预定几年后的招聘名额。此外，公司还在全球数千所大学建立了合作研究项目，通过实际的研究合作发现具备公司期望品质的创新人才。比如，IBM 中国研究院的人力资源部经理每年 70% 的时间在大学里选人才，并坚持宁缺毋滥的原则，也不会采取单纯的金钱交易方式招聘科研人才。

其次，营造激发和保护创新热情的文化氛围。IBM 公司用“成就客户、创新为要、诚信责任”的企业价值观来端正科研人员的创新动机。即成就客户就是科研人员创新的出发点，用创新成果致力于每一客户的成功；创新为要就是科研人员要努力追求重大创新——不论对于公司还是对于世界；诚信责任就是科研人员对公司战略目标实现负有个人的责任，应老老实实对待科研工作，没有虚伪与浮躁。

IBM 公司用思考、勇敢、协作、开放、包容的创新行为理念来保护科研人才的创新热情。IBM 公司自上而下崇尚思考的信条，并关注每个合理的创意，不论大小；勇敢是为了公司长远发展，敢于冒险，敢于向现状和传统挑战；协作是提升创新价值的捷径，公司鼓励创新的内部协作、与客户协作、与学术界和政府协作、全球体系的创新协作；开放意味着平等交流、信息共享和充分利用外界的信息，意味着地球就是公司的实验室；包容意味着公司不追求百分之百的创新成功，允许探索性研究项目走入死胡同。

最后，建立有效的创新激励制度体系，包括个人建议制度、自由探索制度、协作研究制度、有吸引力的技术职业通道制度、创新奖励制度、人才流动制度。

如累计积分制的奖励方法，即对申请专利的发明人给予计分，1 项专利为 3 点，同时可获 1200 美元奖励；点数累计达 12 点，再加 1200 美元奖励。刊载在技术公报的发明或发表论文，也计为 1 点。发明人若是在第一次申请即获专利，则可获首次申请奖，奖金为 1500 美元。至于第二次以后被采用时，则每次发 500 美元的奖金，称为发明申请奖。上述制度在总公司及子公司都共同实行。

另外，如专利对整个公司有重大的贡献时，该发明人还可依其贡献程度的大小得到若干的奖金，这就是特别功劳奖。

此外，公司每年举办一次盛大的科技发明奖颁奖仪式，100 名获奖员工将分享 300 万美元的奖金。IBM 公司总裁亲自颁奖，在精神和物质上鼓励发明者。仪式后，发明者可以度假 3 ~4 天，费用全部由公司承担。

IBM 公司根据企业创新发展的价值追求和创新人才心理特点，从鉴别人才创新动机、营造创新文化氛围、建立创新激励制度体系三个方面进行综合管理，成就了 IBM 的辉煌业绩。

■ 案例：海底捞的晋升制度

第一，管理层除了财务总监和工程总监外，全部从服务员做起。当然，包括厨师长的职位，理由是不论你的厨艺有多好，没有亲自服务过客人，就不会知道服务员需要什么样的后厨支持才能把客人服务好。

第二，三条晋升途径：

（1）管理线：新员工—合格员工—一线员工—优秀员工—领班—大堂经理—店经理—区域经理—大区经理；

（2）技术线：新员工—合格员工—一级员工—先进员工—标兵员工—劳模员工—功勋员工；

（3）后勤线：新员工—合格员工—一级员工—先进员工—办公室人员或者出纳—会计、采购、技术部、开发部等。

在这里，学历不再是必要条件，工龄也不再是必要条件。这种不拘一格选人才的晋升政策，不仅让这些处在社会底层的员工有了尊严，更是在这些没上过大学的农民工心里打开了一扇亮堂堂的窗户：只要努力，我的人生就有希望。

袁华强，农村人，高中毕业，19 岁加入海底捞，最初的职位是门童，然后从服务员一路做起来，现在是管理 3000 多名员工的北京和上海大区总经理。至今他还骄傲地说，我是超一流服务员，可以一个人同时照顾 4 张台。他说："只要正直、勤奋、诚实，每个海底捞的员工都能够复制我的经历。"

朱银花，3 年前加入了海底捞。入职 3 个月，工作出色的朱银花就被提拔为领班。半年后，她通过考试，成了北京片区的经理助理。两个月后，经理助理的身份又被更高级别的厨师长代替。又过了几个月，朱银花成了海底捞北京石景山店的店长。现在，她是海底捞杭州一店店长。

她坦言，这里和别的餐饮公司"很不一样"："在这里工作很幸福。"为什么幸福呢？她归结为公平的竞争环境和人性化的管理。她说："我们这里所有的员工都来自农村，没有人是老板的亲戚，或者其他关系户。"

区域经理林忆今年只有 21 岁，掌管着海底捞西单、牡丹园等 3 家店。

海底捞某店店长王燕只有 22 岁。

这些大孩子一样的年轻人独立管理着几百名员工，每天接待上千名顾客，每年创造几千万元的营业额。他们不曾读过大学，但是他们脸上有着名牌大学毕业生未必能有的自信。

没有管理才能的员工，通过任劳任怨的苦干也可以得到认可，如果做到功勋员工，工资收入只比店长差一点。

约翰·奈斯比特和帕特里夏·艾柏登在《公司再造》中介绍了美国公共议程基金会，它为了确定员工在工作中最在意的因素有哪些，进行了一次历经多年的有数十万名员工参加的问卷调查，其结果如下（按重要性由高到低序）：

（1）与尊重自己的人一起工作；

（2）工作要有趣；

（3）做得好的地方能得到认可；

（4）有机会提高技能；

（5）如果你对如何把工作做得更好有想法，要有人听；

（6）有机会让自己思考问题，而不只是被动地执行命令；

（7）能看到自己的工作带来的最后结果；

（8）经理要效率高；

（9）工作内容不能太简单；

（10）要消息灵通，知道目前发生了什么事；

（11）工作要能给人安全感；

（12）薪酬高；

（13）福利好。

这个调查，应该是在2008年经济危机发生之前所做。如果是经济危机发生之后所做，恐怕员工就会把第11项的“工作要能给人安全感”放在第一位了。但不管如何，这个排序基本就是马斯洛需要层次论的倒置，这也说明，除掉特殊情况下的个别因素会有所变化外，员工的基本需要是一致的，从低到高是生理需要、安全需要、社交需要、尊重需要、自我实现。这就为我们搞好内部营销提供了基本原则和方法，那就是在基本满足生理需要、安全需要的基础上，针对员工的需要做工作。越往上，越能激发员工工作的积极性。如果能够解决员工自我实现的需要，就找到了发挥员工主观能动性的原动力，它是永续的、绵绵不绝的。

第三节　外部营销

外部营销即市场营销。市场营销概念自20世纪初期在美国诞生以来，经过了萌芽阶段（1900—1920年）、功能研究阶段（1921—1945年）、形成和巩固时期（1946—1955年）、市场营销管理导向时期（1956—1965年）、协同和发展时期（1966—1980年）五个阶段。在不同的发展阶段，基于对当期市场营销的认识，不同学者给出了从不同角度出发的定义，产生了不同的学派和不同的营销模式。

从创建专业的市场调查公司研究食品杂货店的货架，计算货物的流动的理性营销时代的开始，到《营销管理》出版成为独立学科，营销理论不断发展：如市场细分、4P's理论、4Cs理论、品牌形象理论、社会营销观或道德营销观、整合营销传播、关系营销、因特网营销，等等。

其实，无论哪种营销模式，根本目的都是把商品或服务销售给客户。从这个角度来讲，所有的营销模式归结起来要解决的问题都是一样的，就是把产品销售给客户的问题。要解决销售的问题需要解决三个基本问题，即在哪里、给理由、留得住。在哪里，就是你的客户在哪里；给理由，就是给客户一个买你的产品或服务的理由。留得住，就是要把来购买产品或服务的客户保留住。

之所以这样说，就是因为我们目前的营销还是通常意义上的营销，即把生产出来的产品销售给客户的营销，并非彼得·德鲁克所说的那种“如果营销做得完美，那么基本上不需要销售，产品就可以被卖出去”的营销，这是现在的实际且还会有很长一段时间存在。所以，现在我们所说的对外营销还属狭义上的营销。

即便是彼得·德鲁克所说的那种不需要销售的营销，也仅仅是市场领先者或技术领先者在相对短的时间内可以实现。因为现在的市场主体都是绝顶聪明的生产商，没有什么技术可以领先很长时间，不久新的就会被研发出来，一旦有了相似的或可替代的产品，销售的竞争就开始了。即便是独家产品，也有个销售策略的问题，比如新产品上市，生产商就会与销售商联手进行饥饿营销，来赢取市场和客户。从这个意义上说，营销无时不在。所以，还是要回到解决营销的三个基本问题上来。

一、在哪里——你的客户在哪里

彼得·德鲁克在《你必须向你的组织提出的5个问题》一书中，提出了5个问题：

我们的使命是什么？

我们的顾客是谁？

我们的顾客重视什么？

我们追求的成果是什么？

我们的计划是什么？

这5个问题，应该说都是企业应该认真回答的问题。现在，我们的很多企业还不能很好地回答“我们的使命是什么”，这也是我们的企业短寿的根本原因所在。因为它所考问的是企业存在的理由，即企业为了什么而存在，而不是将以怎样的方式存在。我们很多的企业还在疯狂地追求利润最大化，而没有意识到需要回答这个问题，即便那些高瞻远瞩、有远见卓识的企业家，对这个问题的回答和实践也不尽如人意。但后4个问题则是企业必须回答的问题，这也是营销的完整思路。

当今的几位营销大师的相关论述直接阐释了彼得·德鲁克的问题。

1. 吉姆·柯林斯

他告诉我们，一家组织的使命可以反映该组织在“持续性”和“变革”之间会遇到怎样的矛盾，以及那些善于变革的组织应该在哪些方面保持不变。

2. 菲利普·科特勒

他教会我们如何更好地了解自己的目标顾客，更深层次地满足这些顾客的需要，而不是去满足所有人的要求。

3. 吉姆·库泽斯

他让我们知道，杰出的领导者最需要做的事是为顾客创造价值。

4. 朱迪思·罗丁

他明确指出，如果不能够帮助组织取得可衡量的结果，并且根据目标的变化而随时做出调整，一项计划就不能说是完整的或是令人满意的。

5. V·卡斯特利·兰根

他告诉我们该如何制订一个出色的计划，并让我们了解到监督计划的执行，以及确保在下一个计划周期之前完成反馈的重要性。

回答这几个问题，是企业定位问题，放在营销上，则是产品定位问题。在产品不同阶段，都需要回答这些问题。比如，在客户需求调查阶段，面对客户的诸多需求，企业要结合自己的资源，明确要满足哪些客户的哪些需求。在创造客户价值阶段，要对产品的功能进行取舍，保留核心功能和必要的附加产品，且保持经济性。在营销客户价值阶段，要根据当初的定位，针对目标客户群进行精准营销。在客户保留阶段，要针对客户群的特点，实施有吸引力的保留措施。如果不能很好地解决这些问题，营销就是一笔糊涂账，如同盲人骑瞎马的状态。

■ 案例：小儿廊专业儿童理发连锁机构

2006年，随着中央电视台、四川电视台、中国教育电视台、河北电视台等专题采访，搜狐、网易、TOM、中国美业等20多家网站争相报道，以及《商界》《知音》《财富时代》等杂志的关注，小儿廊儿童专业理发机构（以下简单“小儿廊”）几乎一夜爆红。

小儿廊的创始人王森，是河北保定人。高中毕业后，她在远离闹市的居民小区街面上租了间房，与朋友合伙开了家小小的理发店。店面虽小，但装修美观大方，给人以清新明快的感觉。

由于店址选择在居民区，潜在客户比较多，王森的热情、豪爽，加上朋友超群的理发技艺，让小区的大人、小孩儿都喜欢光顾她们的理发店，很快便在小区内树立了良好的口碑。

2002 年 10 月的一天，她的朋友为一个小男孩理发，由于孩子是被父母软硬兼施才坐在理发椅子上的，理发师拿起理发工具要给他推剪时，小男孩猛地一转头，那锋利的理发器在小男孩的头顶划出了一个血印子，鲜血直流。小男孩嗷嗷大哭，这也激怒了孩子的母亲，她冲着王森喊：“你们这是怎么搞的？我让你们给孩子理发，可是你瞧瞧你们，都干了些什么？把孩子的头给弄破了，你们理发师是怎么当的……”

发生这件“小事故”后，亲朋好友都劝说王森“算了吧，别再做这种费力又挣不了多少钱的事了”。但是王森却从另一个角度看到了新的商机：儿童理发难，难在孩子不喜欢，不配合，但在为孩子理发时，只要孩子不哭不闹安心理发，家长一般不太计较费用问题，收费可高于成人的理发，利润还是挺可观的。自己没有做好，是因为没有迎合孩子的心理，在理发过程中浪费了很多时间。由此，王森产生了将自己的理发店变成只针对儿童的理发店的想法。

随后，王森和朋友忙活起来，她们走访了许多家长、同行，上网查阅了很多资料，通过进一步市场调研，王森感觉儿童理发蕴藏着的商机远远大于她的想象。经过一年多的细心调查、研究及准备，2003 年 12 月，全国第一家儿童理发店——小儿廊理发店开业了。

从装修入手，王森尽量将理发店设计得贴近儿童游乐场所的风格，在店内开辟出一个游乐区，让孩子感觉不到这是一个理发场所，让他们在游乐中彻底放松下来。同时，选择卡通的、带有防护功能的专用的理发工具，以消除孩子对理发工具的恐惧心理。

为了吸引孩子的注意力，王森别出心裁地在理发的座位前放置卡通电视机循环播放孩子喜欢的动画片，这样孩子就不再左右晃动了，理发师可以放心地为其理发。经过一段时间的摸索，理发店的生意越来越红火，好多家长都慕名而来，收入也比以前高出许多。

一个偶然的机会，天下纵横（北京）国际文化发展公司儿童项目开发部洪经理出差路过此店，商人独到的眼光让他意识到这是一个独特新颖的项目，具有一定的市场潜力。他决定与王淼协商合作事宜，把这个项目带到北京，利用总部的实力，对王淼的儿童理发店进行全面的包装整合。

因为有相同的理想，共同的追求，两人一拍即合。2005 年底，王淼来到北京，在北京海淀区闵庄路“安了家”，天下纵横（北京）国际文化发展有限公司依托总部厚重的文化、雄厚的资金和全面的营销策划队伍对王淼的儿童理发店做出整体运营策划，成立了中国第一家以儿童理发为主，“上门理发”“婴幼儿纪念品制作”（如胎毛笔、脐带章、胎毛画、手足印等十几个系列）为增值项目，以“专业起名苑”“儿童数码摄影”等为配套服务的大型连锁机构——小儿廊专业儿童理发连锁机构。同时，聘请国内著名的儿童心理、教育、美发等专家组成专家团体，打造了一个适合国内儿童的中国学龄前教育网，全面地为小儿廊会员服务。2006 年 1 月，小儿廊正式走上了企业化、规模化、品牌化发展的道路。一年多的时间，就发展成了在全国有 300 多家会员店的儿童专业理发连锁机构——小儿廊。

小儿廊基于中国儿童理发这一巨大的空白市场和广阔的发展前景，综合国外儿童理发成功的模式和王淼的国内实践经验，由总部美发专家、儿童心理专家以及营销顾问编写出小儿廊运营指导手册、员工管理手册、开店指南手册、儿童专业理发技术手册及教学光盘、婴幼儿纪念品专业知识手册等一系列开店指南手册。为降低投资风险，现免收加盟费，开店所需器材配送到位，设立三个投资、代理级别，加盟者可根据自身实际选择任一级别加盟，享有非常灵活的投资空间。小儿廊以其健全的连锁加盟管理体系、优厚的加盟条件，把成功模式复制给加盟者，并把加盟者“连锁”起来，建立起强大的、稳固的利益共同体，对这一巨大而有潜力的市场进行开发和挖掘，不仅解决了儿童理发难的问题，也产生了巨大的经济效益，塑造了中国专业儿童理发第一品牌。（来源：小儿廊网站）

■ 案例：德系三大豪华汽车产品定位

近年来，中国国内汽车市场一直呈稳步增长态势，豪华车市场的增长速度尤其猛烈。数据显示，2007 年国内豪华车销量占轿车总销量的 4.4%，

2008 年国内豪华车销量在轿车总销量的占比达到了 5.3%，豪华车市场份额继续呈扩大趋势，其中统领豪华车市场的是以 B（Benz）、B（BMW）、A（Audi）为代表的德系品牌，市场份额逼近 70%。根据美国权威机构安永咨询公司的统计，中国豪华车市场 2009 年增长超过 20%，2015 年以前，中国豪华车市场都将保持 10% 以上的增长速度。众多调研机构都撰写报告指出，中国将超过美国成为全世界第一大豪华车市场，只是时间的问题而已。在金融危机的阴影笼罩下，全球豪华车市场萎靡不振的 2009 年，中国市场成为众多豪华车品牌最大的避风港。其中，德系车占 68%，日系车占 18%，其他品牌车占 14%。

1. 梅赛德斯—奔驰

梅赛德斯—奔驰，最受尊敬的德国汽车品牌，在国内有着“大奔”的昵称。该企业品牌在世界品牌实验室（World Brand Lab）编制的 2008 年度《世界品牌 500 强》排行榜中名列第五，是中国人最早接触也是知名度最高的豪华汽车品牌。1909 年 6 月，戴姆勒公司申请登记了象征着陆上、水上和空中的机械化的“三叉星”作为轿车的标志。凭借着德国人天生的严谨作风和斯图加特的艺术灵感，每一辆梅赛德斯—奔驰轿车都兼备着顶级机械性能和大气的艺术设计。而自 1885 年卡尔·本茨发明第一辆汽车开始，长达百年的文化积淀更使得每一辆立着三叉星立标的奔驰轿车都是豪华、高贵、成功的化身。定位于成功者座驾的梅赛德斯—奔驰，有着同级车中最大气的外观设计，最充裕的后排空间，最豪华的车载娱乐系统。拥有一辆饱含着德意志精神的梅赛德斯—奔驰，就等于获得了别人对自己事业成功的肯定。每一位从奔驰后排车门走出的人都是气宇不凡的商政精英，每一辆奔驰驶过，必会引来路人的侧目注视——奔驰的广告形象都是如此。在中国，每一个成功者或者渴望成功者如果需要一辆能显示其成功者身份的车，梅赛德斯—奔驰是不二选择。

2. 宝马

宝马公司的历史始于 1916 年，BMW 是 Bayerische Motoren Werke 的缩写，即巴伐利亚发动机制造股份有限公司。在初创阶段，公司主要致力于飞机发动机的研发和生产。BMW 的蓝白标志象征着旋转的螺旋桨，这正是公司早期历史的写照。而现任的宝马总裁阐释说，BMW 的名字又是巴伐利亚发动机公司，代表了巴伐利亚和德国最精湛的发动机技术。起家于飞机发动机，成名于摩托车，成功于豪华轿车，这是宝马品牌成功的足迹。在比汽车更看重动力性能的摩托车领域，宝马的摩托车价格甚至超过了中级豪华轿车，这也从一个侧面印证了宝马汽车动力的优秀。定位于运动座驾的宝马轿车，主打的是顶级的动力性和精确的操控性，无论哪个级别的宝马都有着同级别里最动感的外形、包裹性最好的座椅、操控性最佳的方向盘，你可以驾着这匹"宝马"以最高的时速过弯而不必担心失控。镜头里的宝马汽车总是一骑绝尘，将其他车辆远远地甩在后面，这样的宣传无疑唤醒了追风少年们的梦想，天生的速度感让宝马成为年青一代梦寐以求的动感座驾。而现在数量颇多的富二代，也成为宝马最新的目标客户群。

3. 奥迪

奥迪公司是德国历史最悠久的汽车制造商之一，1910 年起在茨维考制造汽车，从一开始奥迪就被视为技术先锋派中型汽车。奥迪公司主要生产豪华轿车。奥迪车身上最醒目的 4 个充满着金属质感、闪闪发光的银灰色圆环标志，最初代表着 4 家公司，象征着 4 家创始公司之间的牢固联盟。奥迪公司从诞生那天起，就一直追求产品的高品质、高档次。奥迪公司的创始人将其品牌形象定位于马力强劲、质量优异、装饰豪华，奥迪公司并入大众集团后，重新驶入了快速发展的轨道。经过 30 年的品牌运作，奥迪以先进的技术确立了高档车的地位，成为德国仅次于奔驰、宝马的第三大豪华轿车品牌。中国文化以儒家谦恭内敛为代表，史上成功者的代表人物以此作为修身养性和为人处世的标准，新一代的成功人士或社会精英们更强调对自己的文化素养的培养。作为中国成功人士的日常座驾，适合他们的豪华轿车品牌必然就要迎合这种内涵的诉求。奥迪非常睿智地意识到了这种需求，无论是本土化的二次设计，还是在品牌塑造和用户培育上，奥迪无不在这些文化细节上精耕细作。通过对这些细节的追求深深将自己的品牌形象根植于中国文化的肥沃土壤中，一次又一次以创新诠释着"突破科技 启迪未来"的核心品牌理念。（来源：豆丁网 2012－05－10《从德国三大豪华汽车品牌看品牌定位问题》）

二、给理由——给客户一个买你的产品或服务的理由

《礼记·檀弓下》曰："师必有名。"明朱鼎的《玉镜台记·闻鸡起

舞》曰："庶几义声昭彰，理直气壮，师出有名，大功可就矣。"谓出兵必有正当的理由。后即以"师出有名"比喻行事有理。其实，无论什么人做什么事都要找个理由，营销亦如此，给客户一个购买你的产品或服务的让人信服的理由。

■ 案例：苹果完胜诺基亚

彼得·德鲁克说，当今企业之间的竞争，不是产品之间的竞争，而是商业模式之间的竞争，所谓的商业模式主要是指顾客价值的定义、传递、获取的整个过程。

这个全新的商业模式，与我们以往所熟悉的商业模式的最大不同在于，不再是关于成本和规模的讨论，而是关于重新定义顾客价值的讨论，关注顾客价值及其持有成本。

将客户进行小众化细分，始终把目标客户的需要和期望视为最重要的，并把尽力识别和理解最终顾客的需要和期望作为决策的主要依据。在此基础上，更需要了解顾客的持有成本，要让顾客能够以最低的成本来持有你所提供的产品，这恰恰契合了苹果的理念——革命性的产品，令人意想不到的价格。

1. 刷新理念，定义顾客价值

过去10年，诺基亚作为通信行业的巨头，在市场上占据绝对的优势。当时的市场是以产品层面的竞争为主，同时也处于大众化消费的时代。诺基亚虽有较高的研发水平，采用标准化生产，但其生产的同档次产品无差异。尽管诺基亚知道它需要寻求一种手机系统的解决方案，并且长久以来一直认为给手机装上软件能够极大地提升他们核心产品的价值，但其在软件的选择上还停留在操作、实用的功能价值上。不否认，诺基亚仍然生产着很棒的手机，但是在手机市场上，单凭功能价值已然不够。从产品角度说，诺基亚的手机确实很不错，但就顾客使用价值而言却很无力。因为市场竞争已经从产品功能价值转变为顾客使用价值，而小众化时代的到来又意味着企业只能为小部分人服务。

蓝慧认为"市场营销的目的是使推销成为多余"，这是真正的营销境界，而苹果真正地做到了。在"苹果迷"们盼望苹果手机面世的长达1年多的时间里，网上讨论不断，甚至有人自称搞到了苹果手机的设计方案。但直到产品发布当日，人们最终看到iPhone的真实面目时，几乎所有人都猜中了它叫

“iPhone”，但几乎所有人都没有猜中它的造型，更为它的各种性能惊叹。苹果的这种做法正是重新定义顾客价值，把娱乐文化融入新产品当中，并将新产品转变为一个新话题，无疑这种重新定义顾客价值的方式会得到顾客的认同，产品及顾客价值传播也是只注重产品的企业无法比拟的。

2. 启发大众，让通信工具引领潮流

营销是一个整合过程，重点是要让目标客户产生足够的兴趣，让目标消费群的需求与产品诉求一致，这样才有人自发自愿地快乐参与。比如，在网络微博正火的当下，苹果手机充当了娱乐大众的时尚工具。微博上超高人气的企业、明星都在用 iPhone 发着逗乐的信息，信息下方还会标注此信息来自 iPhone 用户。企业和明星在一定程度上扮演了榜样的角色，而榜样的力量是无穷的，这让更多玩微博的渴望加入这一群体的人更希望拥有这一标识。

有哪个手机品牌能像明星一样被追逐？恐怕只有苹果。“苹果迷”们追逐苹果的各种产品，常常忘我地向周围人炫耀自己的爱机，亲自演示，交流使用心得，炫耀爱机的个性配件。诺基亚手机的用户往往被苹果定义为保守派，而诺基亚产品的质量保证也必将被苹果时代的个性化冲淡。苹果没有和诺基亚在同一个方向上竞技，诺基亚之前过分强调产品的功能价值，但随着时代的变迁及顾客需求的变化，没能重新定义顾客使用价值。换句话说，如果你在某个领域做不到第一，那换个思路，换个领域，也许你就是第一。

3. 体验营销，激发无限欲望

苹果总是会考虑这样的问题，即顾客使用价值，包括产品的用户体验。苹果公司每一款新产品的推介会，都会选择充满神秘色彩的剧场进行，通过幕剧的形式对产品进行宣传，激起人们强烈的好奇心。消费心理学告诉我们，诱惑的魅力远大于直抒胸臆。

苹果如何让用户体验？第一步是演示。乔布斯不会让你有时间失去兴趣。他通常只花 10 分钟来展示一个新产品或新功能，而且乐趣丛生。乔布斯在推出 iPhone 的时候，展示了谷歌地图是如何在 iPhone 上使用的。乔布斯通过 iPhone 查到了当地的星巴克商店清单，然后说：“让我们打一个试试。”于是，他拨通了电话，当着全场观众对电话另一端说：“我要订 4000 杯拿铁咖啡。不，只是开个玩笑。”只是一个玩笑，却让电视屏幕前的所有人都有了想买一部苹果手机体验一下的冲动。乔布斯把新产品的卖点通过一种体验的方式进行有效传播，比起诺基亚以产品优势为核心的传播方式来说，更有冲击力，打破了思维定式，引爆了需求欲望。

4. 品牌为王，将人性化进行到底

苹果为什么如此迷人？在苹果产品面前，一切所谓的明星产品都会黯然失色。苹果公司发布任何一款新产品，都能使全球的“苹果粉丝”为其产品疯狂，媒体更是争先恐后地报道，而且还能影响股市和实体产业，这就是苹果公司的人性营销。

乔布斯的哲学是“做正确的事”。这个“正确”，不是技术，不是设计，不是美学，而是“人性”。事实上，在当时，乔布斯眼中的“正确的事”，都反传统、非主流。

比如，iPhone 有红外感应功能，打电话时会自动关闭屏幕。当你将 iPhone 贴着脸部打电话时，iPhone 会自动关闭屏幕省电。这并不是多高明的技术，为什么不少标榜以人为本的公司没有发现呢？诺基亚也有鲜明的品牌个性，那就是性价比高、结实耐用，但是这种性格只能归为物性。苹果与其说是卖产品，不如说是卖人性，以产品招聘消费者，将“志同道合”者聚焦在一起。

科技以人为本，将“人性”的法则演绎到极致，唯有深入问题的核心，才能明白其复杂性，也才能找出其根本的解决方案。大部分人做到这一步，通常就会停下来。可是真正了不起的人却会继续探索，终能找出隐藏于问题背后的症结所在，进而提供一套漂亮而优雅的解决方案。所以苹果真正发现了产品人性的价值，并让人性服务不断增值，不断创造奇迹。

5. 不求每人拥有，但求人人想有

苹果的产品之所以如此受欢迎，很大程度上源于其对市场供应的控制，也就是使市场处于某种相对的“饥饿”状态，这有利于保持其产品价格的稳定和对产品升级的控制权。苹果的销售显然是这种策略的代表。苹果产品上市后，不管市场对这款产品的呼声多高，苹果公司始终坚持限量供应。

有人甚至花很大的代价得到了自己并不了解的东西，但他依然会满足于得到的喜悦。有时候人们甚至闹不清自己想要的究竟是什么，而苹果的“饥饿”营销则正好利用了人们这种赶潮流、追时尚的心理。苹果和乔布斯，高傲且强势，很多消费者为等新产品发布彻夜排队，买产品要“预订”，他们高高吊起人们的胃口，却不急于满足。不满足引来更多关注，限量版比大路货更让人追逐。苹果的这种营销态度又在强化其产品风格：

强势、高傲和特立独行。因为不容易拥有，便会更显得珍贵，更加与众不同。这种强势的营销风格和它的产品一样，让人又爱又恨，欲罢不能。

然而诺基亚的做法却是，在新产品还没公布之前，就会做过多的宣传，包括款式、价格、质量，甚至会拿新品和老款进行对比，凸显功能优势，让消费者一目了然。然而，这种做法会使消费者的期待大打折扣，对新产品上市也不会有过多的关注。

对比之下就是品牌观念与产品观念产生的分歧，孰重孰轻，相信大家也会有自己的答案。

6. 营造市场氛围，传播苹果文化

苹果手机已经在消费者心目中有了一个鲜明的印记，那就是优越的性能、独有的外形和完美的设计，苹果手机意味着特立独行，意味着“酷”的工业设计，意味着时尚。乔布斯力图让创新产品都符合消费者心目中的苹果文化印记，几乎每款产品都让消费者欣喜若狂：这就是我的苹果！乔布斯做到了让苹果在创新产品和创造文化上都占据着行业领先的位置。

其实顾客并不希望被奉承迎合，有时候极力地讨好反而使他们无所适从，倒不如吊足胃口来激发他们的兴趣。现代营销主张：“只要客户需要，要多少有多少。”而人性营销则是故意控制供应量，不让顾客很容易就得到满足：“你想要吗？没货，下次再来试试吧。”苹果的很多产品在其推出前和推出后都会有大量的短缺现象。

这种制造市场“饥饿感”的手法，苹果运用得可谓炉火纯青。认同我价值的人，就是我的消费者，请跟着我走。苹果的营销已经用精神和价值观来号召和统领消费者了，超越了纯粹的产品层面，这不正是品牌营销追求的至高境界吗？真正不同的是，别人是向消费者灌输，乔布斯是吸引——愿者上钩。（来源：中国通信网 2011－12－02《苹果是如何打败诺基亚的？》）

三、留得住——把来购买产品或服务的客户留住

东北人在形容财富积累过程时有句俗语，叫作“不怕没齿的耙子，就怕没底的匣子”。意思是说，在财富积累的过程中，不怕没有谋取财富的好手段和办法，就怕储藏财富的匣子没有底。如果是这样，就形成了无底洞，挣再多的钱也存不住。营销也是一样，有很多人非常注意客户开发，但却忽略了客户保

留，结果是“熊瞎子掰苞米，掰一棵丢一棵，掰完一看，只剩最后那一棵”。如果只注重开发客户，而不注意客户保留，最后就和熊瞎子一样，只剩最后开发的那个客户了。所以，企业既要知道客户在哪里，又能给客户来购买产品一个理由，更关键的是让客户留下来，使流动客户变成固定客户，固定客户变成忠诚客户，获取客户的终身价值，而且使客户成为口碑营销的传递者。

■ 案例：爱马仕如何留住顶级客户

顶级时尚品牌爱马仕（Hermès）位于台北市 BELLAVITA 百货的旗舰店近日开业，并举办 VIP 之夜。贵客盈门，加上店里端出了定价新台币 570 万元的“白金钻石鳄鱼皮凯莉包”，让人几乎忘了金融海啸这回事，也感觉不到秋凉的萧瑟。

顶级、神秘，是爱马仕给人的印象。同时，它也是全球奢侈品皮包中单价最高、订制比率最高、在二手市场比新品还贵的唯一品牌。

靠着精准、独特的市场定位，爱马仕在不景气中逆势成长。2009 年 9 月，《经济学人》有文指出，2009 年全球精品市场约衰退一成，五大精品集团 3 月到 8 月营收与 2008 年同期相较，斯沃祺瑞集团（Swatch Group）、历峰集团（Richemont Group）、法国春天百货集团（PPR Group）均显现出衰退，路易威登集团（LVMH）持平，唯独爱马仕集团逆势增长 7.6%，是最抗跌的品牌！

把时间拉长来看，近 5 年爱马仕无论营收、获利，均逐年增长。即使在去年金融风暴肆虐之下，其营收与获利还双双创新高。其中，又以亚太市场（日本不计入）增长 31%，最为亮眼。而爱马仕来台经营 19 年，除了“9·21”地震当年业绩与前一年平盘，其余年度营收也是两位数增长。

爱马仕稳固金字塔顶端客层，力抗经济不景气周期的秘密究竟是什么？

策略一：把钱花在服务顶尖客户上。

不找明星代言，营销费仅占营收 6%。2009 年 10 月 9 日，爱马仕集团执行总裁派崔克·汤玛士（Patrick Thomas）接受《商业周刊》专访时透露：“爱马仕的营销费用约占营收 6%！”元智大学企管系副教授沈永正指出：“消费品的营销费用至少占营收 20% 以上，6% 真的很低！”而且爱马仕对营销费用的用法，也不同于其他精品，它将大众媒体广告费用降至最低，把资源放在对顶级客户的服务上。且该品牌营销费的用法，也与其他品牌不同。根据 AC Nelson 统计，2009 年前 8 月，爱马仕平面媒体广告仅

43 页，路易·威登（LV）有 167 页，香奈儿（Chanel）有 153 页，前者不及后两者的 1/3。

“精品强调一对一的专属服务与沟通过程，不像大众产品，需要对上百万的消费者做广告。所以我们宁愿直接投资在客户会接触到的产品、门市、员工身上。”汤玛士直言。

沈永正分析，媒体广告仅能建立知名度，对于偏好和实际购买力则影响有限，“爱马仕是完全走利基市场的精品，打太多广告没有用，还可能廉价化品牌形象”。

有别于多数精品将营销费用花在办秀、找明星代言和媒体广告上，爱马仕不请明星代言，倒是乐于砸钱在年度主题活动或丝巾展览上等。

1987 年，爱马仕开始推行年度主题，并授权各区域市场自行设计系列活动。“我们期待每家分店以所在地的观点和创意阐述年度主题，因为爱马仕从来不说相同的故事，永远要让客人惊艳！”汤玛士笑说。

以今年主题“美丽的逃逸”（Beautiful Escape）为例，法国爱马仕总公司选在清晨 3 点，带记者到巴黎近郊的批发市场体验主题精神，因为那里聚集了来自世界各地的食材。

而爱马仕台湾分公司每年 10 月固定办主题派对，并经常邀请重要客人去巴黎参加赛马会、安排顶级酒庄之旅、古堡住宿、乡间骑脚踏车等特殊行程。

策略二：把心放在感动员工上。

包下巴黎铁塔餐厅，让受训员工体验。“顶级精品靠的是口碑营销，而且口碑会在同一个社会阶级中流传；服务好一个 VIP，她会带她的朋友来。”沈永正分析，而且活动最好让一般消费者难以一窥堂奥，VIP 才更感尊贵荣宠。

但如何让员工对 VIP 客户用心？先从对员工用心开始。“如果你无法感动员工，对客户也不会起作用。先让员工快乐，他们也会愿意带给客户相同的感受，这是爱马仕领导这个大家庭的哲学！”汤玛士感性地说。

爱马仕台湾区营销企划经理张微曦每半年都会到巴黎开会、受训，公司总是出其不意地安排参观博物馆、植物园，甚至包下巴黎铁塔上的餐厅，只为增进员工多元的生活体验。

2008 年 7 月，爱马仕在员工训练后，请来百辆雪铁龙 2CV 古董车，接送 400 位员工到郊外野餐，还安排古董飞机做飞行表演，别出心裁地宣告年度主题。

自2006年起，爱马仕展开“圆梦计划”，搜集全球7000名员工的旅行梦想，整合出15个可行计划后，抽签让千名员工以全额补助的方式圆梦，如用一周时间到俄国搭东方快车、去柬埔寨住树屋、去秘鲁马丘比丘看古文明遗址等。2009年台湾就有7位员工抽中参加圆梦计划。

接下来，爱马仕将推行“Tandem”（协力车）计划，锁定工匠跟店员进行交换计划。由总公司配对，让工匠和各国店员互访，交换制作和销售的经验。

对员工用心，换来低流动率与高黏着度。除非开新店，否则爱马仕很少有职缺，店员都是资深员工，和客人交情动辄十年，再加上见多识广，能与顶级客户交心。

爱马仕台湾分公司董事总经理程家凤打趣地说：“客人聊起古堡，爱马仕店员搞不好也住过！员工认同公司，才能代表公司与客户沟通，才有热情将感动传达给客人。”投资于员工的回报反映在营收上，2008年爱马仕员工平均产值达1063万元新台币，比鸿海集团高出4倍多。

策略三：以手工订制打造独特性。

满足客户期待，还能分散财务风险。在精品界中，纯手工制造已经不多，以定做、客制化为主诉求的品牌，更是稀少。

爱马仕铂金包是包中之王！捧着钱想买包？抱歉，没有现货。二手精品店米兰站台湾店经理邓浩然指出，爱马仕门市里偶有凯莉包，但铂金包则有钱也买不到。客人必须到门市下单，决定皮革、颜色、金属扣环后，再等上三五年才能拿到货，“梦幻包”封号不胫而走。

由于出货量受限，许多消费者无法等待，使得该包款在二手市场身价高涨。2007年歌手蔡依林便在米兰站以新台币67万元买走专柜价46万元的粉红色鸵鸟皮铂金包，只为了立即拥有！

抓准有钱人不怕贵、只怕不特别的心态，爱马仕以定做打造独特性，而长达3年以上的制作期，刚好也分散了财务风险。

程家凤强调，爱马仕的皮包、丝巾、瓷器等，都不发代工，完全以手工进行少量生产，且自营工厂全在法国。例如：一般丝巾以计算机绘图、自动化生产，最多套15色；爱马仕丝巾却以手工绢版套色，最多套42色，且丝巾车边均以手工卷边缝制，工序繁复。

爱马仕遇到非擅长的技术，则宁愿合资也不外包，以严控质量。例如：为生产手表，爱马仕入股瑞士的 Vaucher 机芯公司；为了稳定鳄鱼皮质量，爱马仕 2009 年宣布将投资澳洲的养鳄场。

爱马仕还成立了特别订制部门，为客户量身定做皮件、水晶灯，甚至游艇、居家室内设计。汤玛士提到，有位日本客人定做了一件苹果造型、外覆皮革、内里衬银的容器，只为了每天带苹果上班吃。有一位国际知名歌手，则定做了 6 种不同颜色的鳄鱼皮夹克和吉他套。

在台湾，程家凤说，有位客人定做整套皮革沙发，耗时两年才完成；也有客人为新生儿订制以爱马仕丝巾制成的风筝。

爱马仕将营销重点放在顶级客层，培养出 VIP 的忠诚度，这就是这个 172 年的品牌打败不景气的秘密！（来源：中国女装网 2009－10－23《案例分析之品牌爱马仕如何留住顶级客户》）

第3章　营销的三个层次

素质相当的营销人员，在相同的环境和条件下，相同的时间内，销售相同的产品，但销售业绩不同，为什么？

因为营销人员个人营销水平不同，即营销档次不同，但这只是表象。关键的是营销层次不同，不是营销对象经济状况及社会地位的层次不同，而是营销人员的营销活动针对营销对象的需求层次不同，这才是根本所在，这也是很多企业及营销人员销售业绩差异的根本所在。

下面是在营销界很有名的但已被演绎得面目全非的两个营销小故事。

故事一：卖鱼钩的故事。

一个乡下来的小伙子去应聘城里"世界最大"的"应有尽有"百货公司的销售员。老板问他："你以前做过销售员吗？"

他回答说："我以前是村里挨家挨户推销的小贩。"老板喜欢他的机灵："你明天可以来上班了。等下班的时候，我会来看一下。"

一天的光阴对这个乡下来的穷小子来说太长了，而且还有些难熬。但是年轻人还是熬到了快下班时间。老板真的来了，问他说："你今天做了几单买卖？""一单。"年轻人回答说。"只有一单？"老板很吃惊地说："我们这儿的售货员一天基本上可以完成20到30单生意呢。你卖了多少钱？""30万美元。"年轻人回答道。"你是怎么卖到那么多钱的？"半晌才回过神来的老板问道。

"是这样的"，乡下来的年轻人说，"一个男士进来买东西，我先卖给他一个小号的鱼钩，然后是中号的鱼钩，最后是大号的鱼钩。接着，我卖给他小号的鱼线，中号的鱼线，最后是大号的鱼线。我问他上哪儿钓鱼，他说海边。我建议他买条船，所以我带他到卖船的专柜，卖给了他长20英尺的有两个发动机的纵帆船。然后他说他的大众牌汽车可能拖不动这么大的船。于是，我带他去汽车销售区，卖给了他一辆丰田新款豪华型‘巡洋舰’。”

老板后退两步，几乎难以置信地问道：“一个顾客仅仅来买个鱼钩，你就能卖给他这么多东西？”

“不是的”，乡下来的年轻人回答道，“他是来给他妻子买卫生棉的。我就告诉他‘你的周末算是毁了，干吗不去钓鱼呢？’”

故事二：一个营销经理想考考他的 5 个手下，就给他们出了一道题，把梳子卖给和尚。

第一个人，一把没卖掉。因为他认为和尚都没有头发，是不需要梳子的，所以根本就没去找和尚。

第二个人，卖了 10 把。他对和尚说，拜佛需要心存敬意。很多香客远道而来，头发都被弄乱了，对佛不够礼敬。和尚认为有理，就买了 10 把。

第三个人，卖了 100 把。他对和尚说，如果庙里备些梳子，刻上庙的名字，作为礼物送给香客，又实惠又有意义，香火会更旺的。

第四个人，卖了 1000 把。他对和尚说，你是得道高僧，书法又有造诣，如果在梳子上刻上您题写的“平安梳”“积善梳”等，岂不是既弘扬了佛法又弘扬了书法？

第五个人，卖了 1 万把。他告诉和尚，梳子是善男信女的必备之物，经常被女香客带在身上，如果大师能为梳子开光，成为她们的护身符，既能积德行善又能保佑平安。而且，很多香客还会为自己的亲朋好友请上一把，保佑平安。这样既能弘扬佛法，扬我寺院之名，同时还可获得善款，岂不是天大善事？

两个故事都告诉我们，顾客的需求是可以挖掘和创造的。故事一还告诉我们，每个人都渴望快乐，正如帕斯卡所说：“所有的人都以快乐幸福作为他们的目的；没有例外，不论他们所使用的方法是如何不同，大家都在朝着这同一目标前进。”所以营销人员要挖掘和创造让客户快乐的需求。故事二则告诉我们，挖掘和创造客户不同层次的需求，你的营销业绩也不同。

第一节 客户的分类及人类共性的需要

2003 年 5 月，新上市的 QQ 微型轿车，一夜之间红遍大江南北。究其原因，与其说是令人惊喜的外观、内饰、配置和价格，还不如说是细分市场定位的成功。

奇瑞 QQ 的目标客户是收入并不高但有知识、有品位的年轻人，同时也兼顾有一定事业基础，心态年轻、追求时尚的中年人。一般大学毕业两三年的白领都是奇瑞 QQ 的潜在客户。人均月收入 2000 元即可轻松拥有这款轿车。

为了吸引年轻人，奇瑞 QQ 除了轿车应有的配置以外，还装载了独有的“I-say”数码听系统，成了“会说话的 QQ”，堪称当时小型车时尚配置之最。据介绍，“I-say”数码听是奇瑞公司为用户专门开发的一款车载数码装备，集文本朗读、MP3 播放、U 盘存储多种时尚数码功能于一身，让 QQ 与电脑和互联网紧密相连，完全迎合了离开网络就像鱼儿离开水的年青一代的需求。

要想打开市场的蓝海，就要进行市场细分。要做好营销，就要对客户进行细分。按照不同标准，客户有不同的分类，各有各的道理。

一、客户分类

具体客户千差万别，而营销人员又不可能都是乔·吉拉德和原一平，所以就有必要对客户进行分类。现在有很多人从不同角度对客户进行了分类，并研究给出不同的营销方法。下面就简要介绍一下客户分类的相关内容。

（一）营销模式

营销模式大致有 4 种。

第一种，经销商模式。即生产商—经销商—消费者。经销商可以是批发商或零售商，也可以是不同级别的经销商；经销商可以是代理商，也可以是分销商，归结起来都是中间商。所以，经销商模式就是生产商—中间商—消费者。

第二种，直营模式。即生产商—零售店铺。在经销商模式中的零售商多是店铺方式，而在直营模式中的店铺却不是零售商，因为它是生产商面向消费者直接开的店，店中的货物都是生产商的。

第三种，直销模式。就像 DELL 那样，通过客户的订制，把商品从生产商直接销售给消费者，连直营的店铺都省掉了。

第四种，传销模式。虽然销售人员也在通过中间商品来获取利益，但更主要的是通过无限制地发展下线，由无数的下线销售产品而实现上线的获利。

（二）消费者、顾客、客户

消费者是产品的最终使用者。

顾客是光顾店铺的客人，多是单个的个体消费者，当然也有客户，比如团体的采购者。即使是成交顾客，也不一定是消费者。如父母给孩子买的玩具、衣服、食品等，孩子才是它们的最终使用者。

客户是成户的顾客，户就不是一个人，至少两个人以上。

所以，严格地说，顾客不等于客户，顾客用于零售环节的店铺，而不用于中间商环节；客户则多用于中间商环节，在零售环节购买的团体也是客户。

现在，人们已不再纠结于消费者、顾客、客户的概念，常常混为一体。本书为了叙述方便，也不纠结于这几个概念的严格区分，而是混着用。但准确地说，消费者、顾客、客户有着完全不同的含义，其需求也是完全不同的，有兴趣的朋友，可以进行深入研究。菲利普·科特勒在营销 3.0 中把习惯称为“以顾客为中心”的营销改为“消费者定位营销”就说明了这个问题。

（三）客户的分类

有了对上述概念的理解，我们就可以把世界上所有的客户按销售环节的不同，高度归结为两类：一类是中间商客户，包括批发商和零售商及各级代理商；另一类是消费者客户。那么，无论是中间商客户，还是消费者客户，按个人和组织这一标准，又可以分为个人客户和团体客户。团体客户中有老板决策型客户和其他人决策型客户。老板决策型客户的需要基本和个人客户的需要相类似，所以在本书中将其归为个人客户，不做专门讨论，将团体客户视为其他人决策型客户，如此就可把客户简单地归并为四类：个人中间商客户、团体中间商客户、个人消费者客户、团体消费者客户。这四类客户的需要是不同的。

其中，团体客户的需要表面看是团体的需要，其实质是团体中相关人的需要。也就是说，团体客户的需要，并不真的是团体的需要，实质还是人的需要，相关人包括团体中该项业务的决策人和决策相关人，他们的需要受个人和组织的价值观影响。组织价值观包括组织制度和组织文化两个方面。

二、人类共性的需要

需求是表面的，背后是欲望，欲望的背后是需要，需要则是人性的体现。马斯洛说，人有生理、安全、社交、尊重和自我实现五个层次的需要。生理和安全需要，是人生存最基本的需要，其他动物也都有，亦即自然属性的需要。社交和尊重需要，即社会属性的需要，人作为社会组成部分，都渴望得到成功和认可，以获得尊重。自我实现则是人们在追求人生自我价值的实现，在追求生命的意义；一旦达到，则是处于一种巅峰体验状态，即精神层面的需要。也就是马克思所说的“人直接的是自然存在物”“人是最名副其实的社会动物”“人是有意识的存在物”。

那么，我们把这些人类共性需要归结起来可以得出三个等式：

（1）生理需要＋安全需要＝自然属性需要＝生存需要；

（2）社交需要＋尊重需要＝社会属性需要＝生活需要；

（3）自我实现需要＝精神属性需要＝生命需要。

如果按马斯洛的需要金字塔方式，也可以描述成图 4 的情况。

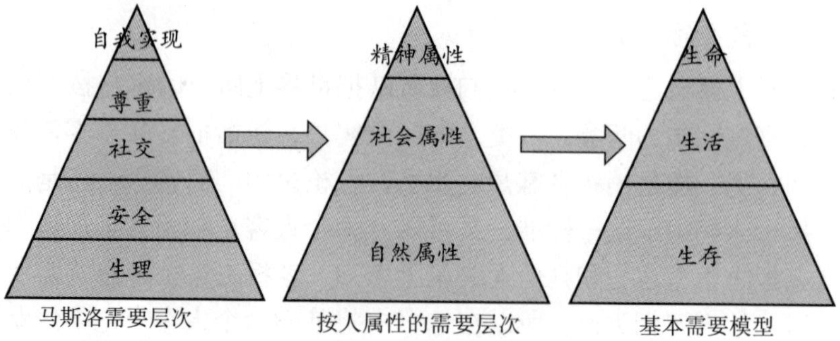

图 4　需要金字塔对应模型

这个需要金字塔是人类共有的，大家所有个性化的需要都可以概括在里边，我们将其称为基本需要模型（关于各需要层次的关系在第四章中有详细论述）。

第二节　客户需要的三个层次

营销，包括内外部营销（为了与现有的营销概念保持一致，在本书以后的论述中，只讲外部营销），都需要针对隐藏在顾客需求背后的这些需要开展工作。而针对不同需要层次开展的营销，其营销的层次也就不同。按前面等式最后结果来说，就有了生存、生活、生命三个层次的营销，即生存营销、生活营销、生命营销。不同层次的营销，也就有了不同的营销结果。但是这个需要层次是共性的，落实到每类人身上都是不一样的，具体到个人身上及其个人的不同时期则更是千差万别，所以才有了营销是门艺术的说法，但还不够准确。有句话说“使用双手的是劳工，使用双手和头脑的是舵手，使用双手、头脑与心灵的是艺术家，使用双手、头脑、心灵再加上双脚的才是推销员”，其实营销是科学和艺术的综合体。

说客户的需求都是表面的，其背后有着欲望、需要，最终是人性。比如，客户到加油站给车辆加油，表面看是客户对油品的需求，其背后的欲望是驾车到自己要去的地方，做自己想要做的事情，如上班、旅游、参加公益活动，等等。在这些欲望的背后是需要，如上班是生存需要，旅游是生活需要，参加公益活动是生命需要。有人说，上班不是我自愿的，是没办法的。是的，如果你不用挣钱或有其他方式挣钱维持生存的需要，那就可以不用去上班。

每个人都是客户，每个人的需要又都不同，如何分清，这就需要营销人员“把握个性，对症下药”。每个营销人员能把握到什么程度，也决定了其不同的营销水平，所以才有了营销人员的差别。例如：世界上有那么多汽车销售员，只有一个乔·吉拉德；世界上有那么多寿险推销员，只有一个原一平。

一、个人中间商客户

由于企业是个人的，无论是批发商还是零售商，首先关注的是能否挣到钱、挣到更多的钱，其次是上级中间商的态度，然后是伙伴关系。个人中间商客户需要模型如图5所示。

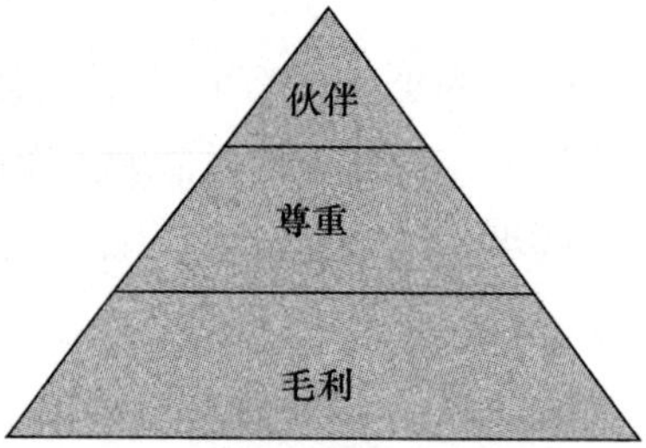

图5　个人中间商客户需要模型

个人中间商生存层次的需要是毛利。即从上级中间商处拿货开始，到销售给下级中间商或消费者这个过程中，要有足够的毛利空间，这是其生存必需的，否则就会倒闭。

个人中间商生活层次的需要是尊重。上级中间商能不能给予其足够的尊重，决定了其是否从你这里进货，除非是独家经营。所以，上级中间商要以平等的态度对待个人中间商，否则他就会用脚投票。

个人中间商生命层次的需要是伙伴。个人中间商将其业务当作事业来做，或者在上级中间商的辅助支持下使其当作事业来做，那么两者之间从初期的购货合作发展为战略合作再到事业的伙伴，是所有人都希望的。

■ 案例：雅芳与经销商的冲突

雅芳作为一家最早进入中国直销市场的外资公司，在经历“全面禁止传销经营活动”后，转型为批零店铺的经营模式，到2006年已有6000多家授权产品专卖店，1700多个美容专柜。这些店铺曾为雅芳贡献了70%左右的销售额。

然而，在2006年4月8日，当雅芳全球CEO钟彬娴宣布雅芳获得中国唯一的直销试点资格后，4月11日上午，几十名雅芳内部经销商聚集在广州天河时代广场的雅芳总部，为公司开展直销损害到专卖店销售利益讨个说法。

因为雅芳的直销直接影响了“6000 个专卖店 +1700 个专柜”所形成的巨额店铺固定资产投资的回报和大量经销商存货的销售，直接影响了中间商和零售商的利益。（来源：http：//www. enet. com. cn/cio/ 论坛 2006 - 12 - 30《案例分析：渠道冲突，雅芳的转型之痛》）

二、团体中间商客户

团体中间商客户，涉及团体和团体中某项营销业务的相关决策人。团体虽然最终表现还是个人，但由于团体性质不同，其决策者不同。如有的是团体一把手或领导班子，有的是董事会或股东会等。但不管是一把手决策，还是其他方式的集体决策，相关的决策者都是考虑个人利益的最大化。总之，集体决策是妥协后的个人利益最大化。

某项营销业务的相关决策人，由于团体是别人的，而不是自己的，所以其关注的需求与个人中间商客户是完全不同的。首先其关注的是个人利益，是自己在购销活动中个人利益的最大化。其次是关注个人的关系，一切要围绕有利于个人关系来决策取舍。最后关注的是个人的效果最佳化。当然这些都受个人和组织的价值观影响，不同的人在不同时期，其表现是不一样的，就像“世界上没有完全一样的两片叶子”和“没有一个人能够踏进同一条河流”一样。

所以，团体中无论团体决策者还是某项营销业务的相关决策人，不管表现形式有什么不同，其根本的需要是一样的。团体中间商客户决策及相关决策人需要模型如图 6 所示。

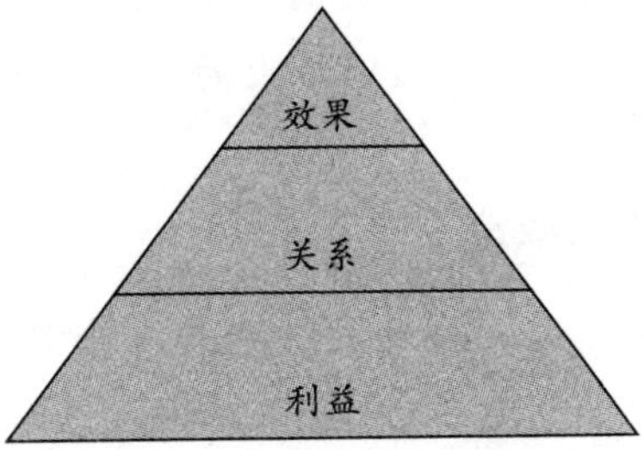

图 6　团体中间商客户决策及相关决策人需要模型

团体中间商客户生存层次的需要是利益。这个利益是购买决策者及决策相关人的利益和团体利益平衡后的利益，两者兼而有之；平衡不好就会出现舞弊甚至违法等问题。中纪委、检察院查处的案子中有很多方面的案例。这个平衡是动态的，因人而异，因时而异。

团体中间商客户生活层次的需要是关系。平时经常说企业与客户的关系，其实不够准确。在企业与客户关系中，真正属于企业与客户的关系少之又少，多数都是企业销售人员如客户代表、客户经理等与客户之间的关系。一些企业销售人员的集体跳槽就是这个问题，这也是困扰企业的一个老大难问题。对此，销售人员认识得也非常清楚，在日常的销售工作中，都竭尽全力地维护这个关系。

在这方面，可以借鉴股票期权的办法，不妨给销售人员较高的回报，但要采取绩效分期兑现的方式，用长期高额回报来稳定销售队伍。

团体中间商客户生命层次的需要是效果。销售相关人在团体内和客户中的效果要最佳。例如：在团体内，表现出个人较强的业务能力，为团体创造较好的效益；在客户中，表现为在团体中有较高的影响力，为客户负责任、敢担当、可信赖的形象；等等。销售相关人既要能维护客户关系，又要能在团体中获得认可和重用。

■ 案例：苏宁电器淡季打款模式

苏宁刚开始做“空调专营店”的时候，在采购上，采取了颠覆式的进货付款模式。它与春兰、华宝两大主要品牌供应商，采取淡季向供应商打款这一逆向操作方式，在旺季得到了供应商更大的支持，确保了旺季价格优惠和货源稳定，把规模采购节省来的成本普惠给广大消费者。这样一来，便使苏宁取得了比竞争对手更大的竞争优势，特别是在商品供应与价格方面的优势明显，这成为苏宁当时最大的市场竞争力。

■ 案例：百事可乐的返利政策

百事可乐公司对返利政策的规定细分为五个部分：年扣、季度奖励、年度奖励、专卖奖励和下年度支持奖励，除年扣为“明返”外（在合同上明确规定为1%），其余四项奖励为“暗返”，事前无约定的执行标准，事后才告知经销商。

1. 季度奖励

既是对经销商前3个月销售情况的肯定，也是对经销商后3个月销售活动的支持，这样就促使厂家和经销商在每个季度合作完后，对前3个月合作的情况进行反省和总结，相互沟通，共同研究市场情况。百事可乐公司在每季度末，派销售主管对经销商业务代表培训指导，帮助落实下一季度销售量及实施办法，增强相互之间的信任，兑现相互之间的承诺。季度奖励在每一季度结束后的两个月内兑现，按进货数的一定比例以产品形式给予。

2. 年扣和年度奖励

是对经销商当年完成销售情况的肯定和奖励。年扣和年度奖励在次年的第一季度内，按进货数的一定比例以产品形式给予。

3. 专卖奖励

是经销商在合同期内，在碳酸饮料中专卖百事可乐系列产品，在合同结束后，厂方根据经销商销量、市场占有情况以及与厂家合作情况给予的奖励。在合同执行过程中，厂家将检查经销商是否执行专卖约定。专卖约定由经销商自愿确定，并以文字形式填写在合同文本上。

4. 下年度支持奖励

是对当年完成销量目标，继续和百事可乐公司合作，且已续签销售合同的经销商的次年销售活动的支持，此奖励在经销商完成次年第一季度销量的前提下，在第二季度的第一个月以产品形式给予。

三、个人消费者客户

由于个人消费者客户是产品的最终使用者，所以其首要关注的是产品的性价比，其次是感受，最后是品牌。有人说“营销界最大的谬论之一便是品牌忠诚度”。笔者认为，这是不准确的，这就是没有对客户进行区分的结果。应该是中间商客户不太关注品牌，而消费者客户，尤其是个人消费者客户是非常在意品牌的，特别是在人们开始追求生活品位的今天，无论是发展中国家的个人消费者客户，还是发达国家的个人消费者客户，都是一样的。个人消费者客户需要模型如图7所示。

个人消费者客户生存层次的需要是性价比，即让渡价值。现在，从价值角度说是客户价值，就是客户感知的客户价值，而不是生产商或中间商

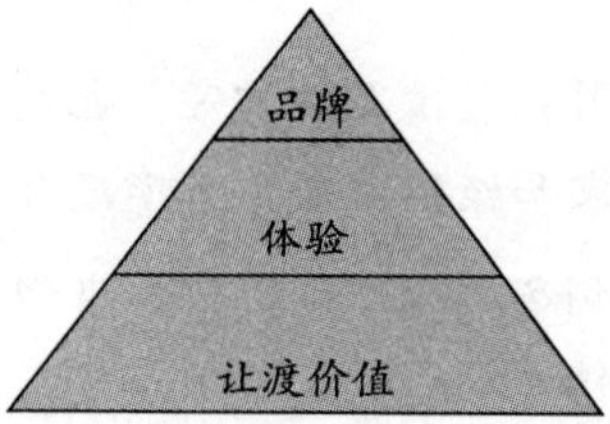

图 7　个人消费者客户需要模型

创造的客户价值。其实就是客户对购买商品所付出成本与得到的价值之间的感觉。这个需要也是因人、因时而异。

个人消费者客户生活层次的需要是体验。所谓的体验，其实就是一种感觉，是人通过看、听、闻、尝、摸等之后，将获得的信息反馈给大脑所得出的综合判断。因人的性格、喜好和状况不同，相同的情境得出的结论可能会不同，它直接影响着购买的决策，所以才有了体验营销。

个人消费者客户生命层次的需要是品牌。其实，当人们处于解决温饱问题时，有满足需要的商品就感到非常高兴；可当人们腰包鼓起来后，就开始注意品牌了。可口可乐公司的总裁曾说，如果可口可乐公司在世界各地的厂房被一把大火烧光，只要“可口可乐”这个品牌还在，一夜之间它会让所有的厂房在废墟上拔地而起。这就是品牌的力量。

■ 案例：加多宝对不起

广药王老吉和加多宝从 2012 年一直吵到 2013 年。2013 年 1 月 31 日，广州市中级人民法院裁定，要求加多宝立即停止使用“王老吉改名为加多宝”或与之意思相同、相近似的广告语进行广告宣传的行为。广药如获至宝，举公司欢庆。面对如此打击，加多宝该如何应对？上诉？默默忍受？NO！2013 年 2 月 4 日，加多宝官方微博开始“泪流满面”，连发 4 条微博，以“对不起”体表明自己的立场。不到 2 个小时，4 条如鲠在喉不吐不快的哭诉式微博总计博得 4 万余次转发，评论超过 1 万余次。“对不起”迅速成为热门微博。

——对不起！是我们太笨，用了 17 年的时间才把中国的凉茶做成唯一可以比肩可口可乐的品牌。

——对不起！是我们太自私，连续6年全国销量领先，没有帮助竞争对友修建工厂、完善渠道、快速成长……

——对不起！是我们出身草根，彻彻底底是民企的基因。

——对不起！是我们无能，卖凉茶可以，打官司不行。

这4条文案以事实为依据，以情感为催泪弹，迅速扭转了因官司失败造成的负面影响，再次直击广药的软肋，获得了消费者的同情和认同。其实讲故事是一个方面，最关键的还是品牌的力量。

四、团体消费者客户

团体消费者客户是最说不清的客户。为什么？因为在实际消费中，该类消费者表面上表现的是团体客户需要，其实质是团体客户中相关决策人的需要。所以某大公司悲哀地说，我们并不具备真正的市场竞争力。因为到目前为止，其真正面对终端消费者的产品还很少，多数是面对集团客户，而在中国集团客户是有着特殊角色含义的。企业能不能真正经得起市场的检验，都需要未来的验证。团体消费者客户需要模型如图8所示。

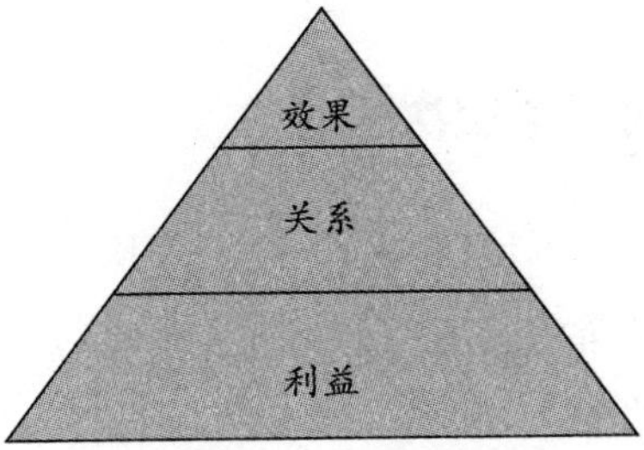

图8　团体消费者客户及相关决策人需要模型

团体消费者客户的需要和团体中间商客户的需要是一致的，都是利益、关系和效果。

■ 案例：麦德龙的仓储式专业会员超市

大型仓储式专业会员超市与面向普通消费者的连锁超市不同，是以批发业务为主的超市。针对“有限”客户，即只对工商领域的经营者、群体消费层实行会员制，会员必须是具有法人资格、凭卡才能进入超市购物的企事业单位。目标顾客是再下一级的小零售商、宾馆酒店、餐馆食堂、机关企事业单位等。经营方式采用会员制模式，以便于对顾客进行管理与服务。

仓储式专业会员超市的特点有：①仓店合一。②采用批发兼营、开放式自选销售方式。③卖场规模大，面积一般在1万平方米左右，甚至更大，为顾客提供一站式服务。④实行会员制，并以专业会员为目标顾客。⑤连锁经营。⑥低价销售，规模效益。⑦建立在先进信息技术基础上的现代化管理。

这些超市采取的是现购自运制，即现金购买，自己运走。实际上就是仓储式商场的自助式批发模式，由顾客自行挑选商品，支付现金并运走货物。其优势在于有较好的性价比，食品和非食品分类范围广，即时获得商品，营业时间更长。

第三节　企业营销及营销人员的三个层次

一、企业营销的三个层次

从不同角度出发，人们把企业分为不同层次。如从企业管理角度来看：一流企业（公司）靠文化；二流企业（公司）靠制度或流程；三流企业（公司）靠人才或经验、领导（老板）、生产。从企业经营角度来看：一流公司未雨绸缪；二流公司卧薪尝胆；三流公司坐吃山空。从企业生产角度来看：一流公司做标准；二流公司做品牌；三流公司做服务；四流公司做价格。从企业销售角度来看：一流企业卖标准；二流企业卖品牌；三流企业卖产品。从人事管理角度来看：一流企业靠文化管人；二流企业靠制度管人；三流企业靠人管人；一流企业靠文化留人，二流企业靠人留人，三流企业靠钱留人；一流公司忙育人，二流公司忙招人，三流公司忙换人；等等。从营销角度看，企业也是分层次的，对应基本需要模型也有不同的营销层次，具体可以从宏观和微观两个方面来看。

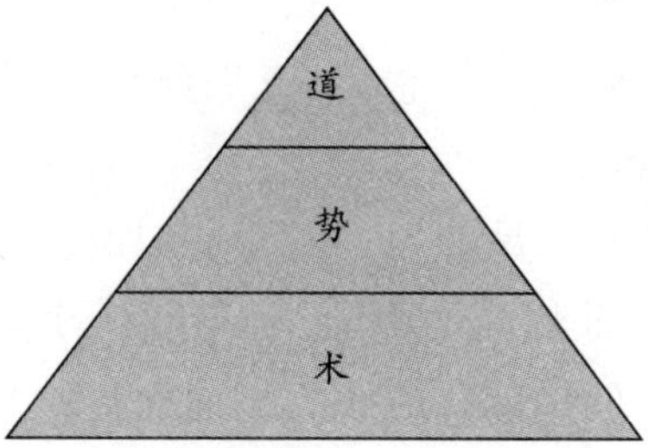

图9　企业宏观营销三层次模型

（一）从宏观来讲，就是术、势、道（见图9）

“术”“势”“道”三个术语最初来源于《道德经》和《孙子兵法》。在《道德经》中，对于道的描述为：“有物混成，先天地生。寂兮寥兮，独立而不改，周行而不殆，可以为天地母。吾不知其名，强字之曰道，强为之名曰大。大曰逝，逝曰远，远曰反。故道大，天大，地大，人亦大。域中有四大，而人居其一焉。人法地，地法天，天法道，道法自然。”从这一段话中，可以理解“道”其实就是自然界中的规律，是超越个人存在的，也就是我们通常所说的客观规律。

对于“术”和“势”两个字，需要从《孙子兵法》中得到，开篇“始计第一”说道，“孙子曰：兵者，国之大事，死生之地，存亡之道，不可不察也。故经之以五事，校之以计，而索其情：一曰道，二曰天，三曰地，四曰将，五曰法。道者，令民于上同意，可与之死，可与之生，而不危也；天者，阴阳、寒暑、时制也；地者，远近、险易、广狭、死生也；将者，智、信、仁、勇、严也；法者，曲制、官道、主用也。

凡此五者，将莫不闻，知之者胜，不知之者不胜。故校之以计，而索其情，曰：主孰有道？将孰有能？天地孰得？法令孰行？兵众孰强？士卒孰练？赏罚孰明？吾以此知胜负矣。将听吾计，用之必胜，留之；将不听吾计，用之必败，去之。计利以听，乃为之势，以佐其外。

势者，因利而制权也。兵者，诡道也。故能而示之不能，用而示之不用，近而示之远，远而示之近。利而诱之，乱而取之，实而备之，强而避之，怒而挠之，卑而骄之，佚而劳之，亲而离之，攻其无备，出其不意。此兵家之胜，不可先传也。夫未战而庙算胜者，得算多也；未战而庙算不胜者，得算少也。多算胜少算，而况于无算乎！吾以此观之，胜负见矣。”

对“法（术）”的解释是：“法者，曲制、官道、主用也”。对“势”的解释是：“势者，因利而制权也。”在后续“兵势第五”也有“势如扩弩，节如发机”的解释。

从营销角度看，“术”是能力，能力是知识、方法、策略和经验的集合体，术是由智慧转化而来的具体方法，三百六十行皆有不同的方法和经验，有不同的针对性，但是确有精妙的相通之处；“术”也是可解决实际问题的流程和策略，是可以提高效果和效率的技巧。

“势”是大的发展趋势和各级政策导向，具体说就是包括市场形势和政府政策等的企业内外部环境，即天时、地利、人和。“势”往往无形，却具有方向，顺势而上则事半功倍，逆势而动则事倍功半。

“道为术之灵，术为道之体；以道统术，以术得道。”“道”就是企业的使命。

1. 企业生产层次的需要是优“术”

要选择策略方法，把要干的事情干好。在市场细分和定位后，还是有很多策略和方法可以实现同一目标的。在此情况下，就要优中选优，选择更适合的策略和方法去做，以获得最佳效果。比如，产品销售，可以采取经销商模式，也可以是代理、代销、直营、直销、连锁等模式，还可以是营销外包、品牌授权、网络营销等模式。连锁可以是直营连锁，也可以是自愿连锁或加盟连锁；经销商模式，可以按行政区划设置，也可以按区域设置；等等。所以要在众多策略和方法中选择最适合的，以获取最佳效果。

■ 案例：粥铺的故事

有两家卖粥的小店，左边这家和右边那家每天的顾客相差不多，都是川流不息，人进人出的。然而晚上结账的时候，左边这家总是比右边那家多出百十元，天天如此。

后有人考察发现，右边那家粥店，服务小姐微笑着把顾客迎进去后，在盛粥时总是问“加不加鸡蛋”，有说加的，也有说不加的，大概各占一半。

左边那家小店，服务小姐同样微笑着把顾客迎进去，但在盛粥时总是问“加一个鸡蛋，还是加两个鸡蛋”，顾客有说加两个的，有说加一个的，也有要求不加的，但是人很少。一天下来，左边这家小店就比右边那家多卖出很多个鸡蛋。

2. 企业生活层次的需要是取“势”

就是要客观的分析内外部环境，盘点资源，决定能干什么，也就是要进行市场细分和定位。其实取势是明道后，要把明确的道落实到位而必须进行的工作。比如，你明确自己的使命是要帮助人们树立信仰，那么就要进行形势分析，即从国家法律、政策，自己的资源、能力等角度来分析，通过分析后决定自己只能是从国学知识普及角度入手来实现自己的使命，这就是取势。比如，有的人看别人挣钱也去做，结果不但没挣到钱还亏了，这就是没有取好势。势可以顺，顺势而为，事半功倍；势可以逆，逆势而动，事倍功半；势可以借，借势而行，省时省力；势可以造，造势而动，功成名就；势可以乘，乘势而上，再创辉煌。

■ **案例：阿里巴巴的过冬计划**

在2008年2月，阿里巴巴集团董事局主席马云号召公司全体员工做好全球经济冬天来临的准备——“深挖洞，广积粮”，帮助中小企业客户度过全球经济冬天。之后，阿里巴巴推出了一系列自身业务架构调整及帮助中小企业客户渡过难关的措施。其中包括中国供应商销售人员结构调整，对旗下7家子公司进行调整及合并，成为5家子公司，并宣布未来5年对淘宝追加投资50亿元人民币，打造“大淘宝”；宣布“援冬”计划，成立特别行动小组，由阿里巴巴B2B首席执行官卫哲担任组长，实施帮助中小企业过冬的一系列措施等。

在这一系列措施当中，大规模招聘优秀人才成为阿里巴巴最为重要的HR策略。在全球企业面临大裁员的压力之下，阿里巴巴在2008年的招聘规模却达到4000人。与此同时，阿里巴巴集团2009年的招聘计划已经出台，计划在全国招聘5000人，从而使得公司的雇员总数达到17000人，人员增幅接近45%。

据阿里巴巴人力资源部门透露，包括旗下Alibaba.com的B2B、淘宝网、支付宝、雅虎口碑、阿里软件在内的各子公司都将在集团母公司这一招聘计划中得到相应的“配给”。其中，上市公司B2B将分得最大的份额3000人，支付宝方面预计是500人，淘宝网是1000人，阿里软件和雅虎口碑网是300人，集团层面吸纳200人。

2008年以来，阿里巴巴在国内和硅谷等全球各地延揽尖端人才，已经取得了成效。在数据库、搜索、大规模计算等方面，阿里巴巴已将国内半数以上的顶尖人才招至麾下。在数据库研发方面，国内排名前10的专家中，阿里巴巴已纳入7名。2007年11月，前微软亚洲研究院常务副院长王坚正式加盟阿里巴巴集团，担任首席架构师一职，负责集团技术架构以及基础技术平台建设。

七成员工获得加薪。在极力招募新员工的同时，阿里巴巴也通过加薪的手段稳定现有员工队伍。1月下旬，他向阿里巴巴全体员工发出电子邮件，介绍公司“2008年年终奖和2009年提薪计划”。马云在邮件中表示，根据2-7-1原则，70%的公司员工将得到提薪和不错的年终奖金。对这一举措，马云表示：“越是困难时期，公司资源越应该向普通员工倾斜，紧迫感和危机感首先要来自公司高层管理者。”

增加培训预算。在马云给公司全体员工的加薪邮件中，他透露，2009年阿里巴巴集团还将会有巨大的培训预算用于大幅度提升阿里巴巴员工在各个岗位的职责和要求。据介绍，阿里巴巴的培训重点将放在管理人员的培训和HR部门人员的提升培训上，因为这两类人员如果在危机培训中得到提升，对员工的影响将是最直接的。

在2009年，阿里巴巴还将推出一个针对老员工的“358学习修养计划”，公司安排10天的带薪假期，并投入几千万元的预算给在公司服务满3年、5年、8年的员工分别做培训。除此之外，阿里巴巴会将培训工作重点放在挖掘内部好的做法上。据阿里巴巴集团首席人才官彭蕾介绍，今年公司人力资源部将致力于把阿里巴巴的最佳实践挖掘出来予以标准化，然后在5家子公司推广。（来源：《培训》webmaster2009-03-24《阿里巴巴：实事求是，顺势而为》）

3. 企业生命层次的需要是明“道”

彼得·德鲁克的《企业是什么》《经营之道》，迈克尔·波特的《战略是什么》，都是研究企业“道”的问题，即企业为什么而存在、企业的目的是什么、企业应该怎么做。

到目前为止，很多企业还都认为企业存在的目的是为了利益的最大化。但彼得·德鲁克认为，利润最大化理论充其量只是以一种复杂的方式告诉了我们管理是“低价买进、高价卖出”的老话，但没有告诉一家企业应该怎样经营，相反还造成社会和员工对利润的敌视。盈利能力本质上不是企业的目的，只是检验企业经营的一个标准。

彼得·德鲁克说，企业经营的目的必须存在于企业之外，必须存在于社会之中，这就是造就顾客。顾客决定了企业是什么和生产什么。由于顾客的需求总是潜在的，企业就必须通过产品和营销激发顾客需求。由于顾客的需求往往是不断变化的，企业就需要不断创新，满足顾客新的需求。简而言之，企业的功能就是营销和创新。

彼得·德鲁克认为，每个组织必得有一个“经营之道”，它包括三个部分：首先是关于组织所处环境的设想；其次是关于组织特定使命的设想；最后是关于完成组织的使命所必需的核心竞争力的设想。其中，关于环境的设想决定了一个组织的盈利方式，关于使命的设想决定了组织希望为之奋斗的有意义的结果，关于核心竞争力的设想决定了组织的本领。

在创业者创业之初，道就存在于创业者的头脑中，有的明晰，有的模糊。模糊者，随着企业的发展而逐渐明晰起来。道，也随着企业的发展和社会的进步而不断完善。如在20世纪中期，“尊重个人、追求卓越、服务顾客”是IBM的基本信仰。郭士纳任IBM总裁后提出了“胜利、执行和团队合作”的三条新的企业核心价值。彭明盛则推出了IBM“创新为要”“成就客户”和“诚信负责”的企业核心价值观。2010年，IBM对外宣布的5年计划着重强调了四个发展重点：智慧的地球、成长型市场、业务分析与优化、云计算。明道的企业不一定长寿，但长寿的企业一定明道，不明道的企业一定不长寿。

■ 案例：世界第一的小公司

坂本光司在《世界第一的小公司》一书中介绍了8家日本公司。

1. 小竹

一个只有3.3平方米的专门经营“羊羹”和“最中”两种食品的小店，年销售额突破3亿日元；顾客清晨排队情况持续40多年。它成功的秘密是产品，把握日式点心的精髓；经营，不重数量重品质。

2. 幸福小川

一家专门为残疾人和老年人提供服装和寝具的企业，得到社会各界的帮助，经营永远不会走到尽头。它成功的秘密是每件产品都充满着人性关怀，一切只为让顾客用得最舒适。

3. 丸吉日新堂印刷

一个只有5名员工的小印刷社，却是外地顾客占八成、回头率达九成的“日本第一名片商”。它成功的秘密是社长阿部先生在思考自己能为社会做点什么的同时，开始不懈地开发新的环保名片，用“香蕉纸”做成环保名片。并通过对员工的鼓励使那些曾经连别人的眼睛都不敢直视的残障者，现在的眼中总是闪烁着熠熠光彩。

4. 板室温泉大黑屋

一家具有450年历史的小旅馆，创下73%的顾客回头率，是顾客临终前“还想再去住一晚”的旅馆。它成功的秘密是旅馆融入现代艺术元素(把这里变成了一个艺术展览区)，向顾客提供最彻底的优质服务。

5. ARAKI

从陷入绝境，准备变卖店铺濒临破产到扬名世界的小酒屋。它成功的秘密是把如何让顾客品尝到美味的葡萄酒放在第一位，其次才考虑销售情况。

6. 高龄社

一个专为老年人提供工作机会，让他们实现自身价值的公司，实现销售额5年增5倍。它成功的秘密是收益的30%返还给员工，不管发生什么绝不裁员，每天下午4点打开公司的3个冰箱，请大家喝啤酒、品尝小菜。

7. 辻谷工业

一家只生产铅球的家坊式企业，却创造了最新式数控车床都无法模仿的世界第一“魔法铅球”。它成功的秘密是拥有引以为傲的技术。

8. 岸氏工程

一家持之以恒地为残障者和行动不便者开发世界领先的福利器材，全力生产弱者期待产品的小规模企业。它成功的秘密是每一件福利器材都饱含着爱和泪水，“服务为先，利益在后”。

(二) 从微观来讲，就是菲利普·科特勒营销3.0的概念

产品中心营销、消费者定位营销、价值驱动营销，也就是习惯所说的以产品为中心的营销、以顾客为中心的营销和以社会责任为中心的营销，如图10所示。

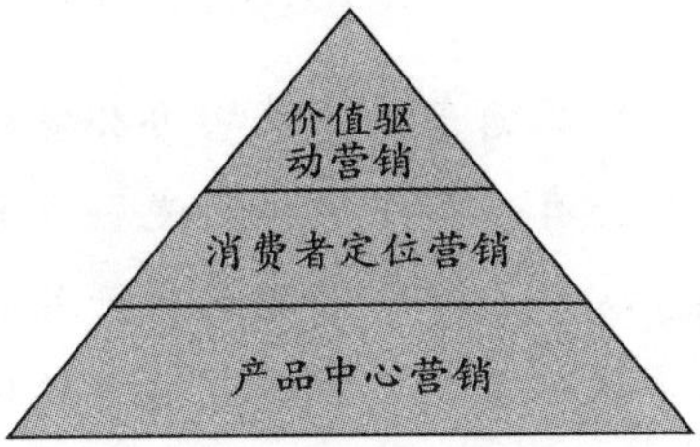

图10　企业微观营销三层次模型

企业的营销层次，并没有因为现代营销之父菲利普·科特勒的《营销革命3.0》的出版而全面改变，企业还是各自按照自己的模式来营销，有的仍然以产品为中心，有的以客户为中心，有的以社会责任为中心。所以，目前企业的营销层次还是在以上不同层面上。

1. 企业生存层次的需要是产品

质量是产品的生命，产品是企业的生命，不管是实体产品还是服务产品，企业不能提供为客户所需要的产品，就失去了存在的意义。企业有了客户需要的产品，还要通过产品的标准化、规模化的低成本策略和区别于竞争对手的差异化策略等不断降低生产成本以形成低廉的产品价格，然后再通过营销策略将其传播给顾客，吸引更多顾客来购买，这是所有企业所必需的。正如彼得·德鲁克所说，对于企业而言，它们面临的主要挑战不在于能否实现盈利最大化，而在于能否创造足够的盈利，以抵御其经济活动的风险，并避免企业因为遭遇灾难性的损失而倒闭。

■ 案例：宝洁的产品创新

宝洁的产品创新不胜枚举，而每一个创新项目的设立，归根到底都是建立在充分了解消费者需求的基础上的。宝洁的经验是，发现消费者巨大的需求，然后投入巨大的资源进行研发创新，从而产生出具有巨大市场影响力的产品。宝洁在做出决策之前，会投入数十亿美元的资金进行消费者调查，是调查得出的巨大的消费者数据帮助宝洁做出决定，因此不是宝洁决定要做什么，而是消费者决定要什么。比如，消费者调查数据显示，消费者希望洗衣粉洗出来的衣服要透亮，调查部门就要把“透亮”这个诉求转换为技术语言，并通过一定技术指标实现，如是否加漂白剂、是否加酶，等等。

宝洁婴儿护理产品部总裁德布·亨莱塔办公室楼下的大厅里，设立了一个尿布测试中心。经常会有一些年轻妈妈光顾这里，宝洁让母亲们试用宝洁开发的婴儿纸尿裤，从中了解年轻妈妈对产品的看法和新需求。宝洁推出的系列“帮宝适”高级纸尿裤，就是在这样的环境下开发出来的。

宝洁在俄罗斯市场了解到，大多数俄罗斯妇女不喜欢用 Alaways 超薄卫生巾。一方面是价格上的考虑，另一方面是因为超薄卫生巾让她们觉得不太安全。于是，宝洁推出了加厚型卫生巾，从而使 Alaways 在俄罗斯的市场份额上升了 8%。

宝洁认为了解消费者必须关注消费者体验的方方面面，因此提出了“360 度创新”的概念，即围绕消费者体验进行全方位创新，包括达到所需要求的产品技术、价格、外观和包装，等等。以前，宝洁往往把研发创新工作的评估重点放在技术性能、专利数量等指标上，现在它更关注消费者的感知价值。比如，“帮宝适”就是先了解消费者的需要、可承受的价位等，然后据此设计产品的功能，去掉可能会增加产品价格的不必要的功能。

从 2000 年到 2006 年，宝洁取得了下列成绩：

（1）研发生产力提高了近 60%。

（2）创新成功率提高两倍多。

（3）创新成本下降了 20%。

（4）超过 35% 的宝洁新产品中都有来源于公司外部的成分。

（5）已经推出了超过 100 种新产品，包括 Olay Regenerist、Swiffer Dusters 和 Crest Spinbrush 等。

（6）2000 年公司股票崩溃 5 年后，股票市价翻了一番，品牌组合价值达到 220 亿美元。

“对宝洁来说，创新就是生命和血液。”创新使一个曾经被认为在传统行业里暮气沉沉的宝洁，如今成长为一个生机勃勃的品牌巨人。

2. 企业生活层次的需要是消费者

在这一层次上，企业获得成功的黄金法则是“客户即上帝”，由于消费者的需求得到满足而使企业在竞争中获得了优势。他们可以在产品的功能特征等各个方面精挑细选，直到自己满意为止。但在该层次上，企业仍坚持把顾客视为被动的营销对象。

■ 案例：泰国曼谷东方饭店的服务

李先生因生意经常去泰国，第一次下榻东方饭店就感觉很不错，第二次再入住时，楼层服务生恭敬地问道："李先生是要用早餐吗?"李先生很奇怪，反问："你怎么知道我姓李?"服务生说："我们饭店规定，晚上要背熟所有客人的姓名。"这令李先生大吃一惊，因为他住过世界各地无数高级酒店，但这种情况还是第一次碰到。

李先生走进餐厅，服务小姐微笑着问："李先生还要老位子吗?"李先生的惊讶再次升级，心想尽管不是第一次在这里吃饭，但最近的一次也有一年多了，难道这里的服务小姐记忆力那么好？看到他惊讶的样子，服务小姐主动解释说："我刚刚查过电脑记录，您去年的6月8日在靠近第二个窗口的位子上用过早餐。"李先生听后兴奋地说："老位子！老位子!"服务小姐接着问："老菜单，一个三明治，一杯咖啡，一个鸡蛋?"李先生已不再惊讶了，忙说："老菜单，就要老菜单!"

上餐时餐厅赠送了李先生一碟小菜，由于这种小菜他是第一次看到，就问："这是什么?"服务生后退两步说："这是我们特有的某某小菜。"服务生为什么要先后退两步呢？原来他是怕自己说话时口水不小心落在客人的食物里。

后来，李先生有两年没有再到泰国去。在他生日的时候突然收到一张东方饭店发来的生日贺卡并附了一封信，信上说东方饭店的全体员工十分想念他，希望能再次见到他。李先生当时激动得热泪盈眶，说再到泰国去，一定要住在东方饭店，并且要说服所有的朋友像他一样选择。

3. 企业生命层次的需要是价值。在这个层次上，企业的营销已不再是把顾客仅仅视为消费者，而是把他们看作有独立思想、心灵和精神的完整的人类个体。顾客需要的也不再是仅满足于自己功能和情感需要的产品和服务，还需要能满足其精神需要的产品和服务。

■ 案例："励志橙"的销售

一个普通的橙子，因为被冠以了"褚橙"的名字，却意外引爆流行，成了“励志橙”。

2012 年 10 月 23 日，本来生活的运营总监、曾在南方报系和网易任职过的胡海卿带了几名记者到哀牢山拜访褚时健，见证了本来生活与褚橙的签约后，胡海卿就等着一场“风暴”的到来，虽然他并不知道威力几何。而随后的励志效应，就在这帮媒体人的精心运作下产生了。

10 月 27 日第一篇报道出炉：《褚橙进京》，写了 85 岁的褚时健汗衫上的泥点、嫁接电商、新农业模式……该文章在某媒体官方微博发布后被转发 7000 多次。转发的人包括王石：“衡量一个人的成功标志，不是看他登到顶峰的高度，而是看他跌到低谷的反弹力。”他用巴顿将军的语录诠释，再次引起近 4000 次转发。王石对褚时健是由衷的敬佩，曾多次公开说，他最崇拜的企业家是褚时健。

事情被放大了。11 月 5 日凌晨本来生活正式发售褚橙（此前 10 天是褚时健定的每年开摘日），订单纷至沓来。前 5 分钟 800 箱被抢购，当天共卖出 1500 箱。本来生活的其他商品，如水果、柴鸡蛋、有机牛奶、新鲜猪肉等的销售也被带动，网站订单量达到以往的三四倍。

到了 11 月 12 日，即电商“双十一大战”的第二天早上，网民还沉浸在淘宝交易额 191 亿元的疯狂中，QQ 弹窗忽然弹出了“励志橙”的消息。本来生活的网站流量瞬时激增，每个客服平均接听 300 多通电话。晚上七八点，他们开会商量准备进第三车褚橙，订单又猛增 200 多单。这一天，褚橙的卖点已变成“励志橙”，本来生活销售的褚橙单日订单量超过 1000。胡海卿说：“当时微博上大家都在回忆褚老的故事，觉得吃橙子很励志。”

“褚橙热”持续发酵。“这哪儿是吃橙，是品人生”，“品褚橙，任平生”……不光在微博上，在公司活动、媒体年会、企业家俱乐部中，都能看到褚橙的身影。很多企业家都发表吃橙感言。“我吃这个橙子时，立刻想到的是我应该给褚时健写封信表示感谢”，柳传志对记者说，他曾跟褚时健同台领过奖。“虽然他有错误，但制度和大环境也是导致错误发生的原因，企业办得好不好，一把手至关重要，不要杀了能下金蛋的母鸡。”

至此，褚橙效应到了胡海卿所说的第三阶段卖点“褚时健倾橙北京”，“倾橙有两层意思，一是橙子销量一直在突破，二是越来越多的社会精英都在为褚老的精神所折服”。（来源：节选自商界招商网《操盘手如何把“褚橙”卖成“励志橙”》）

关于褚橙的成功，有很多人从不同角度进行了总结。但在笔者看来，其成功的关键是褚时健赋予橙子以灵魂，与“人总是要有点精神”的时代要求相契合，给迷茫的社会和人们指明前进的道路。当今社会物欲横流，急功近利，人们信仰缺失，精神迷茫，但不知道怎么办。人生跌宕起伏的昔日烟草大王褚时健以75岁高龄再创业，到85岁时褚橙进京获得了成功，说明了什么？王石说：“衡量一个人成功的标志，不是看他登到顶峰的高度，而是看他跌到低谷的反弹力。”这从另一个角度说明，人的命运关键还是掌握在自己的手中，怨天尤人是解决不了问题的。简单地说，褚橙的成功是满足了人们精神的需要。

二、营销人员的三个层次

前面说过，客户需求是表面现象，其背后是欲望，欲望的背后是需要，需要反映了人性。营销人员能不能了解人性，针对人性开展营销就决定了营销是否能够成功。对人性能把握到什么程度就决定了营销人员水平的高低。本章开头提到的把梳子卖给和尚的案例很好地说明了这个问题。

第一个人，只看到了梳子梳头的功能，因为和尚没有头发，所以他一把也没卖掉。

第二个人，看到了和尚对佛的礼敬之心，卖了10把。

第三个人，看到了和尚提高寺庙知名度和影响力的需要，卖了100把。

第四个人，看到了和尚提高寺庙和自己知名度和影响力的双重需要，卖了1000把。

第五个人，创造了梳子保佑平安、弘扬佛法、扬寺院和和尚之名、获得善款等多重需要，卖出了10000把。

现在营销界还广为流传扁鹊三兄弟的故事。

魏文王曾求教于名医扁鹊：“你们家兄弟三人，都精于医术，谁是医术最好的呢？”扁鹊说：“大哥最好，二哥差些，我是三人中最差的一个。”魏王不解地说：“请你介绍得详细些。”

扁鹊解释说：“大哥治病，是在病情发作之前，那时候病人自己还不觉得有病，但大哥就下药铲除了病根，但这却使他的医术难以被人认可，所以没有名气，只是在我们家中被推崇备至。二哥治病，是在病初起之时，症状尚不十分明显，病人也没有觉得痛苦，他就能药到病除。由此，乡里人都认为二哥只是治小病很灵。我治病，都是在病情十分严重之时，病人痛苦万分，病人家属心急如焚时。此时，他们看到我在经脉上穿刺，用针放血，或在患处敷以毒药以毒攻毒，或动大手术直指病灶，使重病病人病情得到缓解或很快治愈，所以我名闻天下。”魏王闻之大悟。

其实，一个企业营销水平的高低，关键是看营销人员的营销水平高低。而营销人员的营销水平就像扁鹊三兄弟的医术一样，一名合格的营销人员能够满足顾客的显性需要，这是很多营销人员都能做到的。再高一级的是能够挖掘出顾客潜在的需要，像卖鱼钩的乡下青年和把梳子卖给和尚的后 4 位销售者。最高层次的是创造出顾客的需要，如所有发明创造出的新产品都是最高层次的营销。

所以，营销人员对应基本需要模型也有不同的营销层次。在这里，我们把营销人员都视为合格的营销人员，即他们都懂得营销不是营销产品，而是营销人性。从这个前提来分，营销人员的营销层次依次是洞悉人性，投其所好；把握人性，对症下药；影响人性，引领生活。营销人员三层次模型如图 11 所示。

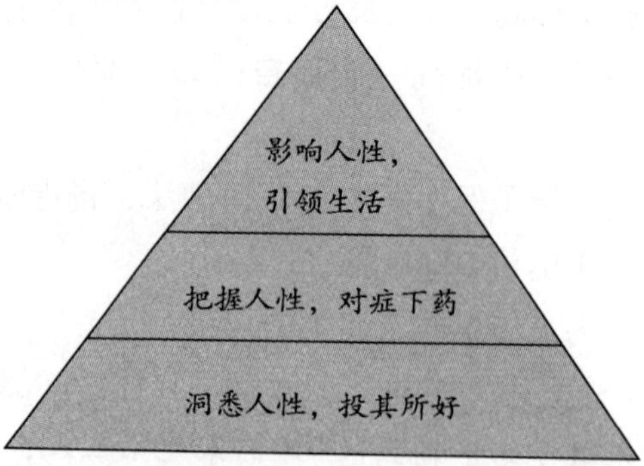

图 11　营销人员三层次模型

1. 营销人员对应生存层次需要的是洞悉人性，投其所好

将客户按照一定规则进行细分，营销人员对各类客户的人性的共性方

面要了解掌握，然后针对这些人性，整合营销人员及企业的所有资源来满足客户的需要。比如，按心理学九型人格划分客户、按地域划分客户、按年龄划分客户等，不同类型客户有不同特点。

■ 案例：风和太阳的故事

这天，风遇到了太阳一起玩儿。这时，看到一人远远走来，它们俩好奇又好玩，打起了赌，要比比谁的威力大，能让这人脱下衣服，好看看衣服下面是什么。风先来，它悄悄摸摸迎上去，拽住这人衣服的一角，可惜这把没拽掉，被这人一下摁住了。为了赢，风加大了威力，这人摁得更紧了，最后风都快把人吹跑了。这时，这人双手搂着膀子，一边跺脚一边叫冷，还一边骂鬼天气，他把衣服牢牢地裹在了自己身上，风不得不放弃了。风停了，轮到了太阳。太阳默默地注视着，注视着。这人渐渐地放弃了紧张，舒展开怀抱，舒服得唱起歌来。这时，太阳渐渐地加大了威力，这人开始解开扣子，终于把衣服脱去，拿在手上，露出了衣服下健硕的身躯。

风的做法就是典型不入流的营销人员的推销形象，总是在推销中把自己置于客户的对立面，在对立的情绪中去推销。营销人员应像太阳那样，让客户舒舒服服达成销售交易。

■ 案例：乔·吉拉德讲的故事

那天跟任何一天没有区别，乔·吉拉德在门口等待着客户上门，这时候来了一位太太，她问乔·吉拉德是否能够进里面坐坐。“当然可以！”乔·吉拉德微笑着请这位太太到里面去休息。“今天是我50岁的生日，我想给自己买辆车。我表姐有一款白色的福特车，我刚刚去对面看过了，销售员叫我先等等他。”“生日快乐，太太！”乔·吉拉德热情地祝福她，然后出去跟助理交代了一下。

乔·吉拉德给她递上了一杯热水，其助理抱来了一束漂亮的鲜花，乔·吉拉德把鲜花送给了她说：“生日快乐！”显然她很感动，她的眼角闪烁着泪花。她笑着说：“谢谢，我已经好久没有收到过花了。刚才那个销售员肯定认为我没钱买车，所以借口其他事情走开了。其实也不一定要买福特的车，只不过因为我的表姐有一款白色的福特。”

最后，这位太太在乔·吉拉德这里买了一辆白色的雪佛兰。

2. 营销人员对应生活层次需要的是把握人性，对症下药

同一类客户的需要存在着共性，但具体到个体身上却不尽相同，没有一样的。正如“世界上没有完全一样的两片树叶”一样，没有两个需要完全一样的客户。这就要求一名优秀的营销人员能够准确把握住接触到的客户的个性，然后像中医开药方那样对症下药。中医对相同病症的人，因生病原因不同、个人体质不同、处于不同发病阶段等因素，辨证施药，加加减减，使得每个人的药方都不一样。营销也是一个道理。比如，两个客户都是国企同级别的老总，但由于年龄、企业威信、班子成员的构成、个人性格等各种因素影响，他们的需要是完全不同的。如果营销人员对此不加以区分，就很难使对二者的营销都获得成功。

■ **案例：美国李维斯牛仔服的定制化**

顾客来到商店里选购款式和布料，然后现场的售货员会为你量尺寸，并立即输入电脑数据库，这个数据库与李维斯的设计部门、工厂和市场营销及客户服务部门紧密连接，你只需坐等片刻，或者是第二天取货即可，无论是大小、尺寸、款式风格都如你所愿。甚至会应你的要求在领口或袖口绣上你的尊姓大名或者其他你喜欢的图案。

其实，李维斯也并非就真的为每一个顾客都单独制作，而是工厂按照各种尺寸、大小款式、风格制作出大批的模块，接到前方传来的顾客数据之后，现场进行拼接就行了。而顾客获得的感受就不一样了，因为“你是专门为我生产的”。

3. 营销人员对应生命层次需要的是影响人性，引领生活

影响人的成长三要素是遗传、教育和环境。就是说，环境是可以改变人的，换句话说就是人是可以影响别人的。美国专栏作家马尔科姆·格拉德威尔在《引爆点》（*Tipping Point*）中提炼了三个条件：“个别人物法则、附着力因素和环境威力法则”，即某些意见领袖或社交天才参与传播有感染力的信息，而这则信息正好符合了当时的社会需要，流行就会形成。所以，最高层次的营销人员要影响人性，引领生活。

■ 案例：如何把一双鞋子卖给非洲土著人

一家生产鞋的企业向一座与世隔绝的小岛上派出三位推销员。几天后甲推销员向企业报告：那里没有市场，因为那里的居民都不穿鞋。又过了几天，乙推销员向企业报告：那里市场很大，因为那里的居民都没穿鞋。一个月后，丙推销员向企业汇报：那里的居民都没穿鞋，因此那里市场很大，但需要一些引导；另外，那里的居民很穷，根本没钱买我们的鞋，不过那里盛产世界上最甜的菠萝，若我们能让那里的居民用菠萝换我们的鞋，然后我们再将菠萝换成钞票，那里对我们而言将是一个美妙的市场。

第三名推销员所做的就是最高层次的营销，他不但看到了潜在的客户需要，还想好了切实可行的营销策略，按照他的策略开展营销必将开发一片蓝海。

从客户、营销人员、企业等不同角度可以划分出不同的营销层次，但它们之间不是一一对应的关系，需要企业根据客户不同层次的需要，通过不同的定位和不同水平的营销人员来实现。如卖梳子，原来只是客户生存层次的需要，但由于营销人员的层次不同而发生了改变，将客户生存层次的需要来说变成了生活和生命层次的需要。再如，企业参与扶贫工作，就客户需要来说是生存层次，作为企业则是价值层次，但由于派出不同层次的营销人员，扶贫的结果则不尽相同。低层次的扶贫人员，发放完救济款走人，贫困人员花完救济款，什么都没改变。中间层次扶贫人员，会针对各个扶贫对象的具体问题，一一解决。高层次的扶贫人员，则会教给扶贫对象脱贫致富的方法，并帮助引进项目、培训人员等，其结果可想而知。所以，在相同时间投入相同资源的情况下，扶贫效果大相径庭，完全取决于扶贫人员的层次。营销也是这个道理，所以才有了乔·吉拉德、原一平等世界级的销售大师，成为销售界不朽的神话。

第4章 营销的四个阶段

彼得·德鲁克认为，营销是先去发现潜在客户的需求，然后着手制造或开发相应的产品，这样一来，该产品在产出时就已然符合了潜在客户的需求。

按照彼得·德鲁克的观点，营销不是从产品生产出来后开始的，而是从了解顾客需求开始的。这样，营销就应该分为四个阶段，即了解顾客需求、创造顾客价值、感知顾客价值和顾客保留等阶段，如图12所示。

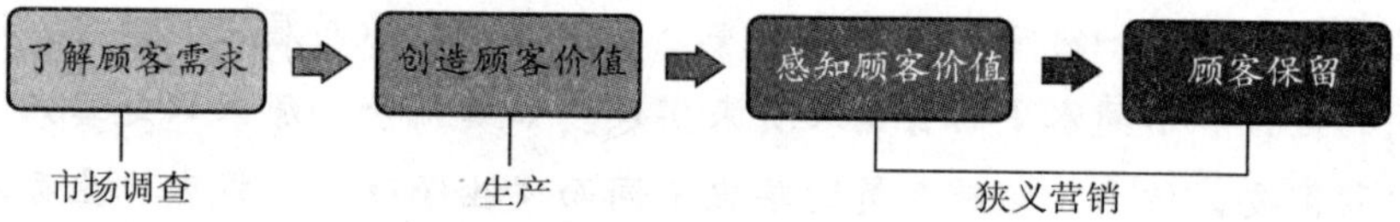

图12 广义营销的四个阶段

第一节 了解顾客需求

由美国营销学家温德尔·史密斯最早提出，经现代营销学之父菲利普·科特勒进一步发展和完善形成的STP理论（即市场细分、目标市场选择和定位，简称市场目标定位理论）告诉我们，市场是一个综合体，是多层次、多元化的消费需求集合体，任何企业都无法满足所有的需求，企业应该根据不同需求、购买力等因素把市场分为由相似需求构成的消费群，即若干子市场。这就是市场细分。企业可以根据自身战略和产品情况从子市场中选取有一定规模和发展前景，并且符合公司的目标和能力的细分市场作为公司的目标市场。随后，企业需要将产品定位在目标消费者所偏好的位置上，并通过一系列营销活动向目标消费者传达这一定位信息，让他们注意到品牌，并感知到这就是他们所需要的。

如果企业做到了这一点，就会实现彼得·德鲁克所说的“该产品在产出时就已然符合了潜在客户的需求”。然而这一切都有一个前提，那就是了解顾客需求。不了解顾客需求，就谈不上市场细分；了解顾客需求也是为了市场细分和满足顾客需求。

■ 案例：“斯航”的商务舱

斯堪的那维亚航空公司（简称“斯航”）是由挪威、瑞典和丹麦三国合资经营的公司。由于价格竞争、折扣优惠及许多小公司的崛起，斯航在其国内和国际航线上都处于亏损状况。1982 年初，“斯航”首先设计了一种新的、单独的商务舱位等级，这种商务舱是根据工商界乘客不喜欢与那些爱玩乐的旅游者同舱的特点设立的。

工商界乘客常常因为一些情况必须改变日程，他们需要灵活性；他们在旅途中关心的是把工作赶出来，这意味着他们需要读、写，为会议或谈判做准备，或睡觉——以便到达目的地后能够精力充沛地投入工作。换句话说，他们不需要分散注意力或娱乐。旅游者却没有这种压力，对他们来说，旅途就是假期的一部分，而机票价格则是一个敏感的决定因素。设置紧凑的座位和长期预备的机票，使航空公司有可能出售打折扣的机票，故而使一些人获得了旅行的机会，这些人则把省下的钱更多地花在异国情调的度假生活中。商务旅行者与此不同，他们最重视的是时间和日程表，在“斯航”以前，没有一家航空公司懂得怎样在同一架飞机上满足这两类顾客不同的需求。

“斯航”的商务舱票价低于传统的头等舱，高于大多数的经济舱，但给予了顾客更多的方便。在每个机场，“斯航”都为商务舱的乘客设置了单独的休息室，并提供免费饮料，有的还可看电影。在旅馆，为他们准备了有会议室、电话和电传设备的专门房间，并提供免费使用的打字机，使他们能够完成自己的工作。他们还可以保留这些房间，而且不受起程时间、时刻表变动及最低住宿时间的限制，所有这些都以经济实惠的价格提供。

机场还为商务舱乘客设置了单独的行李检查处，他们不必去和普通乘客一起拥挤地通过安检。在飞机上，他们享有单独的宽大座椅，放腿的空间更为宽敞；此外，商务舱还布置了一些传统头等舱才有的装饰品，比如玻璃器皿、瓷器、台布等，他们还可享用美味佳肴。“斯航”开辟了一个独特的市场，并正在赋予它更多的价值。

对工商界乘客来说，头等舱太贵，经济舱又太嘈杂，不太舒服。商务舱成为工商界乘客及航空公司双方都满意的选择。“斯航”夺去了竞争者的生意，成为明星。如今，许多竞争者都在仿效“斯航”的做法。(来源：百度文库《成功的市场细分经典案例分析——“斯航”成为明星》)

■ 案例：欧莱雅市场细分策略

巴黎欧莱雅进入中国市场后采取了独特的市场细分策略。首先，公司从产品的使用对象进行市场细分，主要分成普通消费者用化妆品、专业用化妆品，其中专业使用的化妆品主要是指美容院等专业经营场所使用的产品。

其次，公司将化妆品的品种进行细分，如彩妆、护肤、染发护发等，同时对每一品种按照化妆部位、颜色等再进一步细分。如按照人体部位不同将彩妆分为口红、眼膏、睫毛膏等。再如，就口红而言，进一步按照颜色细分为粉红、大红、无色等；此外，还按照口红性质差异将其分为保湿型、明亮型、滋润型等。如此步步细分，光美宝莲口红就达到150种，而且基本每1～2个月就向市场推出新的款式，从而将化妆品的品种细分推向极致。

再次，按照中国地域广阔特征，鉴于南北、东西地区气候、习俗、文化等的不同，人们对化妆品的偏好具有明显的差异。如南方由于气温高，人们一般比较少做白日妆，而更喜欢使用清淡的装饰，因此较倾向于淡妆。而北方气候干燥，加之文化习俗的缘故，一般都比较喜欢浓妆。同样，东西部地区由于经济条件、观念、气候不同的缘故，人们对化妆品也有不同的要求。所以欧莱雅敏锐地捕捉到了这一点，按照地区差异推出不同的主打产品。

最后，欧莱雅还使用了其他细分方法对化妆品进行分类，如按照原材料的不同细分；按照年龄细分；等等。

应用STP理论成功的案例很多，从这些成功案例可以看出，企业要想获得成功，需要对市场进行细分。而所谓的市场细分，其实质是对客户的细分，说到底就是对客户需求的细分。那么，客户都有什么需求呢？

一、需要、欲望和需求

对于需要、欲望和需求，不同的人、不同环境的人、不同阶段的人有不同的理解和解释。但不管如何理解和解释，需要、欲望和需求都是促进社会发展和进步的原动力，如果人没有了需要、欲望和需求，社会就不会发展和进步。但不同的人站在不同的角度，其理解和解释大相径庭，各有道理，往往混在一起使用。那么，粗浅一点、简单一点来看，需要、欲望和需求还是不同的，正因为不同，才导致了一系列社会现象的发生，也才能解释社会的一切现象。

（一）需要

关于人的需要在前面已做过简述，按人的属性归结起来就是自然属性需要、社会属性需要、精神属性需要。人的精神属性需要不能像自然属性需要、社会属性需要那样直接地表现出来，但其却在背后支撑着自然属性需要、社会属性需要，即人的自然属性需要、社会属性需要处处体现着人的精神属性需要。这就表明每个人或每个人在不同时期对待生存、生活的态度不同，其实质是每个人或每个人在不同时期对生命意义理解不同、追求不同。

那么，我们从人所体现出的需要来看，一个人完整的一生基本是一条正弦曲线，如图 13 所示。

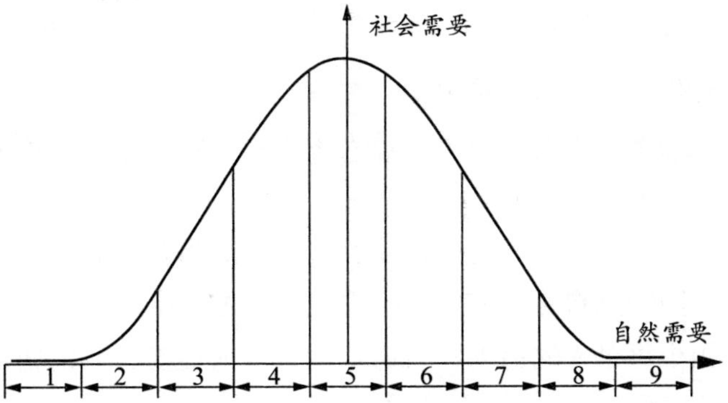

图 13　人生的需要曲线

根据自然属性需要和社会属性需要所占比重不同，可以把人的需要分成N多的不同阶段。例如，我们可以简单地把人的需要分为以下九个阶段。

第一阶段，完全自然属性的需要。在婴幼儿或者上学前的儿童阶段，完全处于生存需要的状态。

第二阶段，自然属性需要为主、社会属性需要为辅。从上学到毕业，无论处于哪个阶段，都是以生存需要为主，兼具社会生活的需要。

第三阶段，自然属性需要、社会属性需要平分秋色。步入社会的初期，既要维持生存，又要参与社会生活。

第四阶段，自然属性需要为辅、社会属性需要为主。步入社会的成长期，要以社会生活需要为主，生存需要为辅。

第五阶段，几乎完全是社会属性需要。到了社会生活的顶峰期，没有了对自然属性需要的担忧，也没有时间顾及太多的自然属性需要，一切都以社会属性需要为主。

第六阶段，自然属性需要为辅、社会属性需要为主。从这个时期开始，相当于从人生的最高峰开始折返，逐渐经历上升期的各个阶段，只是反向而行。

第七阶段，自然属性需要、社会属性需要平分秋色。

第八阶段，自然属性需要为主、社会属性需要为辅。

第九阶段，完全自然属性需要。人到了一定年龄退出社会生活，回到自然人生活状态。

由此，我们可以简单地看出：

第一，人的不同需要阶段也就是人生的不同阶段，人生不同阶段的需要是不同的。

第二，一般来讲，人的需要在社会人属性的需要达到一个峰值后是要折返的，最后回归到自然人需要的阶段，少数人除外。

第三，由于每个人的追求和机遇不同，个人需要达到的阶段不同，即所经历的人生阶段不同。

前面讲过，自然属性需要对应的是马斯洛的生理需要和安全需要，体现的是人的生存需要。社会属性需要对应的是马斯洛的社交和尊重的需要，体现的是人的生活需要。精神属性需要对应的是马斯洛的自我价值实现需要，但不局限于此，还包括人对真、善、美的需要，如马斯洛所说的求知和审美，人的信仰、宗教等，它体现的是人的生命需要。这里的生命不是自然属性的生命，而是指精神属性的生命，即人生的价值、意义等。

人的社会属性需要具有一定的复杂性，其既有自然属性需要的成分，也有精神属性需要的成分。如归属感，人要参加社会组织，使自身有所归属，这是精神属性需要；同时，参加到组织中，成为组织一员，使自身的生存、安全有庇护，这又是自然属性需要。再如尊重，人在社会生活中要想活得有尊严，就要被尊重，这是精神属性需要；而获得尊重要以自然属性需要的物质为基础和前提。如那些成功的企业及企业家，都是在为社会贡献了大量的物质财富以后才获得社会的尊重的。

不管是自然属性需要，是社会属性需要，还是精神属性需要，其产生都具有复杂性，因民族、因个人、因环境而不同，或者是依次产生的，或者是共存的。并不是像马斯洛所说，人在满足了一个低层次需要后，才会产生高一层次的需要。比如，婴儿即使吃饱后离开母亲的怀抱也会哭闹，是因为恐惧。一个虔诚的宗教教徒成了乞丐，在没有获得当天食品的情况下，在祷告的时间，他仍然认认真真地祷告。也就是说，在生存需要没有解决的情况下，仍然有生命层面即心灵有所寄托的需要。有这样一个案例，说一个乞丐将一个施舍者告上了法庭，理由是施舍者对他不够尊重。原来，施舍者在施舍钱时没有弯腰将钱放在乞丐的钱罐里，而是直腰将钱丢在了罐子外边的地上。这说明乞丐在没有满足生存需要的时候，仍然有被尊重的需要。

（二）欲望

从整体来讲，人有生存、生活、生命的需要，而当具体的某一个需要产生时，就产生了欲望。比如，人饥饿时就产生了对食物的欲望，干渴时就对水等解渴的东西产生了欲望。需要比较宏观、比较抽象，比如人的生存需要，有衣、食、住、行等，没有具体指向。而欲望则有具体的指向，饥饿需要食物，如米饭、面食，米饭有大米饭、小米饭、高粱饭、红米饭、二米饭、杂粮饭等，面食也有N多种，因人的不同习惯和爱好，在可选择的情况下，其对食物的欲望也不同。

欲望对于生存、生活、生命各个层次需要来讲都存在，只是由于人处于不同的条件和环境，其对相同需要的欲望不同。如同样对生存需要问题，对没有解决温饱问题的人来讲，不需要太多的条件，只要有能够充饥的食物即可，所谓饥不择食。而对于不愁吃饭问题的人来讲，其对食物的欲望就需要满足其个人的喜好和偏好。再如，对于生活条件优越的人来讲，就需要营养健康。生活和生命层面亦如此。

欲望因程度不同可分为不同的级别，如可简单地分为三级，即必需的欲望、合理的欲望、过度的欲望。

必需的欲望，即人作为个体存在，就必须满足的需要，如吃饱穿暖、活的自由、有所追求等。对于必需的欲望，应该提倡的是最大限度地满足。

合理的欲望，即通过个人的努力，使自己的需要得到更好的满足，如吃得健康一些，穿得漂亮一些，有时间能旅游，听音乐会，为别人做点事情，等等。对于合理的欲望，应该予以鼓励和支持。

过度的欲望，就产生了畸形需要，导致病态发生。例如，天天吃大鱼大肉，最后导致“三高”（即高血压、高血脂、高血糖）；天天讲究奢华，最后就是纸醉金迷，腐败腐朽；过度地追求自我价值实现，会导致钩心斗角，尔虞我诈，虚假浮夸，谄媚做作；过度的信仰会导致宗教战争；等等。所以，需要是欲望的基础，欲望是需要的体现，过度的欲望对哪一个需要层级都是不可取的。

在改革开放后，我们承认了人对需要的欲望的合理性，但缺少了对欲望的引导，使人们对欲望失去了节制，即没有个人修养的节制，社会监督的节制也不够，从而导致了种种骇人听闻的无底线行为。所以说，过度的欲望或无节制的欲望是目前社会各种病态的根本原因，要想根治，就要从个人道德、社会公德和国家法律等多方面采取措施，承认和满足人的必需的欲望；鼓励和支持合理的欲望；控制过度的欲望。

（三）需求

人不管处于什么情况下，一旦产生欲望，就要想办法去满足。满足欲望需要有条件，不是所有欲望都能满足，只有具备条件的欲望才能满足。从营销角度来讲，就是要具有购买力，有购买力的欲望就形成需求，或者说需求是有购买力的欲望。如果你再有欲望，但没有购买能力，只能是一种欲望，形不成需求。如路易·威登（以下称“LV”）的皮包代表时尚、品位，女人都想拥有一个，这就是欲望。有购买能力的女人买得起，就形成了需求，而对于没有购买能力的女人来说，只能是一种欲望，形不成需求。

需求，不管在生存、生活、生命哪个层面的需要中，也不管在必需的、合理的、过度的哪个阶段的欲望中，都存在。

需求是欲望的表现形式，有购买力的欲望形成需求，需求有显性需求和潜在需求之分。显性需求就是有购买力的人们清楚知道自己的欲望，潜在需求是有购买力的人们没有意识到自己有这方面的欲望，或虽然知道有，但市场暂时还没有产品或服务来满足。同时，企业可以通过提供新的实体产品和服务产品来创造人们完全没有想过的需求。显性需求、潜在需求和未知需求形成了需求的不同状态，有需求就形成了市场，有了市场需求，就为企业去创新和营销提供了舞台。

有需求，就有人想办法去满足，正所谓有市场就有人去做，这恰好可以解释许许多多的社会现象。

人们都知道贩毒是一种严重危害社会稳定的犯罪行为，是世界各国都禁止的，我国《刑法》对贩毒的量刑也极为严厉：

> 贩卖毒品，无论数量多少，都应当追究刑事责任，予以刑事处罚。
>
> 贩卖毒品，有下列情形之一的，处十五年有期徒刑、无期徒刑或者死刑，并处没收财产：
>
> 1. 贩卖鸦片一千克以上、海洛因或者甲基苯丙胺五十克以上，或者其他毒品数量大的；
> 2. 贩卖毒品集团的首要分子；
> 3. 武装掩护贩卖毒品的；
> 4. 以暴力抗拒检查、拘留、逮捕，情节严重的；
> 5. 参与有组织的国际贩毒活动的。

尽管如此，贩卖毒品仍是毒品犯罪中数量最多，涉及范围最广的一种犯罪行为。世界毒品非法贸易的利润已超过石油利润，贩毒已成为全球性问题。我国贩卖毒品的案件在全部毒品案件中所占比例极高，呈逐年上升趋势。究其原因，一方面，有一些人由于各种原因存在着过度的欲望，想要吸食毒品，如近来连续报道的演艺界的明星吸毒事件。有了欲望就形成了需求和市场。另一方面，有的人对金钱的欲望过度，也促成了市场需求的形成。面对单一的市场需求，都有人会去想办法满足，更何况是面对毒品和金钱双重的市场需求，加之巨大的利益驱动，这些人去铤而走险，也就不难理解了。

再如，制假贩假。我们以假名牌为例。爱美之心，人皆有之，对美的追求是人的生命层面的需要，对时尚的渴求无可厚非。但有的人有对时尚的渴求，且欲望达到了过度的程度。如果有购买力，形成需求，就会有人去满足。由于“二八法则”的作用，财富集中在高净值人群手中，就形成了对高档奢侈品的需求市场，这也是中国成为高档奢侈品最大市场的主因。而处于“八”那部分人群中的人，对高档奢侈品也存在着过度的渴求，但其没有购买力，形不成常规的需求，但作为一种潜在的需求是存在的，并且巨大。

面对巨大的潜在市场需求，一些对金钱存在过度欲望的人，便聪明地活学活用老祖宗留下的“变通”的智慧，进行仿造，还分成不同级别，而价格一下子降低了很多，让原来有欲望没有购买能力的人们一下子具备了购买能力，从而形成了对假名牌的巨大的需求市场，如洪水猛兽般的巨浪滔天，不可遏制。开玩笑说，卖菜大妈挎的零钱包都是LV的，而原来有购买能力的女人这时只能改弦易辙。我们撇开其他因素不谈，人们对名牌或者时尚没有节制的过度欲望，不能不说是制假贩假、假货泛滥的推手。

单从经济角度看，得承认这些制假贩假的人是挖掘客户潜在需求的高手。如果他们不把智慧用在仿造别人的名牌产品上，而是用于开发新的可以替代或接近名牌产品的产品，来满足这些潜在需求，就可以开辟出一片蓝海。如2011年8月16日首次亮相的号称“全球最快”智能手机的小米手机的成功，就是一个很好的例证。

市场大小取决于需求，需求取决于购买力和欲望，购买力大，市场就大，愿意去满足市场的人就多，赚的利润也多，反之亦然。这也是现在社会上有些该去做的事情没有人愿意去做，而有些本无太大价值的事情人们争着去做的原因。比如，对处于生存必需阶段的人们的欲望，由于其个体购买力较小，虽然潜在需求总量较大，但是人们都不愿意去做相关的事情，因为虽然有意义，但个体没有经济价值或经济价值较小。而对于有购买力的处于生存需要过度欲望阶段的高消费，人们是趋之若鹜，甚至是通过各种名目创造需求，来引导消费，国内名目繁多的高消费场所基本上都是这样产生的，比如KTV、洗浴中心、会所等的产生和演变都能很好地说明这个问题。这是因为处于生存需要的过度欲望阶段的人们，有较强的购买力，形成了较大的市场需求，能给满足需求的人带来较大的财富。

（四）需要、欲望和需求的关系

需要是人与生俱来的，有生存、生活和生命三个层级。欲望是需要的具体表现形式，它在生存、生活和生命的各个层级上都有必需的、合理的和过度的三个阶段。需求是欲望的表现形式，按其状态不同有显性需求、潜在需求和未知需求之分。

把需要、欲望、需求作为坐标，组成需要、欲望、需求关系模型，如图14所示。

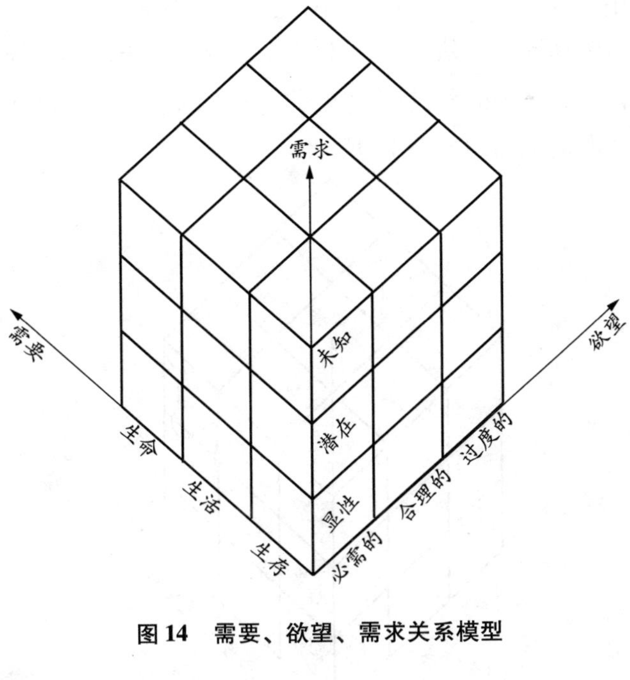

图14　需要、欲望、需求关系模型

图14中的坐标系很好地说明了需要、欲望、需求的关系。

第一，人的需要存在着生存、生活、生命三个层级，人的欲望存在着必需的、合理的和过度的三个阶段，人的需求存在着显性的、潜在的、未知的三个状态。

第二，在生存、生活、生命的每一个需要层级上都存在着必需的、合理的和过度的欲望阶段。

第三，在生存、生活、生命的每一个需要层级的必需的、合理的和过度的欲望阶段都存在着显性的、潜在的、未知的需求状态。

第四，不同需要层级与不同欲望阶段和不同需求状态，构成了不同的需求模块。

每个需要层级在每个欲望阶段的不同需求状态上，由于人自身主客观条件及所处主客观环境的不同，人们的需要、欲望和需求参差不齐，尤其是购买力的不同，导致人们的需求不是一条直线，也不是一个平面，而是一个由低到高的曲线或曲面。这样就形成了以需求为曲面的多个需求模块，每个模块的体积大小就代表需求多少或市场的大小，也就是市场价值大小。市场价值小的产品，属于低端产品；市场价值大的产品，属于高端产品；处于中间位置的产品市场价值中等，属于中端产品。

比如，就整体而言，从生存、生活、生命的三个需要层级出发，在每个层级的必需的、合理的和过度的欲望阶段上的显性的、潜在的、未知的需求状态形成的需求曲面如图 15 所示。

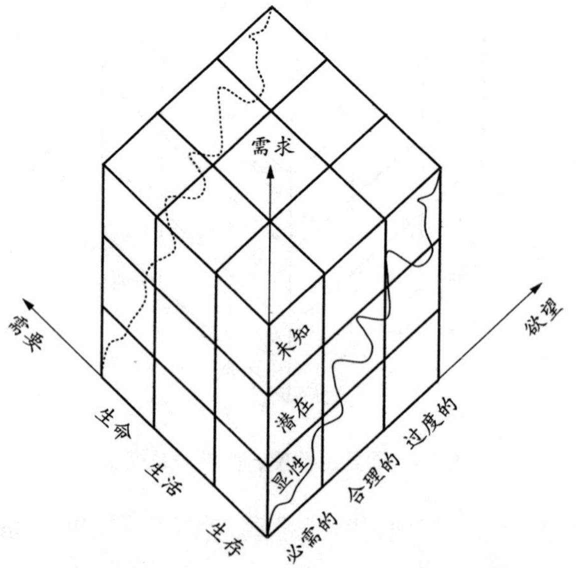

图 15　不同需要层级、欲望阶段、需求状态下的需求曲面图

生存、生活、生命的三个需要层级在必需的欲望阶段形成的需求模块体积小，其市场价值小，而在过度的欲望阶段未知的需求层次上形成的需求模块体积大，其市场价值也大。

再比如，从必需的、合理的和过度的三个欲望阶段出发，就生存、生活、生命的三个需要层级上的需求而言，生存层级的需求模块体积小，其市场价值也小。而在未知的生命层级上的需求模块体积最大，则市场价值最大，如图16所示。

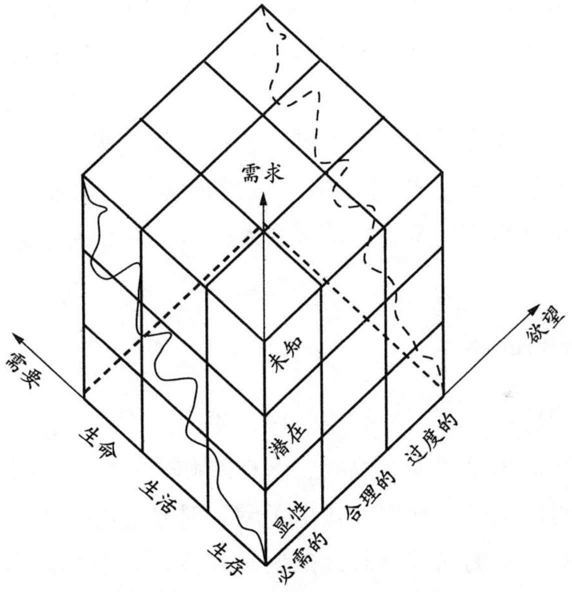

图16　不同需要层级、欲望阶段、需求状态下的需求曲面图

人们可以从生存、生活、生命的任一需要层级出发，在每个层级的必需的、合理的和过度的任一欲望阶段上看显性的、潜在的、未知的任一需求状态的市场需求及价值大小。企业或创业者可以从中选择在任一需要层级的任一欲望阶段的任一需求状态上的产品或服务作为自己的发展方向或定位，并可预测出其成功与失败的价值。如李世民将他的需求定位在高端产品，即通过除掉他的哥哥和弟弟，逼退其父亲，然后实现自己生命的最大价值——成为皇帝，如果失败了就要被杀头。但他成功了，当上了唐朝皇帝，开创了贞观之治，成为一代明君。

近些年，人们物质生活得到极大丰富，但信仰缺失，精神生活极度空虚。有人看到了这一巨大的潜在市场需求，纷纷通过不同方式募集资金，大建寺庙和教堂等，通过宗教来满足这些客户的潜在需求，获得了很大成功。这就是挖掘到了人生命的合理欲望并满足之，才取得了成功。宗教通过信仰和崇拜，实现人的自我约束，对改恶行善、和谐社会有着积极的作用。但也不能过度，一旦过度，就会成为灾难。有文章曾说，由于各种原因导致其他教派、教义、教规扭曲、变形，圣洁的耶路撒冷遍地洒满鲜血，十字军多次东征不依不饶，中东地区战争频发，巴以冲突，北爱尔兰的天主教徒和新教徒间的冲突，印度教徒和佛教徒的冲突等常常以血腥、暴力的方式演变成大大小小的战争，残害了许多无辜百姓和信教者的生命，人心惶惶，世界不安。

用需要、欲望、需求关系模型可以进行市场需求分析、产品定位，有效开展营销和创新工作；也可以通过该模型客观地分析个人欲望的合理性，有效地把握好欲望尺度，规范好个人行为，走好人生之路。

二、顾客的需求

不同的需要层次、不同的欲望阶段、不同的需求状态，组成了不同的需求模块。这些需求呈现为显性的、潜在的和未知的三种状态。对于每一种需求状态，可以通过不同的方式来了解。对显性的需求，可以通过调查研究来发现；对潜在的需求，通过挖掘来寻找；对未知的需求，通过创造来引领。

■ 案例：老太太买李子的故事

有一天，一位老太太离开家门，拎着篮子去楼下的菜市场买水果。

她来到第一个小贩的水果摊前，问道："这李子怎么样？""我的李子又大又甜，特别好吃。"小贩回答。老太太摇了摇头没有买。

她来到第二个小贩的水果摊前，问道："你的李子好吃吗？""我这里是李子专卖，各种各样的李子都有。您要什么样的李子？""我要买酸一点儿的。""我这篮李子酸得咬一口就流口水，您要多少？""来一斤吧。"

老太太买完李子继续在市场中逛，又来到第三个小贩的水果摊前，看到李子又大又圆非常抢眼，便问小贩："你的李子多少钱一斤？""您好，您问哪种李子？”“我要酸一点儿的。”“别人买李子都要又大又甜的，您为什么要酸的李子呢？”“我儿媳妇怀孕了，想吃酸的。”“老太太，您对儿媳妇真体贴，她想吃酸的，说明她一定能给您生个大胖孙子。您要多少？”“我再来一斤吧。”老太太被小贩说得很高兴，便又买了一斤。小贩一边称李子一边继续问：“您知道孕妇最需要什么营养吗？”“不知道。”“孕妇特别需要补充维生素。您知道哪种水果含维生素最多吗？”“不清楚。”“猕猴桃含有多种维生素，特别适合孕妇。您要给您儿媳妇天天吃猕猴桃，她一高兴，说不定能一下给您生出一对双胞胎。”“是吗？好啊，那我就再来一斤猕猴桃。”“您人真好，谁摊上您这样的婆婆，一定有福气。”小贩开始给老太太称猕猴桃，嘴里也不闲着：“其实水果含有大量的人体需要的营养，常人也应该经常吃。我每天都在这儿摆摊，水果都是当天从批发市场找新鲜的批发来的，您媳妇要是吃好了，您再来。”“行。”老太太被小贩说得高兴，提了水果边付账边应承着。后来，老太太一直到这个小贩处买李子和猕猴桃，直到老太太儿媳妇生了小孩。

案例中，老太太买酸李子是显性需求，第一个小贩没有提问，没有发现老太太的显性需求，所以没有卖出李子。第二个和第三个小贩都通过提问发现了老太太的显性需求，卖出了李子。第三个小贩通过挖掘发现了老太太怀孕的儿媳妇可以用猕猴桃补充维生素的潜在需求，又通过对老太太的引导，创造了常人也可以用猕猴桃补充维生素的未知需求。这是不同层次的营销人员可以通过不同方式对顾客的不同需求状态进行营销的例证。

以需要、欲望、需求模型为基础的需求模块，可以将顾客的需求概括为 27 种。处于每一种需求模块中的顾客生活状态不同，需要欲望也不同，创业者可以选择在满足顾客不同需求的行业领域推出满足顾客不同需求的产品或服务；企业可以根据顾客需求情况调整自身发展方向及推出新产品或新服务；营销人员可以针对顾客不同的需求进行营销。

第 1 种，生存层次必需阶段显性需求。即顾客处在生理和安全需要层次上必须要满足的明显的需求，如贫困地区的食物、水、衣服、行李等生活日用品，医生、医药、医疗器械等医疗资源等。不解决这些问题，贫困地区的人们就无法生存，所以必须予以解决。

■ 案例：吉林市凤凰妇产医院无偿救助贫困妇女

2010年3月10日，吉林市凤凰妇产医院启动了“无偿救助贫困、尽显社会大爱”的大型公益活动。通过妇联、社区的宣传，让符合条件的女性通过自愿申请和有关部门推荐等形式，持特困、低保证明，到市凤凰妇产医院填写《特困妇女享受全面治疗登记表》，经医院领导、专家及有关推荐单位核定后，给予全额免费治疗，直至彻底康复。该活动一直持续到年底。

活动首日，吉林市就有30余名患病妇女赶来报名。凤凰妇产医院专家、活动专家组组长毕秀英教授亲自为患者检查、诊断、治疗。其中，金晓艳、丁殿华是首批接受免费救助住院手术的贫困患者。她俩3月9日入院，经过全面的检查及术前准备，3月11日下午，由毕秀英采用最先进的技术，为她们成功地完成了手术。

金晓艳的子宫肌瘤长在十分危险的位置，手术非常棘手，摘除子宫是最省事的办法，但是毕秀英为其实施了最先进的技术，既保住了她的子宫，又切除了肌瘤。金晓艳说：“我做梦也没想到，能在这样高档的医院接受吉林市顶级妇产科专家的治疗，而且还是全额免费，连吃饭的钱都给免了。我真是太幸运了！”她将一面上书“大爱凤凰”的大红锦旗送到了医院。

手术当天，丁殿华将自己受到市凤凰妇产医院救助的消息告诉了亲友，她的亲友们都称赞：市凤凰妇产医院的爱心行动太可贵了。

出院时，毕秀英亲自到病房告知她们出院以后的注意事项，医院董事长苏建华还派车送两位接受救助的贫困患者出院。（来源：一缕风的博客2011－05－09《吉林市凤凰妇产医院真的拿出百万元无偿救助贫困妇女》）

第2种，生存层次必需阶段潜在需求。由于社会进步的阶段不同，个人文化素质差异，民风民俗的不同等因素影响，导致人们对自身生存需求知之甚少。企业可以发挥自身优势，针对这一需求进行营销。如各种生活习惯、疾病预防等。

■ 案例：非洲的埃博拉病毒

埃博拉病毒（EBOV）是一种能引起人类和灵长类动物产生埃博拉出血热的烈性传染病病毒，有很高的死亡率，在50%～90%之间。它已造成

10次颇具规模的爆发。

在非洲，人们常常会因为处理受感染或者死去的热带雨林中的黑猩猩、大猩猩、果蝠、猴子、森林羚羊和豪猪等而使自身感染病毒。当人们通过破损皮肤或黏膜与感染者的血液、体液或其他分泌物（粪便、尿液、唾液和精子）直接接触时就可导致感染。在埃博拉死者下葬时，人们与尸体直接接触，也是埃博拉病毒传播的重要方式。

预防埃博拉病毒感染，重要的是减少接触高危动物（如果蝠、猴子或猿）的概率，包括捡拾森林中的死亡动物或处理其生肉。

第3种，生存层次必需阶段未知需求。即人们对处于生存层次必需的需求不知道。如在健康的饮食等生活知识普及前，人们对一些习以为常，甚至是祖传习惯中对健康不利的情况就不清楚。

■ 案例：民生银行举办民生健康讲座

2014年8月25日，民生银行长春分行举办了“民生健康讲堂之心脑血管讲座”，特邀北京安贞医院医疗专家苏工主任授课，与大家分享夏季养生及“三高”、冠心病的防治知识。

苏主任从学术和专业角度出发，为大家讲解了养生及“三高”、冠心病的防治知识，并将医学原理与实际生活紧密结合，通过生动的语言和典型的生活案例，让大家受益良多。

第4种，生存层次合理阶段显性需求。人们在解决了温饱问题以后，普遍想吃得好一点儿，穿得好一点儿，住房宽敞一点儿，这些就都是生存层次合理的显性需求。

■ 案例：长春改善型住房增加

据2014年1月1日《东亚经贸新闻》（长春）报道，截至2013年12月27日，长春市房屋成交共316套、面积31326.06平方米，其中住宅272套、面积27582.71平方米。其中，长春市均价在6300/平方米左右的房源成交量最高，面积在90平方米以上的房源，较2012年成交量增长26%。

业内人士分析认为，改善型住房的购房者在2013年扮演了长春楼市的重要角色，他们推高了改善型房源的成交量，这种一步到位的合理性规划住房的需求量在2014年加大。

2014年，在长春楼市刚需稳定的情况下，开发商们已将主要精力慢慢集中到改善型住房上。据长春壹号院的销售人员介绍，2014年随着住房需求量的增大，改善型住房的销售比例和需求比例将增大。

第5种，生存层次合理阶段潜在需求。人们在解决了温饱问题后，有了更高的要求，如要求衣、食、住、行更加健康环保、便利快捷等。尽管这些需求可能人们没有提出，但事实是存在的。如果企业能够在人们提出后，先一步采取措施就会收到良好效果。

■ 案例：绿色产品特征

绿色产品与传统同类产品相比，至少具有下列特征：

（1）产品的核心功能既要能满足消费者的传统需要，符合相应的技术和质量标准，更要满足对社会、自然环境和人类身心健康有利的绿色需求，符合有关环保和安全卫生的标准。

（2）产品的实体部分应减少资源的消耗，尽可能利用再生资源。产品中不应添加对环境和人体健康有害的原料、辅料。在产品制造过程中应消除或减少“三废”对环境的污染。

（3）产品的包装应减少对资源的消耗，包装的废弃物和产品报废后的残物应尽可能成为新的资源。

（4）产品生产和销售的着眼点，不在于引导消费者大量消费而大量生产，而是指导消费者正确消费、适量生产，建立全新的生产美学观念。（来源：节选自瞧这网《绿色营销案例分析》）

第6种，生存层次合理阶段未知的需求。如在国家出台养老保险、医疗保险等五险一金政策前，虽然人们对未来的生存安全需要是合理的，但普遍不知道怎么办，都是沿袭自己攒钱和养儿防老等方式。

■ 案例：松茸的营销

当年，松茸经销商讲了一句话，说1945年8月广岛原子弹袭击后，唯一存活的植物只有松茸。在此基础上，描述出了松茸的功效与作用。

（1）抗癌。松茸具有强身、益肠胃、止痛、理气化痰等功效。现代科学研究表明，松茸还具有治疗糖尿病、抗癌等特殊作用，名列担子菌类抗癌之前茅。

（2）增强免疫。可以增强免疫力、降低血糖、强化心脏、调节血压、抗血栓、抗病毒等。孩子们如果吃了新鲜的松茸，还有保护牙齿的作用。

（3）抗肿瘤。现代医学表明，松茸中所含的“多糖”是特殊双链活性物质，它具有超强抗基因突变能力和强抗癌作用，它能自动识别肿瘤细胞所分泌的毒素，靶向性地与肿瘤细胞靠近、结合，通过溶解肿瘤细胞膜和破坏脂质双层进入细胞内，封闭肿瘤细胞的转体蛋白受体，阻断肿瘤细胞的蛋白质合成，使肿瘤细胞不能分裂繁殖以至死亡，破坏肿瘤细胞遗传复制的DNA基因，从而达到抗基因突变、抑制肿瘤和控制肿瘤复发转移的目的。

就这样，松茸进入了人们的视野，使全世界的人知道了松茸的功效和作用。

第7种，生存层次过度阶段显性需求。即超过个人目前支付能力而在生存层次需要上透支明天。中国老太太和美国老太太买房子的故事中的美国老太太，就是这一需求的典型代表。美国因为过度消费明天，引发经济危机，带来了世界性灾难，所以现在有很多欧美学者在反思其消费观念，很多美国老百姓也在慢慢改变消费习惯。现在的中国也存在着大量的房奴、车奴、卡奴等。

■ 案例：卖肾买手机

2012年网上一篇《17岁少年卖肾买苹果手机》的文章引发热议。文章说，2011年4月，为买苹果手机和iPad2，17岁的小王通过网络找到黑中介，卖掉了自己的一个肾，后来由于身体变差被家人发现，才使此事被曝光。经鉴定，小王的伤情构成三级伤残。

2013年2月，在杭州市江干区人民法院开庭审理杭州9人“地下卖肾团伙”案中发现，9名组织卖肾的犯罪嫌疑人中，其中6人也卖掉了自己的肾；有些卖肾的人是因为看到网络上有关于“卖肾买苹果手机”的新闻之后，动了卖肾的念头。

第8种，生存层次过度阶段潜在需求。改革开放后，一部分先富裕起来的人，有着要过与其他人不同的生活的需求，但不知道怎么过。这时，一些“有识之士”将国外的奢侈品牌引进国内，建起高档的楼堂馆所。随之奢侈消费迅速弥漫大中城市，而后中小城市，甚至乡镇也迅速跟进。

■ 案例：中国奢侈品消费迅猛增长

据《中国奢侈品行业市场需求与投资预测分析报告前瞻》数据分析，我国奢侈品消费增长迅猛。2009年，在全球奢侈品市场受到金融危机冲击的情况下，中国奢侈品销售额丝毫不受影响，仍然保持在30亿美元左右，增幅居全球第一。

2010年，全球奢侈品销售额基本恢复到金融危机前的水平，美国、欧洲及亚太地区（不包括日本）的奢侈品销售额增幅分别为12%、6%及22%；其中，中国的奢侈品销售额上涨30%，增幅显著高于全球平均水平。

中国奢侈品市场销售额首次突破100亿美元（不包括私人飞机、游艇与豪华车），占据全球份额的1/4，已经超过美国成为世界第二大奢侈品消费国。专家预计，未来3年中国奢侈品消费总额有望超过日本，成为世界第一大奢侈品消费国。奢侈品消费之所以能在近几年快速增长，我国经济的高速发展带来大量新富阶层无疑是最直接的原因。

第9种，生存层次过度阶段未知需求。在生存层次上的每一种奢侈消费被引进或开发出来之前，对于“高、大、上”的消费者而言也都是未知的。如一些高档的保健品等，其本身对人身体健康或有一定作用，但过度的商业炒作也让人们很难看清其真实面目。

■ 案例：海参的功效

中医学认为，海参味咸性温，入心、肾、脾、肝四经，有补肾益精、养血润燥之功效。现代医学认为，高血压、血管硬化、冠心病等患者常食海参皆有疗效。具体功效有滋阴养血、调整机体免疫力、延缓衰老、提高记忆力、抗疲劳、调节血糖、促进生长发育等。

第10种，生活层次必需阶段显性需求。人们活着就需要快乐，快乐就是人们这一阶段的需求。如各地地方歌曲、戏剧等的产生就是人们追求快乐的结果。

■ 案例：二人转的来历

二人转，史称小秧歌、双玩艺、蹦蹦，又称过口、双条边曲、风柳、春歌、半班戏、东北地方戏等。它根植于民间文化，属走唱类曲艺，流行于辽宁、吉林、黑龙江三省和内蒙古东部三盟一市。东北特色二人转主要来源于东北大秧歌和河北的莲花落。清朝后期和民国初年出现“闯关东”大潮，大批山东、河北人进入东北，“秧歌打底，莲花落镶边”的二人转就是“闯关东”的人从关内带至关外的。

据介绍，“二人转”这个名字最早见于伪满洲国康德二年（1934年）四月二十七日《泰东日报》第七版：“……本城（阿城）三道街某茶馆，迩来未识由某乡邀来演二人转者，一起数人，即乡间蹦蹦，美其名曰‘莲花落’，每日装扮各种角色，表演唱曲……”

1953年4月，在北京举行的第一届全国民间音乐舞蹈大会上，东北代表团的二人转节目正式参加演出，二人转这个名字首次得到全国文艺界的承认，并叫得越来越响。

二人转至今已有近300年的历史，艺人师承关系可上溯到清朝嘉庆末年。

第11种，生活层次必需阶段潜在需求。人们追求生活的丰富多彩，为商家和企业提供了丰富的想象空间。比如：人们要有归属感，所以才会有各种消费者俱乐部；人们要得到认可，企业、团体才可以通过各种评选，来调动人员积极性。

■ 案例：弹性工作制

在欧美，超过40%的大公司采用了弹性工作制，其中包括施乐公司、惠普公司等著名的大公司；在日本，日立制造所、富士重工业、三菱电机等大型企业也都不同程度地进行了类似的改革。而在我国，也涌现出越来越多试行该种制度的工厂和企业。

2013年9月8日，韩国雇佣劳动部发布的“为实现就业率70%目标的核心课题及具体规划”规定，韩中央政府和地方政府将从2014年起实施“5小时弹性工作制”，让员工灵活安排工作时间。

第12种，生活层次必需阶段未知需求。人们需要丰富多彩的生活，但在电影出来之前，人们不知道能从屏幕上看故事；在电视出来之前，人们不知道能在家里看电影；在数字电视出来之前，人们想象不到电视功能如此强大；等等。在人们的生活层次中必需的一些平台出现前，人们并不知道还可以这样生活。

■ 案例：太太乐消费者俱乐部

1996年6月成立的太太乐消费者俱乐部，为每一位申请入会的太太乐产品消费者建立会员资料库，每月一期《太太乐报》及时报道来自太太乐公司的最新消息以及会员心声。从2000年开始，俱乐部组织会员分批参观太太乐公司。同时，俱乐部根据太太乐产品消费者反馈的意见和建议，及时编辑成《消费者来信摘编》，供公司的管理层传阅、参考。

太太乐消费者俱乐部的工作人员不仅每月在太太乐全国各地的分公司间奔波，策划新颖的俱乐部联谊活动，组织当地会员参与，还在互联网上建立起一个关于美食、营养、健康的论坛，向消费者介绍传播中华烹饪技巧和全民合理膳食、均衡营养的理念及方法。（来源：中国文明网2009－01－13《太太乐：消费者俱乐部让13亿人尝到更鲜美的滋味》）

第13种，生活层次合理阶段显性需求。每名员工都希望所在的企业和团队能像家一样，成员间能像兄弟姐妹一样和谐愉快相处，企业能像父母一样关爱他们。所以，才有了《海底捞你学不会》。

■ 案例：比亚迪的家文化

比亚迪在建设每一个工业园的时候，只要条件允许，就会同时建设住宿区、食堂、超市、娱乐设施、运动场所，甚至还有图书室。目前，公司又计划在工业园内设置电脑培训室和洗衣房。

2001 年，公司投资兴建了现代化高档小区——亚迪村。小区里有幼儿园、健身房、超市、露天泳池，环境静谧清幽。目前，公司又在惠州和深圳坪山各批了一块地，正在建设亚迪二村和亚迪三村，将解决大多数管理人员和技术人员的住房问题。

2003 年，公司与深圳最好的中学——深圳中学合作办学，创建了亚迪学校和亚迪幼儿园，可以提供从幼儿园、小学到中学的全套学校式服务。只要员工孩子满 3 岁，比亚迪就开始提供全套的教育服务，只象征性收取费用。

在公司的各工业园之间都有免费的班车。公司还有两个政策：零首付购车政策和私家车补助政策。前者是 2006 年推出的，后者自 2000 年开始一直延续至今。

逐步提高车间技术员工的待遇。不仅仅是增加一点儿工资，同时还要提高岗位的技术含量和发展空间。每年都会从各地不错的高校中招聘应届大学生，继而通过完善的内部培养机制，让他们逐步成为既懂得理论知识又能将理论与实践结合的专业人才。

公司提供给员工的，不仅是一份具有远大前程的工作，同时也是一个温暖的家园。（来源：职业培训教育网 2010－06－09《案例探讨：比亚迪，家文化下的 HR 管理》）

第 14 种，生活层次合理阶段潜在需求。每个人，包括员工和顾客，都有很多的潜在需求，如每个人都渴望被认可、被重视、成为明星等。

■ 案例：海尔以职工名字命名发明成果

海尔集团青岛海尔冰箱股份有限公司冰箱二厂总装车间里，新近竖起一面“云燕镜子”，这是以海尔集团青年女工高云燕的名字命名的，这也是她的一项小发明成果。高云燕干的活儿是站在钻眼机前给每个冰箱门体的两端钻 4 个孔。孔的精密度极高，容不得一丝偏差。但是钻眼机在操作工的对面，中间还有1张1米多长、用于放置门体的工作台相隔，影响了质量、效率。高云燕琢磨在钻眼机前放面镜子，利用折射原理来工作，一试效果绝佳。

一名叫杨晓玲的青年女工，针对冰箱上温控器化霜按钮极易脱落的问题，发明了一个化霜按钮的紧固扳手，使按钮组装一次合格率由原来的70%提高到100%。这种扳手被公司命名为“晓玲扳手”。这4个字就挂在杨晓玲的工作台上。

以高云燕、杨晓玲等人命名的专业工具，已被越来越多的海尔人视为金钱不能替代的荣誉。1994年，海尔集团的青年工人们完成的小革新、小发明就有11项。(来源:《发明与创新（A)》1995-06《以职工名字命名发明成果》)

第15种，生活层次合理阶段未知需求。追求快乐生活，是人们合理的需求。但如何实现，个人有个人的方式，企业可以进行引领。

■ 案例：高尔夫会员制

高尔夫运动起源于欧洲的贵族阶层，已有几百年的发展史。根据功能与所针对的人群不同，高尔夫俱乐部可以大致分为定向受邀的纯会员制俱乐部、会员制俱乐部、度假型俱乐部、公众型球场四大类别。毋庸置疑，其中的纯会员制高尔夫俱乐部无疑被行业人士看作是高球俱乐部金字塔的最顶端，其最大特点是在会员的选择上需要经过严格的审核，不仅要考察会员的社会影响力、行业影响力，还需要有现有会员的推荐，才能进入定向受邀会员的行列。可以说，纯会员制高尔夫俱乐部就是一个综合众多行业精英加盟的团体。

高尔夫的出现取代了以往作为俱乐部载体的各种介质，而纯会员制高尔夫俱乐部会成为商业、外交的最好平台，也是社会高级人力资源集合、开发、利用的最好载体，在高端人士中备受关注。世界高级经济合作完成比率最高的场合是在高尔夫球场，而且多是在高级的纯会员制球场，这也成为一种不成文的经济规律。(来源：亿房网2013-02-06《驿山高尔夫：纯会员制高尔夫俱乐部》)

第16种，生活层次过度阶段显性需求。人们最深层次的需要是被重视。要被重视就要有被重视的资本并被人知道。这个资本在不同时期有不同的具体表现，但归根结底就是名利。所以追求名利是人性使然，这是显而易见的。但如果超过了度，则会走上极端。

■ **案例：衡阳破坏选举案**

据媒体报道，2013 年发生的衡阳破坏选举案，涉案金额达 1.1 亿元，涉及 56 名省人大代表、518 名市人大代表、68 名代表大会工作人员，是 1949 年以来公开披露的涉案金额最大、涉及党政官员和人大代表最多的一起选举舞弊案。最后相关人员都得到了相应处理。

第 17 种，生活层次过度阶段潜在需求。人们内心都有得到其他人及组织认可，获得尊重的潜在需求，这是人性使然。企业及营销人员如何来挖掘这种需求，就要看营销的水平了。这里举一个反例，但也说明了利用过度的潜在需求进行营销的可能。

■ **案例：医药代表对医生的行贿**

2013 年，全球制药巨头葛兰素史克在华涉嫌严重经济犯罪一案受到持续高度关注。在公安机关侦查中，31 岁的涉案人员李某某说：

“我们一般把医生分成三种类型，学术型、关系型和资源型。”李某某说，对于学术型的，就通过多提供讲课、参加高端会议的机会，来帮他增加影响力；对于关系型的，就通过请客送礼搞好关系，他如果认可你这个人，就会多开你的药；对于资源型的，就是看在他身上投入多少钱，投入得多，他开你的药也多。（来源：成都日报 2013－07－26《医药代表贿赂医生 玩尽伎俩》）

第 18 种，生活层次过度阶段未知需求。生活得更好是每个人的梦想，但怎样才能生活得更好，却让很多人迷茫。吸食毒品、成立黑社会组织等，就是这种迷茫的后果。企业不但有责任引导员工有正确的追求，也有义务帮助顾客选择正确的追求。

■ 案例：微公益活动

由新浪微公益、中国公共关系网共同主办的2012“最具公众影响力”企业微博公益事件评选中，有越来越多的企业与时俱进，加入到了“微平台做大公益”的队伍中。

在参与评选活动所展示的60多个企业“微公益”案例中，诸多企业根据当下经济社会发展的实际情况以及企业的品牌特色，纷纷量身定做内容，策划推出企业公益“微活动”，树立该企业专有的公益形象。其中，有重视教育的企业，有侧重创新力培养的企业，也有在灾难中彰显大爱救助的企业，等等。

在这次评选活动中，由戴尔联合中国青少年发展基金会发起的“筑梦成真”的微博活动“十元转发”遥遥领先。

在“十元转发”活动中，戴尔公益通过有视觉冲击力的图片、每转一次企业出资10元捐助等关键点以及真诚朴素的文字内容获得了粉丝的认可。该条公益微博在短短不到5天时间，就达到了122639次的转发量，充分显示了微博活动的正能量传播效应。戴尔也于5月10日履行了微博转发承诺的捐赠，正式向中国青少年发展基金会捐赠10个戴尔学习中心，价值总计1226390元。

宝马也根据自己的品牌特点，推出了主题为“争当交通安全小冠军”的“2012BMW儿童交通安全训练营”活动；富士胶片推出了“2011沙漠绿化行动”，通过吸引大量目标群体参与志愿活动倡导环保。（来源：微媒体2012－10－31《企业“微公益”聚力正能量 小活动提升大品牌》）

第19种，生命层次必需阶段显性需求。人们都想在社会生活中体现自我，实现自我。企业应该创造条件，帮助人们实现这个愿望。

■ 案例：中石油首次用班组长名字命名10个班组

据《工人日报》2010年10月15日报道，中石油有近10万个班组。近年来，中石油将加强班组建设作为强基固本的一项基础性工程，通过近3年来持续不断地开展“学习型、安全型、清洁型、节约型、和谐型”的“五型”班组创建活动，取得显著成效。截至2009年年底，65%的班组达到“五型”标准，在国资委两次评选中，该公司共有208个班组、206名职工获得中央企业学习型红旗班组、知识型先进职工称号。

这次是中石油首次以集团公司名义用班组长名字命名10个班组，旨在把班组长队伍建设作为重中之重，抓紧抓好。

第20种，生命层次必需阶段潜在需求。人的潜意识里都有体现自己价值的需求，善加利用和引导，就能激发出无穷动力。

■ 案例：丽群加油站的“名誉员工”

2010年7月15日，青海销售公司城北经营部特意制作了一块匾额，送给丽群加油站经理尚丽群的母亲薛秀娥。匾额上写着：“诚邀我们慈祥可爱的母亲薛秀娥为丽群加油站名誉员工。”

4月14日，青海玉树发生强烈地震，青海销售公司第一时间启动应急预案，从各分公司抽调人员支援玉树抗震救灾。西宁分公司古道加油站原本人手紧缺，再抽调人员支援“前线”，连轮班做饭的人都没有了。站经理尚丽群想到了67岁退休在家的母亲，便和老人商量帮加油站做几天饭。“给加油站做饭也是支援抗震救灾！”薛秀娥痛快地答应下来。她有一手好厨艺，并精心地为员工准备餐点。员工说，我们真有口福。

转眼一个月过去了，考虑到老人上了年纪，每天为十多口人做饭太劳累，5月22日、23日是双休日，尚丽群安排母亲回家休息。尚丽群让副经理熊青华和核算员熊红对前来应聘的炊事员进行面试，可愣是没有合格的，不是做的饭菜没味道，就是干活不利索。

听说女儿要让自己回家，薛秀娥心里很不是滋味。“和加油站员工在一起，有感情啦。虽然忙乎点儿，但过得充实。”

就这样，应聘者员工没看中，薛秀娥对员工舍不得，换人做饭计划搁浅。

薛秀娥做饭越上心，加油站员工越为难。“这年月在哪儿也不能白干活儿呀！”熊青华和熊红商量，得给老人开点儿工钱。没想到和老人家一谈就“崩”了。“帮站里做饭不是为挣钱，要图钱，就不在这儿干了！”

5月24日，薛秀娥目睹了集团公司命名的“尚丽群加油站”挂牌仪式，领导致辞、员工发言、客户讲话、女儿表态。“闺女干得好，俺过去没有白支持她。现在闺女的照片和名字明晃晃地竖在路边，工作更得向前冲。我支持闺女工作咋能要钱?”薛秀娥的话掏心掏肺。

“不多给，象征性也得拿点。”员工好说歹说，薛秀娥勉强同意接受了600元钱，相当于每月200元。她把这些钱用在员工身上，每次周末回家，都买一大堆水果、食品、饮料和调料等，自己拿不动就让女婿帮忙送到站里。

6月21日，尚丽群不慎摔倒，造成右腿髌骨骨裂。薛秀娥赶回家看她。尚丽群考虑到母亲几个月操劳，便同老人商量，希望她在家休息几天，娘儿俩也可以相互照应。没想到母亲说：“你一个人在家休息吧。加油站十几号人，还等着吃饭呢。我得回去了。”

母亲的一句话把尚丽群说乐了：“过去你说我不顾家。现在，你不也把加油站当成家了?”母亲连连点头。尚丽群见拗不过她，便一瘸一拐地帮助母亲收拾东西，目送她上车回站。（来源：中国石油新闻中心2010-07-23《感动在一线：丽群加油站的“名誉员工”》）

第21种，生命层次必需阶段未知需求。各需求层次是同时并存的，只是在个体身上表现的状况不同。人之所以不同于动物，就在于人有精神需求，或许动物也有，只是没有人们那么强烈或不为人们所知。但由于各种因素影响，有很多人不知道该怎么办，这就为营销提供了空间和话题。

■ 案例：马礼逊传教

英国人马礼逊，在经过伦敦传教会严格的培训和批准后，成为第一个来华的新教传教士。他于1807年抵达广州，1810印行中文版《使徒行传》1000册。

1812年伦敦传教会决定增派米怜牧师到中国协助马礼逊。1814年马礼逊为中国第一位基督教新教教徒施行洗礼，他的名字是蔡高。同年《新约全书》（中文版）出版。1815年《华英字典》第一卷出版。同年《旧约·创世纪》中文版出版。米怜赴马六甲开辟传教基地并设立印刷所。在马六甲出版的第一个中文月刊《察世俗每月统纪传》创刊。

1817年米怜为中国印刷工人梁发在马六甲施洗。1818米怜在马六甲成立恒河以东传教差会。《华英字典》第二卷的第一部分出版。马六甲英华书院创立。1819 年《圣经》全部译成中文。1820 年《华英字典》第二卷第二部分出版。1822 年《华英字典》第三卷出版。1823 年《圣经》中译本出版，书名《神天圣书》，线装，共 21 卷，为第一部中文全译本，史称马礼逊译本。马礼逊独自编纂的《华英字典》全部出版，共 6 巨册，4595 页，为中国历史上出版的第一部中英大字典。

1823 年马礼逊访问马六甲，为梁发的儿子梁进德施洗。按立梁发为中国第一位基督教新教传道人。马礼逊被选为英国亚洲学会会员。1823 年底回英国述职，随船携带历年在华收购的中文图书 10000 册，准备捐赠英国大学图书馆。马礼逊于 1824 年 3 月 23 日抵达伦敦，将一部他译的中文《圣经》和一幅北京地图呈献给英国国王。

第 22 种，生命层次合理阶段显性需求。性本善也好，性本恶也罢，人们都会追求真、善、美，人性都有光辉的一面。企业应该很好地利用这一点，积极做好内外部营销工作。

■ 案例：南航“十分”关爱基金会——一次飞行，十分关爱

南航“十分”关爱基金会，是 2005 年 5 月 13 日经国家民政部批准的由中国南方航空股份有限公司出资 2000 万元人民币创立的非公募性基金会，中国民用航空局作为基金会的业务主管单位。基金会的宗旨是为扶贫济困、救孤助残、赈灾救援、抗击疫情、助学兴教等社会公益活动提供资助或奖励，弘扬社会美德，彰显企业责任，引导社会风尚。南航“十分”关爱基金会的名称具有双重含义：一方面“十分”表示旅客每乘坐一次南航航班，南航就捐出“10 分”钱注入该基金；另一方面也代表南航对履行社会责任、支持公益事业的十分关注与投入。

从 2005 年起，南航“十分”关爱基金会向北京大学、清华大学、复旦大学、新疆阿勒泰第三高级中学等 23 所院校累计捐赠金额 3000 多万元，资助 10000 多名品学兼优、家庭经济困难学子完成学业。

从 2005 年到 2012 年，南航“十分”关爱基金会向国内外遭受自然灾害地区、救助患重疾的母婴、生态环境保护等公益事业捐助 1700 多万元。

第 23 种，生命层次合理阶段潜在需求。社会浮躁的原因是多方面的，

人们不甘平庸，想要活得有价值、有意义。这些潜在需求得不到满足，使人产生狂躁，也是其中重要原因之一。重拾传统的思想政治工作也好，加强文化建设也罢，都需要重新对人们的世界观、人生观、价值观进行梳理、引导，形成积极向上的正能量是当务之急。

■ 案例：华为在合作国积极履行社会责任

华为不仅实力超群，而且履行社会责任亦毫不含糊。特别是在落实消除数字鸿沟、关爱员工、公平经营、绿色环保、社会公益、供应链 CSR 管理、利益相关方沟通、安全运营八大方面的社会责任的理念、承诺及实践的成效上，体现了华为为促进社会、经济与环境的和谐与可持续发展，成为各国良好的企业公民所做的努力与贡献。华为通过履行社会责任，造福当地人民，促进共同发展，赢得了当地民众的尊敬和信任，建立了良好的企业和品牌形象。

2010 年，华为在印度启动了 E—HOPE 农村教育项目，计划在 3 年内向印度 1000 所公立学校提供电脑、互联网连接等设备和 IT 信息技术培训。届时每年将会有 30 万名在校学生从该项目中受益。2011 年，华为与摩洛哥国立邮电大学合作建立了北非地区第一个华为网络技术学院，这是目前摩洛哥推广 IP 技术以及培养 ICT 人才最大的机构。2011 年，肯尼亚遭受 60 年以来的罕见大旱，旱灾波及约 350 万人。为支持肯尼亚红十字会的救灾行动，华为积极参与“肯尼亚人拯救肯尼亚”活动，捐赠了 940 万肯尼亚先令用于人道主义救援……（来源：国际在线 2013 - 02 - 21《中国企业“走出去”案例：积极承担社会责任》）

第 24 种，生命层次合理阶段未知需求。人们心中都有一种情结——都渴望成为英雄，但和平时期能成为那种像战争年代的英雄的机会很少，所以很多人空有一腔凌云志，不知道该做些什么。

■ 案例：阿拉善 SEE 生态协会的成立

2003 年 10 月的国庆长假，在阿拉善召开中国企业家月亮湖分论坛期间，企业家们谈及对当地生态环境的现状和看法时都异常激动，于是有人提议说可以动员100个企业家每年捐赠10万，连续捐赠10年，以此来筹集环保所需资金，用于治理沙尘暴。

其实，SEE的最初发起者之一——北京九汉天成有限公司董事长宋军1996年就曾经到过阿拉善，当时为阿拉善的治沙所感动，一直想尽其所能改变阿拉善。而这正是促成利用原始“冲动”力量改变恶劣自然环境的决心。

最初的发起者北京首创集团总经理刘晓光、北京九汉天成有限公司董事长宋军等在论坛后，分别给自己的企业家朋友打电话，邀请他们参与到活动中来。2004年2月14日，第一批发起人聚会北京翠宫饭店，举行了“阿拉善SEE生态协会”第一次筹备会议。随后，45万元的筹备资金到位。2004年6月5日，由中国100位企业家发起的阿拉善SEE生态协会暨阿拉善SEE基金成立大会在阿拉善沙漠的腾格里沙漠腹地月亮湖召开，SEE应运而生。

SEE是一个非营利性的非政府组织，在环境保护方面有如此大规模企业家参加的组织，目前在国内还是第一个。

阿拉善SEE生态协会全体发起人在《阿拉善宣言》中如此表达他们的心声：“为什么我们这些企业家要从五湖四海来到阿拉善沙漠？为什么我们要成立一个‘阿拉善SEE生态协会’来参与中国治理沙尘暴的事业？因为我们心中有希望和梦想。我们希望中国经济愈来愈发达，人民愈来愈富裕，我们希望人与人之间更加友好和善，我们希望中华大地山清水秀，一片生机勃勃，我们希望世界人民共同生活在一个美丽的地球村，我们梦想一个人人有机会实现自己心愿的大同世界。”

这里要说的是那些受邀参加协会的企业家们，或许原来就有要为社会做点有益事情的想法，但还没有实施，或还没来得及想，然而有了这些发起者，就促成了他们的梦想。

第25种，生命层次过度阶段显性需求。即人们在追求自我价值实现或生命意义的过程中明显走向了极端的需求。如企业效益最大化。金钱本身是生存层次的需求，但把金钱作为衡量成功的标志、财富和身份的象征时，金钱又有了新的含义，就成为生命层次的需求。如果没有一个合理的目标，进行无限度追求，后果就不堪设想了。

■ 案例：安然事件

安然公司从1985年成立，到2000年短短的15年中创造了一个又一个的神话，每一次行动都为媒体津津乐道，每一个战略都成为商学院MBA教学的经典案例。它的发展犹如坐上了火箭，才十几年的时间，就与通用、埃克森、美孚、壳牌等百年老店平起平坐，成为一代商业巨擘。

然而，就是这样一个神话般的公司，在2001年却轰然倒塌。很多人都将其倒闭的原因归结为高层财务舞弊等。其实深层次的原因是其企业文化的问题。一位美国学者指出，安然的文化氛围里有一种赌场气氛。应该说，就是这种急功近利、贪婪冒险的赌场文化使安然在走向成功的同时也预掘了失败之墓。

安然的核心文化就是盈利，甚至可以说是贪财。在安然，经营者追求的目标就是“高获利、高股价、高成长”。《财富》杂志撰文指出，正是由于安然公司的主管们建立了以盈利增长为核心的文化，经理们才有了很大的动力去涉险，安然追求的目标最后也只剩下一个，那就是盈利。

直到今天，一些很有影响的大公司，还在以追求利润最大化为目标，或在其他冠冕堂皇的目标掩盖下，在过程中继续追求着利润最大化，让人不能不感到担忧。

第26种，生命层次过度阶段潜在需求。《左传·襄公二十四年》谓：“豹闻之，‘太上有立德，其次有立功，其次有立言’，虽久不废，此之谓三不朽。”我国这些传统伦理思想在读书人中，也包括不读书的闻达之士中根深蒂固。虽然现在很少讲这些伦理思想，人们更多关注的是急功近利，但它已渗透进人们的血液中，所以才有各行各业的草根明星。

■ 案例：《星光大道》的成功

关于《星光大道》的成功原因，有很多见仁见智的总结，但最根本的应该是“本着‘百姓自娱自乐’的宗旨，突出大众参与性、娱乐性，力求为全国各地、各行各业的普通劳动者提供一个放声歌唱，展现自我的舞台。栏目以唱歌为主，广泛吸纳多种表演形式”这一定位。

《星光大道》是面向平民的舞台，以“不限年龄、不限地域、不限唱法”和“无报名费”等独特之处，打着“无门槛”的旗号吸引着所有怀揣明星梦的普通人。

《星光大道》给了普通人一个展示自己的机会，一个圆明星梦的机会。也正是由于在理念上与其他节目的不同，引发了其在赛制、内容、评委、选手等方面的一系列不同，奠定了其成功的根基。

第27种，生命层次过度阶段未知需求。即人们实现了狂热追求的自我价值，进入巅峰时刻以后，该如何去做。人们有的清楚，有的迷糊，有的彷徨。清楚地用自己的力量为社会做事，继续着生命意义的探索。迷糊得不知所终，甚至有的走向了背离社会之路。彷徨地或继续着原来的追逐，或等待着指引。

■ 案例：比尔·盖茨的裸退

2008年，53岁的比尔·盖茨退休了。在退休之前，他捐出了所有财富。由此，一个谓之“裸捐”的新名词诞生了。盖茨连人带钱，捐给了慈善事业，他们将一起服务于那个以盖茨和他夫人名字命名的基金会。

当年1月，盖茨在达沃斯论坛所发表的演讲中表示，人性中蕴藏着两股巨大的力量：一是自利；一是关爱他人。资本主义利用了人性中自利的力量，取得了经济进步和社会发展，但这只是服务于有钱人。因此，“21世纪的新型资本主义需要对此进行调整，通过市场的力量以及制度创新，来服务穷人”。这正体现了盖茨自己所说的，“他希望自己对世界有‘正面的贡献’”。

比尔·盖茨就是那些清楚自己该做什么的人之一。

第二节　创造顾客价值

小和尚卖石头的故事是大家耳熟能详的，它告诉人们平台不同，定位不同，人生的价值就会截然不同！其道理同样适用于商品。同样的商品放在地摊、不同档次的百货店、专卖店等去卖，其价格就不同；同样的产品贴上不同品牌的商标，其售价也不同。原因就在于这些商品或产品在不同的店销售或贴上不同的商标所产生的顾客价值不同，这也是奢侈品高价格、高利润率的原因所在。

自1954年彼得·德鲁克在《管理的实践》中提出“顾客购买和消费的绝不是产品，而是价值”的论断以后，顾客价值这一概念得到广泛的研究和应用。这些研究和应用有两个基本角度：一个是站在客户角度，看企业为客户带来了多少价值；另一个是站在企业角度，看客户为企业带来了多少价值。企业对客户分类中就有一种是以顾客价值为标准进行分类的。本书讨论的重点是第一个角度，即客户角度。

一、为什么要创造顾客价值

提出这个问题，有很多人都会感到荒谬。他们认为，顾客购买和消费的是价值，企业当然要为顾客创造价值。其实，不然。很多知名企业都有过只考虑企业本身而不考虑顾客的经历，时至今日，自说自话的企业仍比比皆是，自说自话的行为在企业仍大行其道。手机行业中，诺基亚完胜摩托罗拉，苹果完胜诺基亚就是最为典型的代表。当年的摩托罗拉和诺基亚都是在精雕细琢自己产品的时候被对手打败了。它们不是败在自己的产品上，而是败在了为顾客提供的价值比竞争对手差了一块。这也恰好诠释了迈克尔·波特的差异化竞争战略。

■ 案例：苹果的Lisa电脑

Lisa是一款具有划时代意义的电脑，可以说没有Lisa就没有Macintosh（在Macintosh开发的早期，很多系统软件都是在Lisa上设计的）。Lisa拥有16位CPU和滑动鼠标、硬盘，以及支持图形用户界面和多任务的操作系统，并且随机捆绑了7个商用软件。

Lisa在1983年1月以9995美元的身价初次露面，它是一款超越所处时代的产品。但过于昂贵的价格（近10000美元）和缺少软件开发商的支持，使苹果失去了获得企业市场份额的机会。Lisa在1986年停售，余货被埋在犹他州的垃圾堆填区。

■ 案例：宝洁“激爽”沐浴露

2002年6月，当宝洁公司推出“激爽”的时候，以其特别的路演吸引了无数媒体和大众的目光。甚至，引起了营销界关于“事件营销”的讨论。

但到了2005年，宝洁公司却无奈地宣布：“出于长远发展的战略考虑，宝洁公司已经决定从2005年7月起，停止‘激爽’的生产。”

至于失败的原因，宝洁公司“激爽”品牌的中国对外事务部公关经理王虹这样解释：从市场份额上看，“激爽”沐浴露远远不如“舒肤佳”和“玉兰油”，集中精力做大后两个品牌是公司此次进行资源整合的初衷。

想当年，“激爽”曾以一个新品的姿态闯入全国沐浴品牌前10名，并拿下了接近2%的市场份额，甚至公开与沐浴产品老大六神叫板。

但消费者并不买账。数字显示：“激爽”品牌的市场占有率一直徘徊在3%左右，其在超市与对手六神的竞争，也基本以失败告终。相比于3年10个亿的广告投放来说，显然是一个高投入低回报的产品。

专家分析，“激爽”的失败，其中一个原因在于其广告诉求的超前性。类似“新奇和刺激的体验”的沐浴概念并不被普通消费者接受，因为目前中国大多数消费者对沐浴的概念还停留在清洁除菌的层面。（来源：360问答2013－06－30《广州宝洁新产品的失败案例》）

从以上两个案例可以看出，不考虑顾客的需求，不能很好地为顾客创造价值，只从企业的美好愿望出发，即使是世界著名企业，也不能逃脱失败的厄运。

现在一些企业，因为曾尝到市场供不应求时只要做好自己产品就行的甜头，而不能正视市场的变化、顾客需求的变化，还在秉持着开店卖产品给顾客的理念，这样即便是为顾客服务了，给顾客创造了价值，坚持了“以企业为中心”“以产品为中心”的理念，也不能转变为“以顾客为中心”“消费者定位营销”，更谈不上“价值驱动营销”了。它们的一切营销活动都是以卖产品、创效益为出发点的，一旦市场供过于求，就不计后果地大打价格战；市场稍有转机，就迅速提价创效，甚至不择手段地逼迫客户更改销售价格。它们从没有把顾客价值当作营销的出发点。

随着社会的进步，顾客也不断成熟起来。现在的顾客已经不仅仅是消费的人，而且是具有独立思想、心灵和精神的完整的人类个体。他们越来越关注内心感到焦虑的问题，希望能让社会变得更好。他们要寻找的产品或服务不但满足自己在功能上的需要，还要满足情感上的需要和精神方面的需要。所以，企业不能只从自己的产品和效益出发，而应该从为客户创造价值角度出发。顾客认可了你创造的价值，满足了他的需求，那么他就会购买你的产品，就实现了企业的效益。企业效益是创造顾客价值的副产品，而不是企业的目的。

所以迈克尔·波特在《竞争优势》一书中指出，竞争优势归根结底产生于企业能为顾客创造的价值。Woodruff 也指出，企业只有提供比其他竞争者更多的价值给客户，即优异的客户价值，才能保留并造就忠诚的客户，从而在竞争中立于不败之地。

二、顾客价值有哪些

自顾客价值这个概念产生以来，不同学者从不同角度进行了深入研究，给出了不同的定义和分类。例如：

从单个情景的角度出发，Anderson、Jain、Chintagunta 和 Monroe 都认为，顾客价值是基于感知利得与感知利失的权衡或对产品效用的综合评价。

从关系角度出发，Ravald 和 Gronroos 重点强调关系对顾客价值的影响，将顾客价值定义为整个过程的价值 = 单个情景的利得关系的利得/单个情景的利失关系的利失。他们认为，利得和利失之间的权衡不能仅仅局限在单个情景上，而应该扩展到对整个关系持续过程的价值衡量上。

此外，Butz 和 Goodstein 强调顾客价值的产生来源于购买和使用产品后发现产品的额外价值，从而与供应商之间建立起感情纽带。

Woodruff 通过对顾客如何看待价值的实证研究，提出顾客价值是顾客对特定使用情景下有助于（有碍于）实现自己目标和目的的产品属性、产品属性的实效以及使用的结果所感知的偏好与评价。

Zaithaml 在 1988 年首先从顾客角度提出了顾客感知价值理论。她将顾客感知价值定义为，顾客所能感知到的利得与其在获取产品或服务中所付出的成本进行权衡后对产品或服务效用的整体评价。

1996 年，菲利普·科特勒提出了顾客让渡价值理论。顾客让渡价值是指顾客总价值与顾客总成本之间的差额。顾客总价值是指顾客购买某一产品或服务所期望获得的一组利益，包括产品价值、服务价值、人员价值和形象价值等。顾客总成本是指顾客购买某一产品所耗费的时间、精神、体力以及所支付的货币资金等，包括货币成本、时间成本、精神成本以及体力成本等。

而 Sheth 等人把客户价值分为五类：功能性价值、社会性价值、情感性价值、认知价值和条件价值。Burns 结合客户评价过程，把客户价值分为产品价值、使用价值、占有价值和全部价值。Woodruff 和 Flint 则将其分为实受价值和期望价值。

从这些学者的阐述上来理解顾客价值，让人感觉有些绕。其实直白地说，顾客是否购买和消费，取决于顾客对自己可能的获得与付出的权衡结果，即价值。比如，商家的促销和促销的技巧以及顾客的货比三家，都是让顾客或顾客自身在做获得与付出的权衡，商家让顾客感到值得购买或消费，顾客对比后感到哪一家更值得购买或消费。

这个权衡结果即获得与付出的权衡，是很难量化表示的。如果为了形象地说明问题，一定要量化的话，可以用比值来表示，也可以用比较结果来表示，但无论采用哪种方式都有三种情况。

用比值来看，有以下三种情况：

1. 价值大于1，即获得大于付出，顾客就购买和消费，且比值越大，说明顾客获得的价值越大，越容易购买和消费。

2. 价值等于1，即获得等于付出，顾客就可能购买和消费，也可能不购买和消费。

3. 价值小于1，即获得小于付出，正常情况下，顾客不会购买和消费，且比值越小，说明顾客获得的价值越小，越不容易购买和消费。

用比较结果来看，有以下三种情况：

1. 价值大于0，即获得大于付出，顾客购买和消费，且数值越大，说明顾客获得的价值越大，越容易购买和消费。

2. 价值等于0，即获得等于付出，顾客就可能购买和消费，也可能不购买和消费。

3. 价值小于0，即获得小于付出，正常情况下，顾客不会购买和消费，且数值越小，说明顾客获得的价值越小，越不容易购买和消费。

以上两种权衡方式的三种情况分别对应了三种市场供需状态。第一种情况是市场资源供过于求，属于买方市场，顾客获得的价值大。有一种典型的情况，即看别人做什么挣钱了，其他人就蜂拥而上，结果大家都赔钱或少挣钱，这时顾客获得的价值最大。第二种情况是市场供需基本平衡。第三种情况是市场资源供不应求，属于卖方市场，顾客获得的价值小。饥饿营销就是商家制造的卖方市场。当然，顾客急需的情况是一种卖方市场的特例。

在这里，顾客的获得是指产品的功能或效用，也就是前面所说的利得或顾客总价值，而付出则是指利失或顾客总成本。而 Sheth、Burns、Woodruff 和 Flint 等人所做的客户价值分类则是指客户各项获得与付出比较的结果。例如，功能性价值就是功能性的获得与付出的比较结果，社会性价值就是社会性的获得与付出的比较结果，等等。

以上所说商家提供的顾客价值，是就商家自身而言的。在非垄断性商品或市场的情况下，商家不但要努力为顾客创造价值，还要时刻关注竞争对手情况，始终为顾客提供超过竞争对手的顾客价值，这样才能实现差异化营销，也才能立于不败之地。

顾客价值具有两面性，从企业或商家角度看是创造顾客价值，是指企业认为自己的产品或服务可以为顾客提供的价值，属于企业内部认知导向，是产品和服务的客观价值；从顾客角度看是感知顾客价值，是顾客对企业提供的产品或服务所具有价值的主观认知的价值判断，属于外部顾客认知导向。其因人而异，因时而异，因地而异，都具有相当的不确定性，对此将在下一节进行讨论。但创造顾客价值是基础，感知顾客价值是对企业创造顾客价值及营销的反映，所以企业的根本还是要先为顾客创造价值。

比如，对诺基亚的失败，有很多人从不同角度进行了分析，但共性的或关键的一条就是忽视了为顾客创造价值。当触屏智能手机时代来临时，诺基亚仍以全球手机老大自居，俯视着众手机厂商，依然固守塞班系统，固守手机物理按键。结果就是诺基亚以 71.7 亿美元的售价将 2000 年市值还是 3030 亿欧元的手机业务卖给微软，并将手机老大的位置拱手相让。

对于那些没有认识到“顾客购买和消费的绝不是产品，而是价值”的企业，关注的仍是自己产品的性能和价格，至多关注的就是产品、价格、渠道和促销。它们没有认识到为顾客提供产品功能或效用、服务功能或效用、人员功能或效用和形象功能或效用，并且要持续降低顾客购买或消费的包括货币成本、时间成本、精神成本、体力成本、机会成本、风险成本等在内的顾客总成本。

这正如迈克尔·西尔弗斯坦和约翰·巴特曼在《顾客要买什么》一书中告诉我们的那样，全球的中产阶级正在如何改造着消费品市场：对低价产品和服务进行趋低消费，对高端产品和服务要趋优消费，而对日趋乏味、价值降低的中档商品则避而远之。这些消费者大多是女性，受教育程度高，可支配收入多，买东西的时候也更会精打细算。她们选购、使用商品和服务的时候都是有目的的，有一种大权在握的感觉。消费对她们来说并不是非做不可的麻烦事，也不是什么无法避免的琐事，而是如何明智地花钱的严肃任务，是对自己所关心的人的重要义务，而且还是一种寻宝活动，搜索各种商品和服务，或低价或高价，技术或复杂或新奇，或简单朴素或功能多多，但不管怎样，它们都具有重大的功能意义和情感意义。

■ 案例：1 号店

2014 年 9 月，Kantar Retail 发布了《2014 中国电商力量排行榜》，1 号店位于京东、天猫之后，位居第三。评价说，相比之下 1 号店在组织构架和能力建设方面更具有得天独厚的优势，是食品和日用品品类首屈一指的电商，深受相关品类的制造商重视。

分析 1 号店的成功，是开创了中国电子商务行业“网上超市”的先河。它独立研发出多套具有国际领先水平的电子商务管理系统并拥有多项专利和软件著作权，并在系统平台、采购、仓储、配送和客户关系管理等方面大力投入，打造自身的核心竞争力。以确保高质量的商品能以低成本、快速度、高效率的流通，让顾客充分享受全新的生活方式和实惠方便的购物体验等无疑都是 1 号店重要的成功要素，但其最为根本的是创造顾客价值。

1 号店联合创始人，原董事长于刚和原首席执行官刘峻岭持有相同的价值观——为顾客带来价值。

公司口号：只为更好地生活。

1 号店的使命：

用先进的系统平台和创新的商务模式为顾客和商家创造最大价值。

1 号店的理念：

诚信：人品为重，诚信为基，光明磊落，一诺千金掷地有声！

顾客：顾客如母，用心服务，换位思考，客户体验万事之先！

执行：数据说话，结果导向，注重细节，有效沟通追求效率！

创新：打破约束，发挥潜能，敢于尝试，不断追求创造价值！

每一位新加入1号店的员工，都将参加一系列的企业文化培训，使得1号店的理念能够成为每一位1号店人的行动准则。

1号店为顾客提供多种特色服务。在产品方面：1号店在线销售超过200万种商品，涵盖食品饮料、美容护理、厨卫清洁、母婴玩具、数码电器、家居运动、营养保健、钟表珠宝、服装鞋帽、机票服务、品牌旗舰店等，还在业内率先拓展了众多虚拟产品服务项目，如手机充值、生活费用付款、火车票查询、机票订购等在线服务。

支付方式有以下几种：

1. 返利支付。

顾客可以使用在1号店返利支付的购物、配送等费用。

2. 货到付款

目前，1号店在上海、北京、杭州（滨江区、江干区、上城区、下城区、西湖区、下沙区）、广州、深圳接受货到付现金业务。

货到刷卡只支持上海（崇明岛、长兴岛、横沙岛除外）地区。

商品总额大于3000元的订单需先行收款后才能发货，不支持货到付款方式支付。

3. 网上银行支付

支持财付通、支付宝、招商银行、快钱支付和万隆卡支付。

支持借记卡银行：中国工商银行、招商银行、中国农业银行、中国建设银行、交通银行、中国民生银行、中信银行、兴业银行、中国银行、中国光大银行 、平安银行。

支持信用卡银行：中国工商银行、招商银行、交通银行、中国民生银行、中国银行、平安银行。

4. 银行转账

5. 邮局付款

1号店手机版：掌上1号店 ，构筑PC和手机的无缝衔接购物平台！一扫既得：条码扫描商品，比价购买；一页购买：添加购物便签，快速购买通道；一键分享：商品信息一键分享给好友、转载至微博；一站式购物：商品搜索、购买、下单、送货上门一站完成。

2011 年 5 月，沃尔玛购买了 1 号店部分股权，2012 年 2 月进行增资扩股，2012 年 8 月获得商务部批准。商务部公告显示，此次交易，沃尔玛公司的全资子公司 GEC2PTE. LTD 将收购 1 号店母公司纽海控股 33.6% 的股权，其持股比例将从收购前的 17.7% 增加到 51.3%，从而成为纽海控股的控股方，并实际控股作为纽海控股全资子公司的 1 号店……

沃尔玛百货有限公司副董事长、沃尔玛全球电子商务业务及全球采购首席执行官 Eduardo Castro-Wright 表示："我们对这一投资非常感兴奋。中国网购规模近年来迅速增长，未来几年，将接近美国网购市场销售水平。通过投资 1 号店，我们将继续涉足这一重要的电子商务市场，并为成为全球领先的多渠道零售商而努力。"

三、企业如何创造顾客价值

迈克尔·波特著名的竞争三大战略中，总成本领先战略就是要通过降低企业的运营成本来降低顾客的付出即顾客总成本，从而提高顾客价值；差异化战略就是要为顾客提供与竞争对手有差别的独特顾客价值，做到人无我有、人有我精、人精我专；专一化战略就是要持续为顾客提供更高、更强、更专业的顾客价值。应该说，迈克尔·波特的三大竞争战略为企业创造顾客价值指明了方向。

具体来说，企业可从三个方面创造顾客价值：一是通过改进产品、服务、人员与形象等，提高产品的功能或效用，让顾客获得的更多。二是通过降低生产与销售成本，减少顾客购买产品的时间、精神、体力、风险、机会的付出，从而降低顾客的货币与非货币构成的总成本。三是前两项同时进行，既增加顾客所得，又降低顾客的付出，这是最为理想的方式。

大家耳熟能详的王永庆卖米故事就很好地诠释了为创造顾客价值的道理。

15 岁小学毕业后，王永庆到一家小米店做学徒。第二年，他用父亲借来的 200 元钱做本金自己开了一家小米店。为了和隔壁那家日本米店竞争，王永庆颇费了一番心思。

当时大米加工技术比较落后，出售的大米里混杂着米糠、沙粒、小石头等，买卖双方都已见怪不怪。王永庆则多了一个心眼，每次卖米前都把米中的杂物拣干净，这一额外的服务深受顾客欢迎。

王永庆卖米多是送米上门，他在一个本子上详细记录了顾客家有多少人、一个月吃多少米、何时发薪等。算算顾客的米该吃完了，就送米上门；等到顾客发薪的日子，再上门收取米款。

他给顾客送米时，并非送到就算。他先帮人家将米倒进米缸里。如果米缸里还有米，他就把旧米倒出来，刷干净米缸，然后把新米倒进去，之后把旧米放在上层。这样，米就不至于因陈放过久而变质。这个小小的举动令不少顾客深受感动，铁了心专买他的米。

就这样，他的生意越来越好。从这家小米店起步，王永庆最终成为今日台湾工业界的“龙头老大”。

后来，他谈到开米店的经历时，不无感慨地说：“虽然当时谈不上什么管理，但是为了服务顾客做好生意，就有必要掌握顾客需要，没想到，由此追求实际需要的一点小小构想，竟能作为起步的基础，逐渐演变成为事业管理的逻辑。”

（一）要进行准确定位

顾客有27种需求，企业不可能一一去满足。那么，企业满足顾客哪一项或几项需求，就需要企业进行抉择。抉择正确，企业就可能蓬勃发展；抉择错误，企业就可能倒闭。正所谓“一着不慎，满盘皆输；一着占先，全盘皆活”。

■ 案例：尿布大王的尿布

日本尼西奇公司在二战后初期，仅有30余名职工，生产雨衣、游泳帽、卫生带、尿布等橡胶制品，订货不足，经营不稳，企业有朝不保夕之感。公司董事长多川博从人口普查中得知，日本每年大约出生250万婴儿，如果每个婴儿用两条尿布，一年就需要500万条，这是一个相当可观的尿布市场。多川博决心放弃尿布以外的产品，把尼西奇公司变成尿布专业公司，集中力量，创立名牌，成了“尿布大王”。该公司资本仅1亿日元，年销售额却高达70亿日元。

■ 案例：“沙格型”汽车

1985年，由马来西亚国营重工业公司和日本三菱汽车公司合资2.8亿美元生产的新款汽车“沙格型”隆重推出市场。马来西亚政府视之为马来西亚工业的“光荣产品”，产品在推出后，销售量很快跌至谷底。经济学家们经过研究认为，“沙格型”汽车的一切配件都从日本运来，由于日元升值，使它的生产成本急涨，再加上马来西亚本身的经济不景气，所以汽车的销售量很小。此外，最重要的因素是政府在决定引进这种车型时，主要考虑到满足国内的需要，因此技术上未达到先进国家的标准，无法出口。由于在目标市场决策中出现失误，“沙格型”汽车为马来西亚工业带来的好梦，只是昙花一现而已。

（以上两个案例来源：清华大学北京院领导力培训项目网2010－05－14《5个企业经营决策案例给我们的启示》）

那么，企业应该如何来抉择？一个企业有一个企业的决策办法，新企业、新产品、已有企业、已有产品等决策都不同，但基本的是要回答彼得·德鲁克提出的5个问题：

（1）我们的使命是什么？

（2）我们的客户是谁？

（3）我们的客户注重什么样的价值？

（4）我们当前做得怎么样？

（5）我们的计划是什么？

回答清楚这5个问题，企业或产品的定位就明晰了，满足顾客的哪种需求也就清楚了，就可以根据顾客需求处于的层次、阶段、状态来选择自己满足顾客的方式——是实体产品还是服务。但不管是实体产品还是服务，都需要创造顾客价值。不能带来顾客价值的产品，就不会有生命力。苹果的Lisa电脑、宝洁的“激爽”沐浴露、尿布大王的尿布、“沙格型”汽车等都很好地说明了这个问题。

（二）要持续创新

彼得·德鲁克说，企业的基本职能有两个，而且只有两个，即营销与创新。不管什么企业，出路只有两个：创新——发展；不创新——倒闭。创新是多方面的，包括产品与服务相关的方方面面，如原材料、工艺、产品、包装、销售模式、营销策略、售后服务，等等。

■ 案例：康柏计算机公司的三次价值创新

第一次技术创新：康柏在 1992 年生产出一种非常简单的服务器 ProSignia，最适合于运行 NetWare 文件处理和打印。价格只有 SystemPro 的1/3。康柏主要通过减少一般应用的兼容性而大大降低了生产成本，实现了这一价值的创新。

第二次技术创新：当竞争对手试图模仿 ProSignia，行业价值曲线开始趋同时，康柏进行了又一次基于服务平台的价值创新。经过研究发现，服务器不是一个孤立的产品，而是顾客需求链中的一部分。顾客 90% 的费用被用在其他方面，只有 10% 用于服务器。于是，康柏调整了自己的资源，开发出 Proliant1000，更加适合用户的操作系统和应用程序，这样便节省了用户对硬件的设置时间，使安装过程准确无误，服务器能可靠运行。

第三次技术创新：为了缩短从订货到送货之间的时间，康柏发动了发送平台的价值创新。他们精心筛选新的发送途径，使自己的产品能根据客户的特殊需要进行生产，并在订货 48 小时送到货。这次价值创新，使康柏大大降低了存货成本，提升了在客户中的信誉度。

■ 案例：招商银行“一卡通”

1995 年 7 月，招商银行（以下简称“招行”）推出银行卡——一卡通，为客户提供集定活期、多储种、多币种、多功能于一体，安全、快捷、方便、灵活的服务。

通过不断完善，现今的“一卡通”具备如下功能：

1. 一卡多户

具有人民币、美元、港币、日元、欧元等币种的活期、定期等各类储蓄账户。

2. 通存通兑

在招行同城任一网点办理各储种存取款业务；在全国各网点办理人民币、港币、美元活期账户异地存取款业务。

3. 自动转存

凡存有整存整取存款且到期后，银行自动按原存期连本带息代为办理存款转存。

4. 自助转账

在招行柜面申请自助转账服务功能后，可以直接使用相关自助渠道，办理以下业务：

（1）通过网上银行、ATM 自助设备、自助查询终端渠道办理同一客户项下同城“一卡通”、存折间的资金划转。

（2）通过网上银行、自助查询终端渠道办理向任意预先指定账户的资金划转。

（3）通过网上银行、ATM 自助设备、自助查询终端渠道办理向任意第三方账户的资金划转。

特别说明：办理同一“一卡通”内的人民币或同外币同一钞汇类型账户间的定活互转，无须到柜台办理申请手续，由电脑系统自动开通。

5. 商户消费

在招行和中国银联的特约商户直接进行消费结算。

6. 自动柜员机提款

在招行开户地自动柜员机上办理人民币活期取款、修改密码、第三方转账及查询活期账户余额等业务；在招行非开户地自动柜员机上可办理人民币活期取款；还可在加入中国银联的他行自动柜员机上办理人民币活期取款、活期账户余额查询等业务。

7. 自助存款机

在招行开户地自助存款机上可办理人民币活期、整存整取、零存整取等存款业务；非开户地存款业务即将开通。

8. 查询服务

招行柜台、自助银行、电话银行、网上银行等各种渠道，为客户提供存款利率、汇率、业务简介及各类账务查询。

9. 电话银行

招行电话银行提供自动语音服务和人工服务。

（1）直接拨打95555，并根据自动语音提示可以办理账务查询、转账、挂失等业务。

（2）95555电话银行人工服务可提供24小时业务咨询服务和受理客户的投诉。

10. 手机银行

作为国内首家推出手机银行的金融企业，招商银行不断创新，推出了一系列手机银行产品，包括iPhone版、JAVA版、Mobile版、网页版、WAP版等，满足客户的多种需求，倾力打造新一代移动金融生活平台，让您的移动金融生活尽炫尽美。

11. 网上个人银行专业版

在招行柜台申请“网上个人银行专业版”功能后，通过网上银行同步管理“一卡通”、存折、信用卡，并进行转账汇款、自助缴费、投资管理、贷款管理、理财计划、财务分析、功能申请等业务。

12. 网上个人银行大众版

凭招行“一卡通”即可直接通过网上个人银行（大众版）办理如下个人银行业务：账户查询、自助转账、自助缴费、网上支付、投资管理、贷款管理等业务。

13. 网上支付

在招行柜台或网上银行申请“网上支付”功能后，通过招行网上商城中的特约商户在线选购全国各地商品或享受其他服务，同步完成消费款项的支付。

14. 银证转账

在招行柜台或招行特约券商处申请“银证转账”服务功能后，通过招行电话银行、网上银行等自助设备，可实现活期账户与指定券商处开立的证券保证金账户之间的资金相互划转，该功能主要适用于外币资金在活期账户与证券保证金之间的划转。

15. 第三方存管

在券商柜台办理预指定且到招行柜台办理第三方存管功能确认后（部分券商可以在券商柜台办理第三方存管一站式开户），通过招行电话银行、网上银行等自助设备，可实现活期账户与指定券商处开立的证券保证金账户之间的资金相互划转，该功能主要适用于人民币资金在活期账户与证券保证金之间的划转。

16. 银基通

可通过柜台、网上银行、电话银行办理各项开放式基金认购、申购、赎回等交易及查询业务，其他各项开放式基金转托管转出等业务在柜台办理。

17. 受托理财

可通过招行柜台、网上银行、电话银行等渠道查询理财产品资料、账户持仓情况、当前交易委托及账户历史交易等信息，并可办理招行理财产品的认购、申购、赎回、撤单等交易。

18. 代理保险业务

凭“一卡通”及投保单、身份证件等投保材料，可在招商银行各网点购买各类保险产品，并享受电话销售、网上销售保险理财服务。

19. 黄金业务

在招行相应渠道开通了“招财金”代理个人黄金交易业务后，可通过不同渠道进行交易所挂牌交易的各类贵金属交易品种的买入、卖出等交易委托、查询等业务，并可通过招行柜面渠道办理招商银行个人金银投资品代购业务。

20. 外汇买卖

在招行柜台或网银专业版申请个人外汇买卖业务后可以在招行电话银行、自助查询终端、网上银行专业版、财富账户专业版等多渠道办理外汇买卖委托、查询等业务。客户可轻松参与并投资于国际外汇市场获取一定的投资回报。

21. 自助贷款

在与招行签署协议后，以存入招行“一卡通”内的自有本外币定期储蓄存款作质押，通过电话银行、网上银行和自助终端等自助设备向招行申请获得贷款并可通过以上渠道自助还款。

22. 自助缴费

在招行柜台或电话银行、网上银行、手机银行等渠道申请“自助缴费”服务功能后，通过招行电话银行、网上银行向招行的特约收费单位自助缴纳各类费用。

23. 代理业务

根据单位或个人书面委托，银行可为单位或个人办理工资发放或代缴各种费用。

（三）要全面为顾客创造价值

企业要树立全面为顾客创造价值的理念。企业的一切活动都要围绕着提高顾客总价值和降低顾客总成本进行。全面包括全方位和全过程。

全面，即在企业内部，树立全面为顾客创造价值的理念，不只是营销部门，而是整个企业及所有层级和部门。包括如材料供应、成品开发、生产运行、成品储运、市场营销和售后服务等从事基本生产经营活动的部门和包括组织建设、人事管理、技术开发和采购管理等辅助生产经营活动的部门，都要树立起为顾客创造价值的理念。

比如，企业的党群部门，对内要大力进行宣传教育，让员工都树立起为顾客创造价值的理念，形成为顾客创造价值的文化氛围；要发挥好善于宣传的作用，配合策划好产品宣传推介方案。对外要建立好企业的网站或网页，使顾客能够方便地查找到其需要的产品或服务。

全过程，即企业的整个价值链，包括供应商、服务商、销售商等相关方全部在内。如沃尔玛通过全球集中直接向制造商采购降低了进货成本，灵活高效的物流配送系统降低了仓储物流成本等，支持了为顾客创造“天天低价”的价值。

把是否为顾客创造了价值，作为检验和衡量企业内一切环节及业务工作好坏的唯一标准。正如迈克尔·波特所说：“消费者心目中的价值由一连串企业内部物质与技术上的具体活动与利润所构成，当你和其他企业竞争时，其实是内部多项活动在进行竞争，而不是某一项活动的竞争。”

在企业外部，围绕顾客购买前、购买时、使用中、购买后的一系列交易活动和企业为维持顾客而进行的关系活动的整体来创造顾客价值。购买前，企业要增加顾客查找和购买决策的便利性；购买时，企业增加购买过程的体验性；购买后以及使用过程中，企业应围绕影响消费者满意度的因素以及决定顾客继续购买的因素开展服务，这样从各个环节立足于顾客角度考虑问题。

■ 案例：苏宁的价值链管理

在上游价值链环节，苏宁已经建成了与SONY公司、MOTO公司的B2B直联项目，通过该项目的建立，使苏宁与价值链上游联盟企业之间能够做到：及时、准确地掌握供应商对苏宁的订单处理状态，使苏宁的业务人员对于采购订单的满足率及对应发货信息有了详尽的了解；详细、准确的发货单信息与销售确认书信息，为相关业务部门查询数据提供便捷；准确、快捷的采购发票信息，提高了货款结算工作效率；新品信息、调价通知、AR报表等信息通过FTP的方式进行信息交互，改变了以前电话沟通、发送e-mail等线下沟通方式，信息传递更加快速、准确；通过系统的上线，双方就业务操作流程进行探讨与梳理，使业务操作的流程更加流畅与合理。

在下游价值链的信息传输系统建设中，苏宁搭建了网上销售平台，开通了与招商银行、建设银行网上在线支付功能，达到了前期制订的顾客网上购物，物流配送到家的网上销售规划目标。苏宁还建立了常年的顾客信息数据库，为老顾客办理消费积分卡，对VIP程序进行更新改进，实现了卡与卡之间的积分划拨。根据售后的要求，加强对保卡的有效管理，提高售后服务质量，开发和完善了保卡管理流程，实现了保卡的登记、发出等功能。

■ 案例：马莎合二为一式的供应链模式

1. 与供应商建立长期紧密关系

合作双方的许多业务流程结合在一起，并共享整条价值链中的知识和信息，这也使得当顾客对服装舒适度产生需求时，马莎与杜邦公司成为在大众市场率先使用莱卡面料的原材料先锋，因这种合作关系所研制出的TACTET DIABLO材料创造出了如内衣般柔和，具有丝绸般珠光感的绝好效果，并使其延伸到家具外罩等大批量的产品销售中。

2. 采购过程中的转包合同方式

这种方式涵盖了双方一起操作，利用顾客信息和外界建议采用新材料创造成功的设计，指导供应商在生产的每个阶段改进设备和工作实践，严格制定制作特点、所用设备和原材料的要求，告知供应商生产时间，保持一定的库存水平，直至收到将产品送往商店的通知，库存成本由供应商自行担负。

3. 合二为一式的准合并模式

基于长久的合作基础，马莎与供应商处于合二为一的工作状态。一是所有供应商的产品制作马莎都要全程参与，保证制作链上的每个环节和所用成分都可追溯，如马莎同最大的食品供应商——北方食品公司一起设立厂房标准，包括围墙服务范围、地板以及包装细节等，以至于双方工作人员都一致认为自己是马莎的员工，相当于2家公司并成了1家。二是合作双方的高管相互进入对方公司董事会，以至于在海外的供应商产品也能进入马莎在英国本土的商店。（来源：中国化妆品网2013－04－11《马莎模式：另类零售的错位挑战》）

第三节 感知顾客价值

感知顾客价值，就是顾客所能感知到的利益与其在获取产品或服务时所付出的成本进行权衡后对产品或服务效用的总体评价。顾客感知价值体现的是顾客对企业提供的产品或服务所具有价值的主观认知，而区别于产品和服务的客观价值。这是理论上的定义。简单地说，就是让顾客感知到企业创造的顾客价值。现在常说的“酒好还怕巷子深”，就是这个道理。企业要把自己为顾客创造的价值，通过各种渠道告知顾客，并让顾客能够体验到价值，即营销传播和体验营销。这个环节与顾客保留构成了现在普遍意义上的营销。

感知顾客价值和创造顾客价值是同一件事的两面，就像硬币的正反面一样。一面是企业为顾客创造的价值，是企业认为的价值；另一面是顾客感知到的价值，是顾客认可的价值。顾客感知价值，带有很强的主观性，因人、因时、因地而不同。所以，企业要把为顾客创造的价值告知给顾客，让顾客接受和认可，也就是营销。

一、营销的类型

营销组合随着电子计算机技术和网络技术的发展，营销方式方法日益丰富，可以说是让人眼花缭乱。这里做个不完全、不一定准确的简单梳理。

（一）营销组合

有：4P's、6P's、7P's、10P's、11P's、4C、4R、4V［差异化（Variation）、功能化（Versatility）、附加价值（Value）、共鸣（Vibration）］、4A、4e、3C、5VO、7步营销论、STV营销三角、立体覆盖式、三点式网络营销、网格化营销、复合式营销等。

（二）按照营销媒介的不同划分

1. 广告营销

（1）电媒：电视媒体、广播电台、电影广告、微电影广告、录像广告、视频广告等。

（2）纸媒，也称平面媒体：报纸杂志、图书、名录、宣传单、海报、产品画册等。

（3）楼宇广告：电梯广告、楼道广告、楼顶广告、墙面广告、洗手间广告、室内广告。

（4）户外广告：路边广告牌、地标广告位、车体广告、出租车和公交车的电子广告、灯箱广告、霓虹灯广告、人体广告、建筑物广告。

（5）店铺广告：橱窗广告、货架陈列广告、室内外彩旗广告、卡通式广告、巨型商品广告、电子显示屏、展示广告、免费体验、卖场视觉营销等。

（6）广告还有广告语、软文、讲座、专题片等方式。

（7）其他：PPC、广告衫广告、赠品广告、宣传车广告、表演广告、幻灯片广告、邮寄广告、工具广告、挂历广告、交换广告、有奖活动等。

2. 网络营销

（1）以网络为主的营销：搜索引擎营销、SEO搜索引擎优化营销、竞价排名营销、网络社区（BBS）营销、社交网站（SNS）营销、网络页面广告营销、界面营销、游戏植入营销、论坛营销、话题营销、信息平台营销、新闻事件营销、友情链接营销、博客营销、数字营销、影视营销、云营销。

（2）以即时通信为主的营销：移动、IM、微博、微信、短信、彩信、飞信、群发软件、QQ群、MSN、电子邮件等营销。

（3）其他：彩铃营销、二维码营销、移动端应用营销。

3. 电商平台营销

ABC模式、B2B模式、B2C模式、C2C模式、C2B模式、G2C模式、B2M模式（国外MLM模式）、F2B模式、F2C模式、O2O模式、T2W模式等。

4. 会议营销

新产品发布会、经销商大会、用户大会、展会、巡展等营销。

5. 电话营销

人工座席营销、语音电话营销、自动转接营销、群呼营销、呼叫中心营销、客户服务中心营销等。

6. 口头营销（蜂鸣营销）

拜访营销、口碑营销、推荐营销。

7. 整合营销传播

（三）按照营销方式的不同划分

1. 营销渠道

渠道营销、直销营销、直复营销、代理营销、专卖营销、代销营销、连锁营销（直营连锁、加盟连锁、特许连锁）、营销外包营销、延伸营销、延长营销、网路营销（电子营销）、线上营销、线下营销、市场倍增学营销、嵌入式营销、循环营销、决战网络营销、游击营销（偷袭营销、街道式营销、包围式营销、无遮盖营销、释放营销）等。

2. 营销方向

深度营销、多层次营销、水平营销、横向营销、系统营销、KA全程营销、供应链营销、价值链营销、体系化营销、联合营销、联动营销、交叉营销、协同营销、借势营销、外呼营销、竞合营销、客户关系营销、抢位营销、公共关系营销、逆向营销、反向营销、定位营销、对位营销、插位营销、侧位营销、垮位营销、错位营销、定制化营销、一对一营销、校园营销、一思维营销、精确互惠营销、GC营销、比附营销、求职营销、壁垒营销、破局营销、聚焦营销、嫁接营销、切割营销、海营销、超级端营销、精众营销、平民营销、合众营销、分众营销、大众营销、小众（微众）营销、标靶营销、大市场营销、综合市场营销、利基营销（缝隙营销、补缺营销、狭缝市场营销）等。

3. 营销感受

体验营销（感性营销）、饥饿营销、顾问式营销、引导营销、饱和营销、展示营销、虚拟营销、病毒式营销、捆绑营销、健康管理营销、细节营销、接触营销、情景营销、主动营销、被动营销、互动营销、趣味营销、故事营销、套餐式营销、触点营销、博弈营销、美女营销、柔性营销、对比营销、共鸣营销、回忆营销等。

4. 其他营销

活动营销、创新营销、频次营销、差异化营销、音乐营销、名人营销、买断式营销、乘数营销、OTC 营销、胶带营销、爆破营销、无线营销、集成营销、协议营销、狼性营销等。

（四）按照营销内容的不同划分

1. 社会责任营销

绿色营销、人文营销、文化营销、社会营销、道德营销、教育营销、体育营销、形象营销、信仰营销、赞助营销、公益营销、阳光营销等。

2. 消费者营销

人性化营销、人本营销、服务营销、知识营销、兴奋点营销、亲情营销、情感营销、个性营销、观念营销、满意度营销、忠诚度营销、感性营销、理性营销、时尚营销、攻心营销、无意识营销、生活方式营销、魅力营销、消费联盟营销、弱点营销等。

3. 产品主导营销

产品营销、价格营销、价值营销、促销营销、UPS 营销、旅游营销、梦想营销等。

4. 其他

内容营销、态度营销、事件营销、危机营销、奥运营销、互愿营销、项目营销、竞争力营销、核心力营销、战略营销、质量营销、恐怖（恐吓）营销、节假日营销、水性营销、湿营销、色彩营销、灰色营销、红色营销、白色营销、暴力营销、垃圾营销、概念营销、软件营销等。

（五）按照营销资源的不同划分

主要包括：品牌营销、品牌授权营销、资源营销、整合营销、数据库营销、会员营销、团队营销、全员营销、组织化营销等。

（六）按照营销范围的不同划分

主要包括：全球营销、国际营销、全方位营销、全球地方化营销、市场细分营销、精准营销、本土营销等。

（七）按照营销主体的不同划分

1. 形成独到营销风格的公司

迪士尼营销、花旗营销、可口可乐营销、麦当劳营销、马狮营销、耐克营销、索尼营销、微软营销、亚马逊营销等。

2. 行业营销

城市营销、政府营销、政治营销、金融产品营销、信用卡营销、券商营销、保险营销、工业品营销、酒店营销、服装营销、房地产营销、医院服务营销、农资营销、食品营销、汽车营销、物流营销、科技营销等。

3. 其他

自我营销、营销联盟、共生营销、蒙派营销等。

（八）按照策略的不同划分

主要包括：功效优先策略、价格适众策略、品牌提升策略、刺激源头策略、现身说法策略、媒体组合策略、单一诉求策略、终端包装策略、网络组织策略、动态营销策略等。

二、营销的内容

无论是什么营销方式，还是什么营销策略，都必须回答一个问题，那就是顾客为什么要购买你的产品或服务。也就是说，你要给顾客一个理由，一个购买你的产品或服务的理由。从顾客角度讲，就是买点，为什么要买；从企业角度讲，就是卖点，卖给顾客的核心价值是什么。进一步讲，也就是广告讲的核心诉求是什么，就是你要告诉顾客你给他创造了什么样的核心价值，营销活动的核心就在于此。

关于这一点，我们可以先从历史看起。

■ **案例**

当年舜娶了娥皇、女英两位夫人，大享齐人之福，还摆明自己很孝。他的父亲——这个老头有点变态——串通他弟弟屡屡偷袭暗杀他，他都一一躲过（过程显示他早有预料）。尽管如此，舜对父亲还是很孝顺，对弟弟也很好。依笔者之见，这就是一个成功的广告案例。后来，地球人都说舜孝，尧就把天下给了他。笔者认为，舜先生的广告策划能力惊人，展示了广告最重要的一点：能忍旁人之不能忍，匪夷所思，才能让大家铭记。

另一个成功的广告案例，是刘邦斩白蛇起义，说自己是赤帝之子。这个创意其实更早来自于陈胜的“大楚兴，陈胜王”，但是显然刘邦的效果更佳一点。这个广告得到了刘邦夫人的亲密帮助。后来，刘邦曾在公开场合问吕夫人：“为嘛你老能找到我呢?”当时刘邦流亡于山中。吕夫人答：“我看见天上有片彩云呀，那下头准是你。”这就属于一吹一唱，在外人面前做广告了。迷信的人到处有，刘邦就此对自己做了最廉价也最好的宣传。

第三个著名广告案例，是张角的“苍天已死，黄天当立。岁在甲子，天下大吉”。张老师自称得天所授，是天上神仙，而且编出这么具有鼓动性的宣言，读上去朗朗上口。可以说，这是对刘邦的继承和威力的加强。他带着三十几万人天天嚷嚷，嚷到黄巾遍天下。虽然后来失败了，但是可以认为，他的这起广告策划案是很成功的。

第四个案例，是明末的李自成起义。公子李岩创造了“开着大门迎闯王，闯王来时不纳粮”的经典口号。与张角先生的不同在于，他积极地将此口号作为民谣广泛传播，到后来成为传唱度很高的流行歌曲。这种经过反复轰炸，使人记忆深刻的宣传方式，取得了意想不到的宣传效果，也为后来很多人所借鉴。

（来源：联商论坛 2006－06－12《有意思的广告案例〈历史上著名广告案例〉》）

接下来，我们再看一些经典的广告语。

（1）麦斯威尔咖啡：滴滴香浓，意犹未尽。好东西和好朋友分享。

（2）雀巢咖啡：味道好极了。每天有约会——精彩每一天。

（3）雪碧：服从你的渴望。

（4）M & M 巧克力：只溶在口，不溶在手。

（5）德芙巧克力：牛奶香浓，丝般感觉。

（6）可口可乐：饮可口可乐，万事如意。享受清新一刻。挡不住的感觉。

（7）百事可乐：新一代的选择。百事，正对口味。

（8）非常可乐：就业偏向外企——非常可乐，非常选择！

（9）轩尼诗酒：对我而言，过去平淡无奇；而未来，却是绚烂缤纷。

（10）人头马 XO：人头马一开，好事自然来。

（11）某牛奶厂在报上登出一则广告：如果您每天喝一瓶本厂出品的鲜奶，连续坚持 5214 个星期，您将会活到 100 岁！

（12）理光复印机：我们领先，他人仿效。

（13）佳能打印机：使不可能变为可能。

（14）凌志轿车：不懈追求完美。

（15）丰田汽车：动态的诗，向我舞近。车到山前必有路，有路必有丰田车。

（16）大众甲壳虫汽车：想想还是小的好。

（17）某汽车陈列室广告：永远要让驾驶执照比你自己先到期。

（18）某交通安全广告：请记住，上帝并不是十全十美的，它给汽车准备了备件，而人没有。

（19）耐克运动鞋：只管去做。

（20）百事流行鞋：渴望无限。

（21）李宁：一切皆有可能！

（22）安踏：我选择，我喜欢。

（23）索尼影碟机：数码新时代。

（24）三星电子：感受新境界。

（25）东芝电子：拥有东芝，拥有世界。

（26）飞利浦电器：面对导师的赞赏，常说——让我们做得更好！

（27）三菱电工：我们集大成，您超越自我。

（28）海尔电器：朋友间的承诺——真诚到永远。

（29）松下电器：静得让您耳根清净。

（30）TCL 王牌：今天进入未来。

（31）通用电气：GE 带来美好生活。

（32）IBM 公司：没有不做的小生意，没有解决不了的大问题。

（33）斯沃奇手表：天长地久。

（34）飘柔：成功之路，从头开始。

（35）第比尔斯：钻石恒久远，一颗永流传。

（36）雕牌洗衣粉：大学生正常消费——不买贵的，只选对的。

（37）某戒烟协会广告：千万别找吸烟女子做朋友，除非你愿意去吻一只烟灰缸！

（38）某公共场所禁烟广告：为了使地毯没有洞，也为了使您肺部没有洞，请不要吸烟。

（39）荷兰一家旅行社刊出一则广告：请飞往北极度蜜月吧！当地夜长24小时。

（40）一家瑞士旅游公司则在广告牌上提醒说：还不快去阿尔卑斯山玩玩，6000年之后山便没有了！

（41）柏林一家花店开张时的广告：送几朵花给你所爱的女人——但是，请不要忘了你的妻子。

（42）一家理发店的墙上，贴着这样一则广告：别以为你丢了头发，应看作你赢得了面子。

（43）而一家乡村理发店则以恐吓的口吻在广告牌上写着：先生们，我要你们的脑袋！

（44）一家美容院的一块广告牌上写着：请不要同刚刚走出本院的女人调情，她或许就是你的外祖母。

（45）雅芳：雅芳比女人更了解女人。

（46）某香水公司广告：我们的新产品极其吸引异性，因此随瓶奉送自卫教材一份。

（47）某化妆品广告：趁早下“斑”，请勿“痘”留。

（48）牙医门诊部外一块牌子上写着：请放心地来补牙，就是他（她）吻您的时候，也不会察觉。

（49）印刷厂广告：除了钞票以外，承印一切。

（50）一加油站挂着一块广告牌，上书：假如阁下烟瘾发作，可以在此吸烟。不过请留下地址，以便将阁下的骨灰送交家人。

（51）芝加哥有家“面部表情研究所”，它的招生广告说：您在我们这里将学会巧妙地皱眉，让人一看，就觉得您是个诚实的人。

（52）某音响公司广告：一呼四应！

（53）某石灰厂广告：白手起家！

（54）某当铺广告：当之无愧！

（55）某帽子公司广告：以帽取人！

（56）某药店广告：自讨苦吃！

（57）某眼镜店广告：眼睛是心灵的窗户，为了保护您的心灵，请为您的窗户安上玻璃。

（58）某打字机广告：不打不相识！

（59）某新书广告：本书作者是百万富翁，未婚，他所希望的对象，就是本小说中描写的女主人公！

（60）某鲜花店广告：今日本店的玫瑰售价最为低廉，甚至可以买几朵送给太太。

（61）某一法语学习班的招生广告：如果你听了一课之后发现不喜欢这门课程，那你可以要求退回你的学费，但必须用法语说。

（62）苏格兰有一块墓碑的碑文是：这里长眠的是亥米西·麦克泰维西。其悲痛的妻子继承了他的兴旺的事业——蔬菜商店，商店在第 11 号高速公路，每日营业到晚 8 点。

（63）淘宝网：掏掏掏掏掏掏掏你喜欢。

（64）麦当劳：我就喜欢。

（65）肯德基：有了肯德基，生活好滋味。烹鸡美味尽在肯德基。意犹未尽，吮指回味。

（66）柯尼卡：他捉得住我。

（67）台湾省交通处：安全是回家唯一的路。

（68）万事达卡：万事皆可达，唯有情无价。

（69）象牙香皂：100% 的纯粹。

（70）金利来：男人的世界。

（71）英特尔：给电脑一颗奔腾的芯。

这些广告语，不管严肃也好，诙谐也罢，也不管是哪个行业，哪类情况，都能很清晰地告诉人们，它能带给你的核心利益是什么：对企业来说就是卖点，对顾客就是买点。当然，要使顾客能够接受和认可企业的卖点，还需要企业的营销人员做一番艰苦的营销工作，使顾客感知到你的卖点。

三、营销的时机

《素书》曰："贤人君子，明于盛衰之道，通乎成败之数；审乎治乱之势，达乎去就之理。故潜居抱道以待其时。若时至而行，则能极人臣之位；得机而动，则能成绝代之功。如其不遇，没身而已。是以其道足高，而明重于后代。"《孙膑兵法·月战》曰："天时、地利、人和，三者不得，虽胜有殃。"《荀子·王霸篇》曰："农夫朴力而寡能，则上不失天时，下不失地利，中得人和而百事不废。"

这些先哲的理论告诉我们，做事要择机而动，时机选择得正确，则事可成。营销也是这个道理。

■ 案例：雪佛兰开拓者

2002 年，通用斥资 2.3 亿美元在华合资成立的沈阳金杯通用开始投产雪佛兰开拓者，其后销售一直萎靡不振。据统计，2002 年雪佛兰开拓者的全年销量仅为 3190 辆，2003 年销量为 3285 辆，只占到全年 SUV 销量的 2% 左右。2004 年 2 月，随着上汽和通用开始对金杯通用进行重组，雪佛兰开拓者宣布停产，雪佛兰的中国 SUV 之路戛然而止。

据分析，雪佛兰开拓者之所以折戟沉沙，关键在于当时高端 SUV 市场需求量相当小，而该车定价较高，即使后来多次降价，甚至单次降价超过 6 万元，但仍难以回天。

2007 年 11 月 6 日，上海通用宣布，在国内推出雪佛兰品牌首款 SUV 车型科帕奇。

此次雪佛兰重返中国，市场环境已经迥异。据统计，2007 年中国 SUV 市场迎来了井喷式的增长，前三季度的 SUV 销量比去年同期增长 48.5%，9 月份 SUV 的单月销量更比去年同期猛增 70.1%，成为汽车行业中增长最快的细分市场。科帕奇所在的细分市场更是 SUV 行业中需求最旺盛的领域。

不是雪佛兰开拓者车不好，而是时机不对。时机不对，任你是什么大品牌，其他市场的畅销货，通通都要折戟沉沙。

那么，营销应该选择什么样的时机呢？一般来说一个新产品研发要经历调查研究阶段—新产品开发的构思创意阶段（产品构思、构思筛选和产品概念的形成）—新产品设计阶段（初步设计阶段、技术设计阶段、工作图设计阶段）—新产品试制与评价鉴定阶段（样品试制和小批试制阶段）—生产技术准备阶段—正式生产和销售阶段。

各企业根据产品不同，会选择不同的营销策略。有的从立项开始，在不同的环节，通过各种方式进行营销；有的则是在产品相对成熟后，再开始营销。

■ 案例：苹果的未曾营销先造势

苹果公司在 iPhone 出来前，将其定位成具有时代意义的物品，大肆宣传其先进的技术创新，让顾客如痴如醉，渴望得到。在“苹果迷”们盼望苹果手机面世的长达 1 年多的时间里，网上讨论不断，甚至有人自称搞到了苹果手机的设计方案。但直到产品发布当日，人们最终看到 iPhone 的真实面目时，几乎所有人都猜中了它叫 iPhone，但几乎所有人都没有猜中它的造型，更为它的各种性能惊叹。

■ 案例：《致青春》的网络营销

《致青春》在开机前就建立了官微，在一年两个月的运营时间里，共发 2409 条微博，记录了电影筹拍、开机、制作、上线的全过程；日均发微博 5.3 条，积累了 18 万粉丝。有 24 个大 V 转发相关微博；频繁让主创参与微访谈，延续微博热度；邀请大量影评专家写影评……

在《致青春》的社交网络营销中，商业圈的史玉柱、文化界的张小娴、宗教界的延参法师都参与了这场微博营销，娱乐圈参与的明星就更多了。王菲不但在微博上推荐，还无偿演唱主题曲。舒淇说：“等得我脖子都长了。”姚晨也说：“青春已逝，理想不老。必须要去看。”有网友统计了 24 个参与转发《致青春》相关话题的微博大 V，他们的粉丝总数已经接近 3.7 亿。

同时，《致青春》上市的时机契合了主题。《致青春》在 4 月 26 日上映。对于即将毕业的和已经毕业的大学生们来说，他们正在经历着或已经经历过《致青春》中的话题。更到位的是，在同期推出《致青春》原著限量珍藏的电影纪念版。

新产品或服务的推出，概括起来需要经过四个步骤：上市前的准备、择机上市、上市后的营销和售后服务。

上市前的准备主要是造势。比如，苹果公司在 iPhone 上市前，就广泛地告知人们，iPhone 将是具有时代意义的物品。《致青春》开机前的官微，通过造势让人们对影片充满了期待。

上市时机的选择非常重要。好的开头意味着成功了一半。雪佛兰开拓者的折戟沉沙，《致青春》的毕业季前夕上映，都很好地说明了这个问题。时机包括时间和方式。

上市后的营销和售后服务，是保持产品在生命周期内持续销售并实现投入产出回报的关键。能够持续旺销，则会有高回报，反之亦然，甚至入不敷出，直至提前退市。

第四节　客户保留

客户对于企业的重要性，无论怎么说都不为过。因为没有了客户，企业也就失去了存在的基础。

■ 案例

广东某公司生产出口产品，在行业内小有名气。随着业务的不断发展，订单快速增长，业务员人手严重不足。

有的员工进入公司 2 个月后，在还没有完全熟悉业务的情况下，就开始负责大客户的订单处理。如果有些客户最近几年的订单和业务量都在快速增长，新业务员在处理此类客户订单时若频频出现问题，业务经理也没有及时察觉，就会直接影响后续信用证的收款。

迫于交货压力，一些操作还不熟练的员工也被安排到了生产岗位，因而生产了大量的次品。由于中层管理人员不足，质量管理体系不完善，这些次品没有被及时发现，被一起发出。

结果公司遭到很多客户投诉、索赔，公司的声誉严重受损，短时间内无法挽回客户订单，也无法收到货款，导致企业资金流断裂，公司在红火了半年后，就破产了。

有研究表明，无形资产是知识经济时代企业的价值源泉，企业拥有无形资产的数量和质量直接关系到企业核心竞争力的大小。而客户关系就是企业无形资产的重要组成部分，现在很多企业都把客户关系作为核心资产来对待。

上海辞书出版社出版的《经济大辞典》中称："无形资产亦称'无形固定资产'。指不具有实物形态而能为企业较长期地提供某种特殊权利或有助于企业取得较高收益的资产。"无形资产有知识产权型、市场资源型、人力资本型、组织管理型和社会资本型 5 种类型。其中，市场资源型包括客户关系、行销通路、商誉、品牌等。

所以，有人说市场竞争从某种意义上讲是客户资产的竞争。客户资产是与客户终身价值密切相关的概念，就是企业所有顾客终身价值折现值的总和。换句话说，客户的价值不仅仅是客户当前的盈利能力，也包括企业将从客户的一生之中获得的贡献的折现净值。把企业所有客户的这些价值加起来，就是企业的客户资产。

■ 案例

某软件公司准备出售，在计算公司价值时，将潜在客户和固定客户都作为资产进行了评估。对当前正在跟进的 15 个潜在客户的订单规模及成功率等因素进行了估算，估值为 100 万元。对已有的 40 个固定客户进行了如下的估算：

在 40 个客户当中，其中 20 个需要该公司不断提供软件服务，每个客户每年为此平均提供 5 万元的贡献，而且这批客户忠诚度很高，部分客户签订了为期 3 年的合作意向书，平均来看其中 10 家可以服务 5 年以上（250 万元），5 家至少可以服务 3 年（75 万元），5 家至少可以服务 2 年（50 万元），这样算下来就是 375 万元。

另外，这批客户中每年大概有 2 个客户会进行延伸采购或相关采购，每年为此平均提供 100 万元的贡献，而且这种趋势至少可以保持 5 年时间，即 1000 万元。另外 20 个客户，仍热保持较好的客户联系，平均每年会有

3个客户进行延伸采购或产品升级，每年为此平均提供80万元的贡献，而且这种趋势至少可以保持3年时间，即720万元。

这样算下来，仅客户价值就达到2195万元。数字非常大，仅从公司收购的实际操作的角度，可能收购方考虑到客户丢失风险、客户服务、维系成本等因素不可能按照这种价值进行付费，但这至少可以说明这个软件公司的真正价值所在。

企业要想拥有较高的客户价值，就需要开发维护好顾客资源，这取决于企业为顾客提供的顾客价值，顾客价值是由企业营销全过程决定的，客户保留是其中重要的一环。

根据营销学原理，开发一个新客户的成本是维持一个老客户的2～6倍，而赖克海德和萨瑟的理论甚至提出每降低5%的客户流失率，利润则会增加25%～85%。由此可以看出，保留客户的重要性。

有关保留客户和搞好客户关系管理的著作俯拾皆是，但不管怎样论述，其基本原则和基本方法是不变的。基本原则为：洞悉人性，投其所好。基本方法为：为客户创造价值。具体客户的所好，在第三章第二节客户需要的三个层次中已有论述，这里不再赘述。在此，只是针对个人中间商、团体中间商、个人消费者、团体消费者四类客户的保留谈点粗浅的看法。

一、保留个人中间商客户的方法

个人中间商客户生命层次的需要是伙伴，那么保留他的办法就是结成生意伙伴关系。

在线新华字典对伙伴关系解释为：

伙伴：古代兵制十人为一火，火长一人管炊事，同火者称为火伴，现在泛指共同参加某种组织或从事某种活动的人，写作伙伴。

关系：指事物之间相互作用、相互影响的状态；人和人或人和事物之间的某种性质的联系；对有关事物的影响或重要性；泛指原因、条件等；表明有某种组织关系的证件；关联；牵涉。

伙伴关系：指同其他人交往的事实或条件；同伙关系，友好关系；不拘礼节的友好。

按照这个解释，如果企业与个人中间商结成伙伴关系，成为利益共同体，那么可以想象，这时就不需要研究客户保留问题，因为企业与客户是一体的。沃尔玛将员工视为合伙人，将雇主与员工结成伙伴关系，就是这个道理。

■ 案例："劲霸"与代理加盟商的关系

国内知名休闲男装品牌"劲霸"通过中研国际品牌咨询公司在全国范围内开办定期的培训课程，以提高代理加盟商在陈列设计、库存管理、人员制度、促销推广等方面的整体经营水平，得到代理加盟商的一致好评。

"劲霸"在公司网站上建立了代理加盟商 BBS，在网络论坛上全国各地的代理加盟商互动交流的同时也可以对"劲霸"公司提出品牌运营建议。学习代表着认同，代理商积极地学习厂家的品牌管理及市场方面的经验就证明该代理商接受了厂家的品牌发展思路。

■ 案例：可口可乐——渠道合作伙伴管理模式

20 世纪 90 年代初，戈伊祖塔将其在菲律宾的成功实践加以总结、提炼，提出如果国外装瓶业务能保证可口可乐公司获得至少 20% 的利润，就对该装瓶厂进行投资，而且要以最小的投资争取最大的利润。他将这一方式称为"锚式"装瓶策略，并在全球推广。可口可乐通过"锚式"装瓶策略实现了在全世界的快速扩张和其"少投入、多产出"的经营信念。在与装瓶商的利益分配上，可口可乐不是强制性地要求他们必须俯首称臣，而是通过"渠道合作伙伴价值创造模型"进行管理。

可口可乐通过营销费用的投资管理控制了装瓶商的关键市场活动。按照营销活动影响范围和投资数额的大小将营销费用划分为线上费用与线下费用，无论是线上费用还是线下费用，均由可口可乐与装瓶商各出一半。线上费用由可口可乐统一制订计划，装瓶商执行；线下费用则是由装瓶商自主支配，报总部审批。对于投给装瓶商的费用，可口可乐并不直接以资金形式投入，而通常是在装瓶商的营销活动完成之后以报销的形式投入。营销活动的直接收益由装瓶商获得，可口可乐则通过浓缩糖浆销量的扩大和年终的分红取得收益。

二、保留团体中间商客户的方法

对于企业来讲，团体中间商客户营销的最大风险是客户成为业务员的客户，而不是企业的客户，企业受制于业务员，一旦业务员有所动作，轻则影响销售，重则导致企业危机。

■ 案例：凯捷人员集体跳槽

凯捷是一家在欧洲有30年历史的全球性咨询公司，总部位于法国。它在全球34个国家和地区有超过5.3万名员工，2002年的年报显示其营业收入超过70亿欧元，但2003年其营业收入突然降至57亿欧元。咨询服务、IT服务、外包服务是其三大主要业务，其IT应用咨询领域的国际背景也极具竞争力。凯捷是IBM、埃森哲、毕博等几家咨询巨头的全球性对手。1997年，凯捷进入中国。

2004年6月，凯捷在北京宣布并购国内一家名为远卓的咨询公司，并声称在未来几年内将使中国的顾问队伍扩充到4000人，加快在中国的发展步伐。

但一个多月后，爆出的消息却是凯捷的销售团队和原来的资深IT咨询团队，基本已经人去楼空，公司处于风雨飘摇中。

"在前一任CEO手下的40多名资深顾问现在只剩下五六人，其中十几名顾问都是实施SAP系统有8年经验的专家，而凯捷目前的销售系统几乎全线崩溃，做销售的就剩下一个人了。"一位刚刚离职的凯捷顾问透露。

这些人的离职对凯捷在中国的业务造成了巨大损失。凯捷正在参与竞标的湖南电信CRM咨询项目，由于销售人员的中途离职而陷入被动。

■ 案例：国内企业的集体跳槽事件

1993年年底，正准备进行二次创业的实达电脑公司内部领导班子发生了冲突，结果总经理带领30名骨干集体出走，差点使年轻的实达电脑公司折戟沉沙。

1995年，正处于高峰时期的"小霸王"主帅段永平率领几乎全部中层管理者集体请辞，另立门户，结果是使辛辛苦苦营造起来的“小霸王”品牌成为历史。

2000年，湖北省十堰市经营汽车配件的企业富通公司发生了一起集体跳槽事件，上至总经理、下至公司一批中层干部和营销骨干一共12人几乎同时离去，导致公司经营管理陷入困境。

2001年5月，e龙公司LOHOO业务的副总裁和销售总监带领LOHOO70%的员工集体跳槽携程网，e龙商旅业务骨干基本流失。

那么，如何才能做好团体中间商客户的保留工作呢？关键的就是把业务员的客户变成公司的客户，然后企业与客户之间结成战略伙伴关系，这样在辅助以其他常规客户保留工作，就有希望实现客户的保留。

那么，又如何把业务员的客户变成公司的客户呢？先进的电子计算机技术和网络技术为企业提供了答案。

■ 案例：通用汽车公司的“虚拟商店”

该公司下属的一汽车制造厂在电脑上开设了自己的主页，在主页上开设的“虚拟商店”中陈列其商品。顾客可以通过网络进入其“虚拟商店”选购商品，下订单及支付货款等均可在网上完成。

公司接到订单后可以送货上门，而且可以让顾客自己选择或设计需要的车型，自己选择车身、发动机、轮胎、颜色及车内的结构。客户通过网络可以看到自己选择的部件所组装出来的汽车的样子，并可继续更换零部件，直到满意为止。（来源：人民网·市场报2001－06－11日《企业视野：国外著名企业的营销管理高招》）

■ 案例：中远集团的CRM管理

中远集团在成功开通其国际网站的基础上，提出构建基于因特网的、智能的，采用柔性服务方式的、综合多样运输方式的，与环境协调发展的网上运输和综合物流系统。在该系统中，其CRM系统有着独特的作用和地位。

（1）满足全球客户需求；

（2）构建全新的服务方式；

（3）构建全新的企业文化 。

中远集团的电子商务是面向客户的，自然是以客户为中心的。其系统将业务全面呈现在客户面前，与客户之间建立和谐、幽默的沟通。通过因特网，集团每一位员工在客户面前代表集团的整体形象，不同国家、不同肤色、不同语言、不同种族的客户都能够在因特网上亲身感受到中远人格化的“以客户满意为中心”的企业文化。通过互联网“让客户快乐”“让客户主宰一切”，真正让客户在中远集团构建的文化平台上得到最大的满足，是中远实施电子商务的重要战略目标。（来源：豆丁网《客户关系管理案例》）

通过以上两个案例可以说明，强大的电子计算机技术和网络技术是把业务员客户转变为企业客户的有效手段，并且也是现代企业开发维护客户必不可少的工具。靠业务员维护客户的时代即将终结。当然，业务员在现代技术下还有新的任务。

在此基础上，企业与员工和团体中间商客户树立共同的价值观，企业与团体中间商客户结成战略合作伙伴关系就是保留客户的有效方法。

（一）企业与员工树立共同价值观

当企业与员工拥有了共同价值观，企业和员工就会为了一个共同目标去努力，不会再出现凯捷和国内企业的集体跳槽事件，企业就不存在营销人员集体跳槽所带来的风险。

■ 案例：杰克·韦尔奇的用人之道

杰克·韦尔奇来中国与中国的企业家们对话时，直接告诉中国的管理者们：“有一种人是企业的天敌，这种人就是能造成公司价值观崩溃的人，虽然能达到绩效指标，但本质很差的经理。”

杰克·韦尔奇提出用人的四种办法：①认同公司的核心价值观，又很有成绩的人，不断提拔；②认同公司的核心价值观，但能力不足的人，可以培养；③不认同公司核心价值观，成绩还不行的人，离开公司；④很有成绩，但是不认同公司的核心价值观的人，要利用，但如果想动摇公司的核心价值观，必须走人。

杰克·韦尔奇在1981年担任GE的首席执行官后，把50%以上的时间都花在了关心和培养人才、训练普通员工上。他首先强调的就是干部和员工对企业核心价值观的认同。

■ 案例：宜家用价值观与员工“联姻”

宜家是一家有鲜明价值观的公司，同时也是一家创业型公司，其创始人英格瓦·坎普拉德（Ingvar Kamprad）的印记镌刻在公司的每个角落。以成本主义为例，虽然荣列《商业周刊》评出的全球首富，但坎普拉德70多岁高龄坐飞机仍然选择经济舱。在宜家，成本概念深入到经营方式、产品生产等各个方面。比如，大部分家居产品都需要顾客手工组装以节省成本，顾客要自行开车运送家具等。

宜家的这种风格吸引了同样有成本主义情结的人。在宜家，即使是管理层员工，也鲜有开着奔驰宝马、穿着昂贵服装上班的。创始人—公司—员工，让他们表现一致的纽带就是价值观。他们都强调自我意识和团队合作，成本意识强烈，并具亲民性。

在宜家，企业与员工一旦因为共同的价值观而走到一起，这种关系就很难破裂。据宜家中国人力资源经理常扬介绍，几年来宜家一直维持在10%的员工流失率，远低于26%的行业平均水平。（来源：233网校2007－04－28《案例探讨：宜家：用价值观与员工“联姻”》）

（二）企业与团体中间商客户树立共同价值观

企业与员工间树立起共同的价值观，就可以规避因营销人员跳槽带走客户的风险。如果企业与团体中间商客户，拥有了共同的价值观，就会形成很好的合作关系，就不用过于担心客户保留问题。

■ 案例：海尔与三洋的战略联盟

据井植敏说，2001年9月25日他第一次访问海尔后，感觉到与张瑞敏有着共同的世界观和价值观。随后张瑞敏对日本三洋回访时，两位领导者先后进行了十几个小时的交流。在交流中，双方对彼此的企业哲学非常赞同，尤其对所谓企业就是满足消费者需求这一理念，看法惊人的一致。

海尔的文化核心是创新，用创新的产品全力满足消费者的需求，并以不断创新精神和令客户意想不到的速度，迅速满足客户对产品的改进意见，在消费者心中获得极高的美誉度。

三洋的口号是“热爱地球和人类”，将人类生活的“舒适”“温暖”“美好”作为企业发展的远大理想。“三洋”是指太平洋、大西洋、印度洋，包含了三洋公司将以人类、技术、服务三根支柱为依托，三大洋相连的全世界人民共同发展的寓意。三洋把“共存”作为其21世纪发展的核心，其中包括“经济发展与地球环境的共存”“与世界各国的共存”“企业与劳动者的共存”。

井植敏说：“我与张瑞敏谈了好几次日本市场的特点。他也非常认可在极其重视产品质量的日本市场，廉价销售产品等于降低知名度这一看法。因此，双方的战略很快统一起来了。”

进入日本市场的海尔产品将价格设定在与日本产品不相上下的位置，只便宜数千日元，即使暂时销量不佳也要把战略重点置于构筑品牌知名度上。（来源：日本财团布局中国的新浪博客2009－02－02《家电企业的战略联盟——海尔与三洋的案例研究》）

（三）企业与团体中间商建立战略合作伙伴关系

企业一旦与团体中间商客户建立了战略合作伙伴关系，客户保留在一定时期内就不会有问题。

■ 案例：华为的金融呼叫中心解决方案

1. 前瞻的呼叫中心辅助运营咨询服务

华为的辅助运营咨询服务能够结合业务并提供运营咨询服务。例如，针对座席规模无限膨胀的现状，华为建议运用当今数字化沟通方式（微博、微信、视频等），逐步培养客户自助服务的习惯，从而减轻人工座席的投入和压力。针对呼叫中心成为企业成本中心的问题，华为建议通过各种外呼手段以及远程银行技术，适度发展电销业务，变成本中心为业务中心。

2. 专业的系统设计及实施服务

华为专业的架构设计师为银行未来分散的多中心统一规划新架构，并派遣资深项目经理和交付专家进行解决方案的落地实施，同时完成与第三方平台的对接。

3. 权威的二次开发技术支持服务

华为的二次开发技术支持服务鼎力支撑集成商在华为的呼叫中心平台上进行银行业务系统开发。提供 CTI 软件平台介绍、人工业务开发培训、IVR 业务开发培训、外呼及报表开发培训等。

4. 驻场服务和维保让客户运营维护高枕无忧

华为提供与客户相同座席时间的驻场工程师服务，质保、标准、银牌、金牌、白金、标准 +、银牌 +、金牌 +、白金 +9 个等级的维保服务满足各类客户的需求。

近年，华为又提出了“大服务”的概念，为客户信息化的顶层架构设计提供咨询服务。即服务可以不单单作为设备销售后的一个配套角色，恰恰反过来，服务可以把设备包融其中，可以用结合业务发展的咨询服务对客户的信息化系统进行高端咨询来带动设备的销售；同时，借助专业的 IT 外包服务或管理服务，让客户专注自身业务的创新，而无须操心设备的购买和维护。（来源：睿商在线 2013 – 11 – 22《2013 华为企业业务中国区服务合作伙伴大会案例分享》）

三、保留个人消费者客户的方法

个人消费者数量大、个性强、需求千差万别，几乎是一人一样。现在营销理论中提出的个性化服务、一对一服务、体验式消费等，都是很好的解决办法，但要真正做到其实真的很难。尽管有的企业实行了定制化服务，但毕竟是少数，面对数以万计的客户，都实行定制化，不是每个行业每个企业都能做到的。

面对这种情况，很多企业都采取了很多好的办法。其中，品牌建设、以 CRM 为工具的客户服务系统、忠诚度计划是三种比较好的方式。

（一）品牌建设

随着人们物质文化生活水平的不断提高，我国的消费市场已经从“商品消费”时代进入了“品牌消费”时代。品牌基于企业，是一个企业的灵魂，企业有了“品牌”就有了知名度，有了知名度就具有了凝聚力与扩散力，从而也就具有了发展的动力。品牌基于消费者，是身份地位的象征，是成功者的象征。所谓的个性化，是品牌基础上的个性化。所以，企业要在不断创新产品的基础上，花大力气搞好品牌建设。

早在40年前美国著名广告研究专家Larry Light就根据他对市场发展的研究大胆地提出：未来营销之战将是品牌之战，是为获得品牌主导地位而进行的竞争。未来的企业和投资人都将把品牌视为企业最有价值的资产。拥有市场在某种程度上比拥有企业更重要，而拥有市场的唯一途径是拥有占据市场主导地位的品牌。

■ 案例：中国人奢侈品消费

据世界奢侈品协会统计，2014年春节七天，中国人在境外奢侈品消费累计达69亿美元，相比去年的85亿美元，下降了18.8%，受中国境内高端礼品市场压缩影响直接导致国人境外批量购物缩紧。但中国人仍是境外奢侈品消费的最大群体，比重占全球总体量的45.1%；春节期间中国人境外消费的主要商品分类比例为：皮具37%、时装24%、化妆品及香水22%、名表12%、其他5%。

此外，世界奢侈品协会同期对中国境内北京、上海、广州、深圳、重庆5个城市的主要奢侈品商业在春节期间的消费进行了统计：2014春节七天，国内奢侈品消费总额约为3.5亿美元，相比去年8.3亿美元下降了57.8%，相比前年17.5亿美元下降了80%，仅为同期中国人在境外奢侈品消费的5%，两年春节期间国内市场共萎缩超过23亿美元，国内春节奢侈品消费已跌入10年以来最低点。（来源：世界奢侈品协会2014-02-12《世界奢侈品协会发布2014春节奢侈品消费报告》）

（二）客户服务系统

客户服务系统是一个人员、业务流程、技术和战略相协调的系统，它提供了获取组织资源的恰当渠道，通过一种互动的沟通方式来创造客户价值和企业价值。

客户服务系统是围绕服务展开的，它的核心理念是顾客满意和顾客忠诚，是通过取得顾客满意和忠诚来促进相互有利的交换，最终实现营销绩效的改进。同时，通过优质服务塑造和强化公司良好的公共形象，创造有利的舆论环境，争取有利的政府政策，最终实现公司的长期发展。

■ 案例：农行一体化客服中心

目前，农行拥有一级分行32个，直属分行5个，总行营业部1个。

农行一体化客户服务中心（简称“农行一体化客服中心”）作为做实电子银行业务的主要工程之一，按照全国客服系统全行一体化建设要求，在全国统一的电子银行体系构架下，依托全国数据中心，以统一客户服务策略、应用产品平台和系统网络基础架构为宗旨，支持多种渠道的客户接入和多媒体信息的统一处理，最终使农业银行客户服务系统成为能够提供优质服务、安全稳定运行的良好服务渠道 。

农行一体化客服中心以英立讯科技一体化呼叫中心平台为核心，构建面向中国农业银行全国客户的在线服务基地。其主要功能是为全国客户提供转账、查询、缴费、投诉、咨询、理财、产品营销等多层次、全方位、综合性的在线服务。客户在全国任何一个地区拨打95599客户服务热线，都会被汇接到中国农业银行客服中心进行处理。

农行一体化客户服务中心，包括“一个系统、两个中心、36个分行节点”。一个系统是指全行的客户服务中心基于同一套应用系统；两个中心是指南北两个集中的人工座席服务中心；36个分行节点是指各分行的语音接入、自助服务应用系统以及远端座席。

农行一体化客户服务中心一期工程包括PBX、CTI、录音及品质管理、排班、知识库、电子邮件等子系统，主要部署在数据中心（上海）、中国农业银行客户服务中心（天津）、20个一级分行。按照业务需求以及发展的规划，农行一体化客户服务中心的核心设备部署在上海DCC数据中心，IVR系统前置部署在各分行，座席集中部署在天津座席中心，为全国客户提供人工服务。各分行的人工座席对客户提供各地分行特色业务的人工服务，各分行人工座席统一接受总中心的管理调度，各座席群组相互间可以溢出或转移。

农行一体化客户服务中心的建设以英立讯科技Zing Switch一体化呼叫中心平台为核心，在预定的实施时间内，建成一个集约的、资源共享的、统一管理的农行客户服务体系，以满足农业银行目前及未来业务发展需要，进一步提高农总行客户服务水平。（来源：企业网 D1net2010 - 08 - 06《中国农业银行总行95599客服中心系统案例》）

（三）忠诚度计划

客户忠诚度计划是客户关系管理的一部分，主要目的是吸引那一群对企业最有价值的客户，也就是忠诚客户。企业通过设计一套周密的客户奖励计划，使这些客户对于企业的忠诚（长时间、高金额的消费）得到回报。回报可能包括物质上的回馈奖励（大多是以积分的形式），某些服务的免费提供，以及尊重和特权的认可（如贵宾休息室等）。

■ 案例：特易购（Tesco）忠诚度计划

特易购（Tesco）公司成立于1932年，是英国最大的零售公司，也是世界三大零售商之一。除了在英国本土的691家大型购物中心外，该公司42%的店铺分布于中欧与东南亚各国，是个国际化的超市巨人。

Tesco通过创建和分析消费者数据库，并据此来进行精确的消费者细分、消费者洞察以及针对性的营销策略。通过这样的过程，Tesco根据消费者的购买偏好识别了6个细分群体；根据生活阶段分出了8个细分群体；根据使用和购买速度划分了11个细分群体；而根据购买习惯和行为模式来细分的目标群体更是达到5000组之多。这样做带来的好处是显而易见的。Tesco优惠券的实际使用率达到20%，而不是行业平均的0.5%。

■ 案例：国内主要航空公司的常旅客计划

东航常旅客奖励计划：东方万里行。

海航常旅客奖励计划：金鹏俱乐部。

上海常旅客奖励计划：金鹤俱乐部。

国航常旅客奖励计划：国航知音。

山航常旅客奖励计划：彩虹知音卡。

深航常旅客奖励计划：尊鹏俱乐部。

南航常旅客奖励计划：明珠俱乐部。

厦航常旅客奖励计划：白鹭卡。

川航常旅客奖励计划：金熊猫计划。

如南航明珠俱乐部是中国南方航空股份有限公司的常旅客里程奖励计划。南航销售服务热线以及遍及全国各大机场的明珠俱乐部现场服务中心和常客服务分中心，为500万明珠俱乐部会员提供完善、便捷的服务。

成为南航明珠俱乐部会员，每次乘坐南航、天合联盟等航空合作伙伴的航班，以及使用银行、酒店等合作伙伴的产品和服务，均可获得丰厚的里程奖励，该里程可用于兑换免费的奖励机票和奖励升舱。

金卡、银卡会员在南航乃至天合联盟全球航线网络内旅行时，更可享受到优先办理乘机手续、贵宾休息室候机等多项优先权。

明珠会员还可享受通信、租车、商旅、餐饮、特商等服务。

南航明珠俱乐部是从旅客的生存、生活和生命三个层面上开展的忠诚度计划。生存层面给予旅客积分兑换机票服务，生活层面给予不同层次会员旅客以尊贵服务，生命层面则开展“一次飞行，十分关爱”活动。

四、保留团体消费者客户的方法

团体消费者客户除与团体中间商客户具有很多相似需求及保留办法外，还可以通过把团体消费者客户作为企业资产进行经营，使其不断发展壮大，即扶植团体消费者客户发展或经营客户的方法，达到保留客户的目的。

客户是企业的资源或资产，不但具有价值，还可以进行经营，使其保值增值。经营客户的过程，也就是扶植客户发展的过程。通过扶植使客户对企业忠诚，对有发展前景、符合企业发展战略的客户，也可以采取允许其直接出资入股方式，建立合资公司，与企业形成紧密的价值链共同发展。

■ 案例：本田美国公司与供应商的伙伴关系

本田美国公司位于俄亥俄州。在这里生产的汽车是本田公司在美国销量最好、品牌忠诚度最高的汽车，并且有部分汽车返销日本。本田公司强调与供应商之间的长期战略合作伙伴关系，这是其成功的关键因素之一。

本田公司总成本的大约80%都是用在采购上，这个比例在全球范围是最高的。因为它选择离制造厂近的供应源，所以与供应商能建立更加紧密的合作关系，能更好地保证JIT供货。制造厂库存的平均周转周期不到3小时。

1982年，27个美国供应商为本田美国公司提供价值1400万美元的零部件，而到了1990年，有175个美国供应商为其提供超过22亿美元的零部件。大多数供应商与本田的总装厂距离不超过150里。汽车零部件本地率达到90%（1997年），只有少数的零部件来自日本。强有力的本地化供应商的支持是本田公司成功的原因之一。

本田公司与供应商之间是一种长期相互信赖的合作关系。如果供应商达到本田公司的业绩标准，就可以成为它的终身供应商。本田公司也在以下几个方面提供支持帮助，使供应商成为世界一流的供应商：

（1）2名员工协助供应商改善员工管理；

（2）40名工程师在采购部门协助供应商提高生产率和质量；

（3）质量控制部门配备120名工程师解决进厂产品和供应商的质量问题；

（4）在塑造技术、焊接、模铸等领域为供应商提供技术支持；

（5）成立特殊小组帮助供应商解决特定的难题；

（6）直接与供应商上层沟通，确保供应商的高质量；

（7）定期检查供应商的运作情况，包括财务和商业计划等；

（8）外派高层领导人到供应商所在地工作，以加深本田公司与供应商相互之间的了解及沟通。

例如，本田美国公司从1986年开始选择Donnelly为其生产全部的车内玻璃，当时Donnelly的核心能力就是生产车内玻璃，随着合作的加深，相互的关系越来越密切（部分原因是相同的企业文化和价值观），本田公司开始建议Donnelly生产外玻璃（这不是Donnelly的强项）。在本田公司的帮助下，Donnelly建立了一个新厂生产本田的外玻璃。二者之间的交易额在第一年为500万美元，到1997年达到了6000万美元。（来源：道客巴巴《本田公司供应商伙伴关系案例》）

■ 案例：格力模式：厂商股份合作制

格力公司在每个省和当地经销商合资建立了地区性的、格力为大股东的合资销售公司，即所谓的使经销商之间化敌为友，“以控价为主线，坚持区域自治原则，确保各级经销商合理利润”，由多方参股的区域销售公司形式。各地市级的经销商也成立了合资销售分公司，由这些合资企业负责格力空调的销售工作。厂家以统一价格对各区域销售公司发货，当地所有一级经销商必须从销售公司进货，严禁跨省市窜货。格力总部给产品价格划定一条标准线，各销售公司在批发给下一级经销商时结合当地实际情况“有节制地上下浮动”。

各区域销售公司董事长由格力方出任，总经理按参股经销商的出资数目共同推举产生，各股东年终按股本结构分红，入股经销商形成一个利益联盟。对入股经销商的基本要求是，当地空调大户，并且格力占其经营业务的70%以上。

（1）省级合资销售公司。即格力的区域销售公司，由省内最大的几个批发商同格力合资组成，向格力空调总部承担一定数量的销售计划，并同总部结算价格。区域销售公司相当于格力的一个二级管理机构，也是一个独立的经济核算实体。销售公司负责对当地市场进行监控，规范价格体系和进货渠道，以统一的价格将产品批发给下一级经销商。除了与总部有货源关系，听从总部“宏观调控”外，价格、服务、促销实行“区域自治”。

（2）区级合资分公司。各地市级批发商也组成相应的合资分公司，负责所在区域内的格力空调销售，但格力在其中没有股份。合资分公司向省级合资公司承担销售任务，两者之间结算价格。

（3）零售商。合资销售分公司负责向所在区域内的零售商供货，零售商在此模式下显得没什么发言权，他们的毛利率较低。

在格力模式的分销网络中，原来互为竞争对手的大批发商都作为股东加入合资公司，各自的销售网络也合并在一起执行统一的价格政策，批发商的利润来源不再是批零差价，而是合资公司税后的利润分红。省级合资公司的毛利水平最高可达到10%以上，入股的经销商会全力推广，促使销售量迅速上升。

格力模式中制造商由于不再建立独立的销售分支机构，很多工作转移给了合资销售公司。

（1）促销。格力公司负责实施全国范围内的广告和促销活动，而像当地广告和促销活动以及店面装修之类工作则由合资销售公司负责完成，格力只对品牌建设提出建议。有关费用可以折算成价格在货款中扣除，或上报格力总部核定后予以报销。

（2）分销。分销工作全部由合资公司负责，他们制定批发价格和零售价格，并要求下级经销商严格遵守，物流和往来结算无须格力过问。

（3）售后服务。由合资公司承担并管理，他们和各服务公司签约，监督其执行。安装或维修工作完成后，费用单据上报合资公司结算，格力总部只对其中一部分进行抽查和回访。（来源：王全的博客 2008－08－14《空调渠道模式分析之格力与志高》）

第5章　营销的五个内容

陈春花教授说："人的高度不是由脑袋决定的，而是由双手决定的。"笔者理解为业绩是干出来的，不是想出来的。营销，也是如此。不是策划人员或决策者们坐在办公室里想出来的，而是一线营销人员做出来的。所以，即使深刻理解了营销的本质、两个方向、三个层次、四个阶段，最关键的也还是实施。

前几年，战略决定成败、细节决定成败、制度决定成败、执行决定成败、文化决定成败等，很是热闹了一时。但笔者却对盲人摸象的故事念念不忘。

从前，印度有一位国王，他养了许多大象。有一天，他正坐在大象身上玩儿，忽然看见一群瞎子在路旁歇息，便命令他们走过来，问他们："你们知道大象是什么样子吗？"瞎子们同声否认道："陛下，我们不知道。"国王笑道："你们亲自用手摸一摸吧，然后向我报告。"

瞎子们赶紧围着大象摸起来。过了一会儿，他们开始向国王报告。

摸到象耳朵的瞎子说："大象同簸箕一样。"

摸到象腿的瞎子说："大象和柱子一样。"

摸到象背的瞎子说："大象好似一张床。"

摸到象尾的瞎子说："大象好似绳子。"

国王听了哈哈大笑起来，原来他们把自己摸到的某一个部分误认为是全体了。

营销就是如此，首先要有营销方向，如果没有营销方向，营销就像盲人骑瞎马，完全跟着感觉走，会有走对的，但绝大多数要掉到山涧里去的。

有了营销方向，就要有实施计划。实施计划就要回答做什么，为什么做，在哪里做，什么时间做，谁来做，怎么做等问题。为了保证实施计划的准确落实，就要明确5W1H的问题，也就形成了落实的业务流程和管理制度。有了业务流程和管理制度，就要组织人员来执行。在明确营销方向、制订实施计划、形成业务流程和管理制度及执行中，无处不体现企业的基本信念和认知，体现企业的价值观、信念、仪式、符号、处事方式等内容。所有这些就构成了营销的完整内容，即营销战略—营销细节—营销制度—营销执行—营销文化。至于员工态度，那是由企业文化决定的，有什么样的企业文化，就有什么样的员工态度。

第一节　营销战略

战略已从原来的军事将领指挥军队作战的谋略演变为泛指统领性的、全局性的、左右胜败的谋略、方案和对策。企业战略是指企业根据环境的变化、本身的资源和实力选择适合的经营领域和产品，形成自己的核心竞争力，并通过差异化在竞争中取胜。其中既包括竞争战略，也包括营销战略、发展战略、品牌战略、融资战略、技术开发战略、人才开发战略、资源开发战略等。

彼得·德鲁克说，对于任何企业而言，其基本职能有且只有两个，营销和创新，而创新又是为了营销。那么，对企业营销整体性、长期性、基本性问题谋略的企业营销战略就具有了非凡的决定意义。

美国著名管理学家乔尔·罗斯和迈克尔·卡米说："没有战略的企业，就像一艘没有舵的船一样，只会在原地转圈，又像个流浪汉一样无家可归。"

柳传志在《联想："蛇吞象"是精打细算来的》中说："到目前为止，取得这样的成果，我总结了一条经验，就是预先要把事情想清楚，把战略目的、步骤，尤其是出了问题如何应对，一步步一层层都想清楚；要有系统地想，这不是一个人或者董事长来想，而是由一个组织来考虑。当然，尽管不可能都想得和实际中完全一样，那么意外发生时要很快知道问题所在，情况就很好处理了。"

所以，企业营销首先要制定营销战略，要制定正确的营销战略，这是决定企业生死存亡的事情。

■ 案例：蒙牛的崛起

为了减少冲突和避免不必要的麻烦，为了不抢夺伊利的奶源，同时也是为了保护自己，牛根生很快制定了三个“凡是”政策：第一，凡是伊利等大企业有奶站的地方蒙牛不建奶站；第二，凡是非奶站的牛奶，蒙牛不收；第三，凡是跟伊利收购标准、价格不一致的事，蒙牛不干。这些措施，把蒙牛和伊利的利益区分开，从而避免了直接冲突。

在2000年前后，蒙牛提出了“创内蒙古乳业第二品牌”的创意。当时内蒙古乳品市场的第一品牌是伊利，蒙牛还名不见经传，连前5名也进不去。但是蒙牛的聪明也就表现在这里，蒙牛把标杆定为伊利，使消费者通过伊利知道了蒙牛，而且留下的印象是，蒙牛似乎也很大。

蒙牛首先把这个创意用在户外广告上，地点就选在呼和浩特。2000年，蒙牛用300万元的低价格买下了当时在呼和浩特还很少有人重视的户外广告牌。一夜之间，呼和浩特市区道路两旁冒出一排排的红色广告路牌，上面写着：“蒙牛乳业，创内蒙古乳业第二品牌”，“向伊利学习，为民族工业争气，争创内蒙古乳业第二品牌”。这让很多人记住了蒙牛，记住了蒙牛是内蒙古乳业的第二品牌。

蒙牛还在冰激凌的包装上打出“为民族工业争气，向伊利学习”的字样；有的广告牌上写着“千里草原腾起伊利、兴发、蒙牛乳业”。表面上看，蒙牛似乎为伊利和兴发做了免费广告，实际上是为自己做了广告，默默无闻的蒙牛正好借这两个内蒙古无人不知的大企业的“势”，出了自己的“名”。后来，蒙牛的羽翼渐丰，再也不用借助伊利进行宣传了。2004年，蒙牛在香港成功上市，解决了资金问题；2005年蒙牛又成功赞助了“超级女声”。短短几年时间，蒙牛就超过了伊利，牛根生也成为中国最富传奇经历的企业家。（来源：摘自世界营销评论2010-09-17《蒙牛竞争战略分析》）

■ 案例：家乐福在日本的退败

2005年3月10日，家乐福以8000万欧元（约合1.07亿美元）的价格将其设在日本的8家超市卖给永旺集团，售价仅为这些超市2004年营业额的25%。同时，家乐福设在墨西哥的29家超市则以5.45亿美元的价格转让给该国CHEDRAUI集团，成交价格与这些超市去年营业额基本相当。

当家乐福谨慎而又雄心勃勃地进入日本市场时，它并没有料到，会因为经营不善而不得不从世界第二大零售市场——日本退出。这也是家乐福继1993年退出全球最大的零售市场——美国之后的又一次战略“大撤退”。此前，家乐福曾于20世纪60年代退出英国市场，并于1993年从1988年才进军的美国市场完全撤出。1999年，家乐福在香港苦苦经营了3年之后，宣布退出香港市场。为什么家乐福会在这些重要的国际市场上节节败退？

有专家在分析家乐福失败原因时指出，家乐福在日本照搬在欧美国家经营的经验，单纯依靠薄利多销的运营方式，没有根据不同的国情和消费习惯来调整营销策略，最终导致水土不服。（来源：道客巴巴《家乐福国际营销统一化战略的失败案例分析》）

不管蒙牛现在怎么样或今后怎么样，当年蒙牛创业8年，就成为中国乳业“龙头老大”的“蒙牛速度”和“蒙牛奇迹”，已经成为企业营销战略决策不朽的经典案例。

世界因不同而精彩。有企业的成功，也有企业的失败。成立于1959年，大卖场业态的首创者，欧洲第一大零售商，世界第二大国际化零售连锁集团，2013年位居世界500强第36位的法国家乐福也不能不为在某个地区的失败营销决策而埋单，品尝滑铁卢的滋味。

正所谓几家欢乐几家愁。据美国《财富》杂志报道，美国大约62%的企业寿命不超过5年，中小企业平均寿命不到7年，一般的跨国公司平均寿命为10~12年，世界500强企业平均寿命为40~42年，1000强企业平均寿命为30年，只有2%的企业存活达到50年。而在日本，企业平均寿命为30年，始终名列百强的企业只有1家。

从《福布斯》财经杂志发布的全球400首富排行榜也可以看出，与20年前同一排行榜的数据相比，平均每5名榜上有名的超级富豪当中，只有1名能连续留在榜上20年。

据美国兰德公司统计，世界上每100家破产倒闭的大企业中，85%是因为企业管理者的决策不慎造成的。那么，在这些黯然退场的企业中，应该不乏因为营销战略失误而导致的吧！

做好营销战略的关键是市场调查后的市场细分和市场定位，就是要回答，我们的使命是什么或我们要干什么，我们的客户在哪里，我们的客户关注点在哪里等问题。

■ 案例："他她水"的"男女有别"

北京她他饮品公司，在以口味、成分、年龄、功能等纵向产品细分标准早已被众厂家用滥，想在这些细分市场中出奇已经不可能的前提下，"横"切市场一刀，把饮料做出性别区分，使男女要喝不同的营养素水的产品诉求得到很好的体现，即水平营销。

"他她"，为目标顾客群——心理年龄在 18～35 岁的消费者留下了充分的联想余地，避免因名称的某种特质而拒绝了某一类人群；产品本身是一种营养素水，"+"和"-"既体现了产品"男加体力女减体重"的特质，又暗合产品的性别属性，使男女要喝不同的营养素水的产品诉求得到很好的体现，含有肌醇、牛磺酸，能为男人及时补充活力的"他+"和含有芦荟和膳食纤维，能帮助女人减肥，保持秀美靓丽的"她-"共同构成了"他她营养素水"概念。

"他+、她-营养水"，在 2004 年 3 月正式推向市场，其独特的创意立刻成为焦点，好评如潮，一周内产品订货量超过 2 亿元，并在 3 个月内创下了 6 亿元的订货量新高。(来源：豆丁网 2012-06-25《成功营销——2004 年十大经典案例》)

有了明晰的市场定位，就要制定好营销策略。

■ 案例："他她水"的营销策略

"他她水"的推广和宣传手法更是令人眼花缭乱，央视广告、形象代言人、音乐营销、情缘营销，以体验营销为核心，最终都聚焦在浪漫上。他她饮品公司投资制作了一系列"她""他"原创歌曲，比如《有我就有她》《ID 密码》等。"我还希望用这些歌曲去打榜，从而使消费者唱着他她、喝着他她，享受他她世界的温馨甜美，使‘他她水’最终成为可以流淌出音乐的饮料。”他她负责人说。

在2004年6月9日的形象代言人签约仪式上，她他饮品公司启动了“众里寻他（她），萍水相逢”活动。消费者只要把瓶子上的编码用短信发送至指定地址，就有机会和同一编码的异性消费者结识。活动期间，每天收到的短信不低于10万条。

2004年8月1日，金山与他她水在全国各主要城市开始了大型暑期推广战略，借《剑侠情缘》这款网游让“他+她-”进入网吧的饮料销售渠道。此外，“他她水”还策划了如“电视剧营销”“他她舞”等创新传播手段。

在产品包装设计上，“他她水”从用色、构图、版式等各个方面，都打上了性别的鲜明印记。“她”饮料用桃红，显得非常有女人味，带有一丝浪漫与妩媚；“他”饮料采用蓝色基调，表现男性的稳重和阳刚之气，瓶身带一点流线型，透出优雅的气质。男女两个瓶子摆在一起，可以形成两张青春、靓丽面孔的对望，一张男子俯视的脸和一张女子仰视的脸，给人以相互依偎、相依相伴的感觉，恰似深情相望的一对情侣，让消费者产生充分的联想，而这种摆放方式不仅第一时间吸引了消费者眼球，而且许多人，尤其是年轻人往往不忍让另一瓶水落单。（来源：豆丁网2012-06-25《成功营销——2004年十大经典案例》）

■ 案例：刀郎一夜蹿红

2004年，似乎在一夜之间，名不见经传的刀郎和他的歌就像狂风卷着山火一般迅速红遍了整个中国。刀郎的第一张个人专辑《2002年的第一场雪》上市仅15天，新疆地区的销量就突破30万张，全国销量高达270万张，相当于9个巅峰时期的刘欢或者刘德华。刚刚在香港发行时，就夺得了香港地区当月的唱片销量冠军。而在当时如日中天的销量冠军周杰伦的唱片销量也没有超过100万张。

2004年11月，当刀郎的第二张专辑《喀什噶尔胡杨》还在后期制作时，订单已经像雪片一般飞来，仅中国内地已超过了500万张，而这个订单数并不包括港、澳、台地区和海外其他销售目的地。

这个案例中，独具特色的产品定位、定价、渠道、终端和街头营销策略可圈可点。同时，深深抓住了大众阶层的精神需求。“出租车司机都在听”“开垃圾车的司机都在听”“公共厕所都在播放”，这是在2004年底，由MTV全球音乐电视、上海文广新闻集团和中央六台在上海举办的2004“超级盛典”颁奖典礼上，谭咏麟等人对他的评价。

第二节　营销细节

老子说：“天下大事，必作于细。”

李斯说：“泰山不让土壤，故能成其大；河海不择细流，故能就其深。”

惠普创始人戴维·帕长德说：“小事成就大事，细节成就完美。”

麦当劳创始人克洛克说：“我强调细节的重要性。如果你想经营出色，就必须使每一项最基本的工作都尽善尽美。”

日本松下电器创始人松下幸之助说：“不放过细节。无视细节的企业，它的发展必定在粗糙的砾石中停滞。”

西方“商业教皇”布鲁诺·蒂茨说：“一个企业家要有明确的经营理念和对细节无限的爱。”

著名西方流传民谣《帝国亡于铁钉》说：“铁钉缺，马蹄裂；马蹄裂，战马蹶；战马蹶，骑士跌；骑士跌，军团削；军团削，战士折；战士折，帝国灭。”

所有这些都说明了细节的重要。对于营销来讲，同样道理。在营销战略确定后，就要落实。没有落实，再英明的决策也没有意义。就像很多人立下了宏图大志而没有动作一样，也经常听到有人说“其实那个事很简单，我要做比他强”，可偏偏他没有去做。

要落实战略，就要从细节处着眼和入手，尤其是战略细节，更应该细上加细，要清楚地回答做什么，为什么做，在哪里做，什么时间做，谁来做，怎么做等问题。

中国人喜欢点到为止，管理者经常是给下属一个概念，靠下属的悟性去落实，结果经常是管理者不满意，下属也牢骚满腹，人为地造成了员工的离心离德。《把信送给加西亚》的出版，为这些管理者提供了支持，美其名曰员工就要自动自发。然而，完全忽略了那是极特殊情况下没有办法的办法，绝不是管理的常态，更不能把其常态化。

没有细节，也就没有执行。战略仅是确定了方向和策略，都是概念性的内容。比如说，要实施市场细分战略，可没有交代为什么细分，在哪里细分，什么时间细分，谁来细分，怎样细分等，结果可想而知，是五花八门，不尽如人意，领导暴怒，战略落空。

所以有了战略，就要制定实施的细节，才能有落实，否则，战略就是句空话。当然，细节中关键的是战略细节，即对战略实施有直接影响的细节，而不是可有可无的细节。并不是说这些细节不需要，而是有所为有所不为。不可能也没有那么多的资源和精力能够关注所有的细节，只能抓主要矛盾和矛盾的主要方面，这样才能有效地利用有限的资源创造尽可能多的效用。

■ 案例：沃尔玛的关注细节

沃尔玛全球4000多个店铺都装有卫星接收器，每一个消费者在其任何一个连锁店进行交易时，客户的年龄、住址、邮编、购物品牌、数量、规格、消费总额等一系列数据都被记录下来，送进企业信息动态分析系统。

无论是在美国本土还是在世界上任何地方，沃尔玛都鲜有大手笔的广告，它的广告费只占总运营费的0.4%，而竞争对手凯玛特却占到10.6%。偶尔过节时发的彩页广告，细心人一看，里面的广告模特不是自家的店员，就是员工的子女，而省下来的钱去哪里了呢？请记住这个事实：沃尔玛的商品零售价比它的竞争对手凯玛特平均低38%。

虽然2002年沃尔玛做到了全球500强之首，但仍然不遗余力地降低采购成本，监督全球工厂的每款产品的质量和价格。2002年沃尔玛结束了与外部采购组织的合作，自己雇用了数百名员工从南美洲和中国进行采购，其中在中国的采购额达到60亿美元；沃尔玛在全球建立了21家办公室，监督全球工厂的每一款产品的质量和进货价。沃尔玛计划在未来5年内再节约20%的采购成本，使它在全球的商品毛利率提高9%。这是一个多么令人惊叹的数字！你可以计算一下，仅从中国购买的60亿美元，再乘以

9%，就是5.4亿美元。

沃尔玛服务的三个基本信条：

(1) 尊重个人原则，努力做到最好；

(2) 10英尺规则（10 - Foot Rule）：任何一位职员，在顾客距离你10英尺（3米）以内的时候一定要问候；

(3) 太阳落山原则（Sun Down Rule）：员工或顾客的任何要求必须在太阳落山前得到答复。

2001年的感恩节，沃尔玛电脑和打印机捆绑销售的策略没有取得预期的效果，但是管理人员注意到一家商店反而特别火爆，总部立刻打电话询问此情况。该店报告说他们将包装箱打开，让顾客亲眼看到箱子里的电脑和打印机，这样顾客便兴趣盎然。公司总部立刻下令：所有商店都打开箱子。于是，各连锁店的电脑和打印机销量迅猛增加。

沃尔玛注重细节是出了名的，常常被人们拿出来作为案例。但是，人们往往都忽略了一个重要问题，那就是它关注细节的可行性。如沃尔玛当年最先进的信息网络系统，为它提供了包括客户管理、配送中心管理、财务管理、商品管理、员工服务管理等详细信息资料，使客户研究、降低采购成本、物流成本等成为可能。山姆·沃尔顿说："我如果看不到每一件商品进出的财务记录和分析数据，这就不是做零售。"

10英尺规则、太阳落山原则，都使其执行成为可能。反观我们的一些企业，给员工提出为客户提供优质服务的要求，却没有优质服务的具体标准，或都是一些定性标准，没有具体量化可操作的细则，优质服务就只能成为一句口号。

■ 案例：上海荣华鸡快餐公司的败北

20世纪90年代初，当肯德基进入中国后，上海荣华鸡快餐公司发起了向肯德基的挑战，在获得初步成功后，打出了"肯德基开到哪里，我就开到哪里的"大旗。然而，在经历6年打拼后，终不敌对手，在2000年撤离北京。

有人在分析其失败原因时指出，肯德基的餐厅整洁、优美、清新、鲜亮，给人一种平凡中透着高雅的感觉；肯德基有系统化、稳定、高质的产品制作标准，比如它的鸡长到7个星期的时候必须要杀，以保证鸡肉的鲜嫩；切肉或切青菜的先后顺序的要求是很明确的，在制作中它的每种佐料的搭配分量十分精确，对菜食烹煮时间是通过分秒来进行严格限制的；时刻保持快捷的服务和接待；等等。上百道工序中的每一个细节，都有其严格的评估与检验标准，每一个细小的差错都在这种系统化的规范中被发现，并受到相应的处罚。这就是把每一个细节进行量化了的肯德基的“冠军计划”，它为肯德基的快速发展提供了前提和条件。

而荣华鸡的情况就不同了，在一切都是手工操作的情况下，无论是在配料上还是在其他方面都只是一个大致的把握，缺乏精细和量化的标准，食品质量、服务质量、卫生质量很难得到保证，一个服务员当着顾客的面在餐厅里追赶苍蝇，总是叫人感到不舒服的。所以荣华鸡的溃退也就不难理解了。（来源：姜巍的博客2006－10－08《细看中外企业失败案例》）

在人们越来越认识到健康的重要，越来越注意饮食卫生和绿色环保的今天，麦当劳、肯德基这两个被一些人标注为垃圾食品的快餐连锁店，仍然十分红火。严格的细节操作流程确保了食品口感，加之良好的就餐体验，应该是其主要原因吧。

■ 案例：某集团战略实施方案

第一步：将战略目标分解为战略实施举措。

（1）根据集团的战略目标，以BSC的思维，画出相应的战略地图，清楚地表达在财务、客户、内部流程、学习成长方面该企业需要达成的目标，以及各自之间的关系。

（2）将战略地图转化为平衡计分卡，清楚地告诉企业应该关注哪些关键问题。

（3）根据战略重点，重新审视现有的组织结构能否满足战略的实施，补充缺少的职能，明确各部门、岗位的职责权限，同时根据企业的实际情况，将平衡计分卡上的关键任务明确到相应的部门，做到“事事有人负责”。将平衡计分卡和部门岗位职责结合在一起，形成详细的工作计划，包括时间、任务、工作标准和责任人。

（4）按照集中力量解决主要矛盾的原则，结合平衡计分卡和工作计划制定预算。

第二步：理顺工作流程。

包括管理流程和业务流程两部分。将明确的目标、计划、责任人和操作方式以流程的方式固化下来，达到既能提高效率又能规避风险的目的。除了将现有的流程理顺以适应战略的需要外，更主要的是建立起规范的流程管理体系，使流程能够更加机动灵活。

第三步：建立过程控制体系——督察体系。

督察体系包括三大部分的内容，督察表单、质询会议和预警系统。其中，督察表单是质询会议和预警系统的基础数据支持。督察表单根据平衡计分卡开发，选取平衡计分卡中的重点目标，分解为阶段控制指标，并列出获取方式和计算公式，同时根据集团实际情况，给指标划定波动范围，定期上报表单。

质询会议需要结合集团原有经营工作会议，定期召开，以表单数据为基础，审视阶段内集团战略目标的达成情况；同时，结合指标的范围，及时发现战略执行的问题。

预警系统包括指标预警和应急预案两部分，指标预警与督察指标结合在一起，通过指标值范围的形式在督察表单上得以体现，如发现有超过指标波动范围的情况，则需要启动相应的应急预案。

第四步：建立有吸引力的评价和薪酬体系。

根据以上战略执行的情况，将考核评估结果与责任人薪酬、业绩评价挂钩，构建有效的激励评价机制，再将评价的结果应用于薪酬体系的优化，使员工能够在精神和物质方面得到双重激励。

（来源：圣才学习网《分享解读：企业战略执行案例》）

有了这样的实施方案，就有了操作的可行性，正常来讲，战略落地就有了基础和可能。

第三节　营销制度

没有规矩不成方圆。一方面由于人都有惰性、私心及永远都说不清的情绪，另一方面被管理者与管理者的对立心态，导致再好的方案，员工也未必愿意去落实，所以任何企业，无论如何实施人性化管理，都必须有制度来约束。尤其是要想使正确的事情可以复制，循环往复，更需要有制度。制度包括业务流程和管理制度。业务流程告诉员工怎么去做事，管理制度告诉员工按要求做事和不按要求做事的结果。

我们习惯于制定制度，而不习惯于制定流程。制定制度方面，由于组织分工的壁垒，各人自扫门前雪，不管他人瓦上霜，容易导致制度的矛盾和缺失，不利于执行。而流程是围绕要做的事进行的过程描述，只要企业从整体上梳理清楚要做什么事，谁来做，谁先做，谁后做，什么时间做，做到什么程度，留下什么样的痕迹等，一般不会出现流程间的矛盾和空白。所以，最好是先梳理业务流程，然后把流程制度化，根据流程的执行需要制定相关的制度，这样效果会更好一些。

但不管流程也好，制度也罢，都要坚持效率原则，就是要使制度和流程能够围绕目标顺利的执行和落实。而不能为了规避想象中的所谓风险，人为地设置一些没有必要的障碍。始终要清楚管理是为了把事情做正确，不能为了管理而改变要做的事。除非要做的事情有违国家法律、社会公德、个人道德，否则就不能本末倒置。

企业要想使营销战略的实施方案能够贯彻落实，就要做到有法可依，就是先要明确做事的规则，然后再开始做事，而不是先做事后研究规则，或边做事边研究规则。规则要放到执行的地方去检验，不利于提高效率或执行条件发生变化后要进行修订，不能因为为了维护所谓的严肃性或权威的尊严而损害效率。当然，对于不清楚的事情，需要摸着石头过河是一种特例。

世界上唯一不变的就是变。制度流程也一样，没有一成不变的，要随着企业内外部环境的变化而不断地修订完善制度流程，使其能够科学合理。

从前面的某集团战略实施方案案例中也可以看出，制定战略实施方案的过程，也是制定业务流程和管理制度的过程。一个好的实施方案，就包括了顺畅高效的业务流程和科学严谨的管理制度。好的实施方案认真实施起来，想不高效都很难。

■ 案例：某 4S 店的销售流程

销售流程：销售准备—客户接待—需求分析—车辆展示—试乘试驾—后续跟踪—协商成交—交接车辆—客户维系

每一步中都有详细的内容。如销售准备要点：①销售顾问个人的5S。②展车的5S标准。③工具夹的所有资料。④邀约潜在客户参加店庆活动、试乘试驾会、节日促销、客户联谊会 、直接拜访等。⑤当天的工作计划。

客户接待的核心：贯彻客户第一的理念，消除客户的疑虑 ，让客户感到无压力。要点：①提供接待和咨询。②雨雪天气应对。③展厅问候。④自我介绍，让客户记住自己。⑤展开轻松对话，寒暄，最终共赢。

需求分析要点如下：

（1）5W2H。

（2）提问的技巧：①封闭式问题回答，只有一种可能是或不是，直接指导式目的：是确认信息。②开放式问题，例如：是什么？是谁？怎样？何时？何地？为何？目的：用来广泛地收集讯息，例如：有什么我们可以帮您的；您认为购买车什么对您来说最重要。③您认为需要哪些配置。

（3）提问的顺序：①一般性提问：问过去的问题——了解购买的动机。②确认性问题：问现在的问题——了解购买需求。③联系性问题：问将来的问题——了解购买的标准。

（4）帮助销售顾问找到客户需求的一些问题：①您心目中有没有一个预算呢？有两种形式：不用预算那么多，您就已经可以拥有……若您愿意多付一点，您更可以……②您是自己用还是作为商务车使用？③除了您之外，平时还有别人开这辆车吗？④您的新车有没有经常携带行李的要求？⑤您喜欢开车旅游吗？⑥您一般驾驶的路线怎样？⑦除了我们的品牌您还考虑什么车？⑧油耗对您来说是不是一个重要的考虑因素？⑨您最长一次行驶是多少公里？⑩有什么配置是您的新车必须具备的呢？

（5）主动倾听：①做一个优秀的听众。②积极地回应。（来源：摘编自道客巴巴《销售业务流程概述》）

■ 案例：某公司销售人员奖惩办法

一、奖惩架构

（一）奖励：1. 小功；2. 大功。

（二）惩罚：1. 小过；2. 大过；3. 解职；4. 解雇。

（三）原则：

(1) 全年度累计三小功＝一大功。

(2) 全年度累计三小过＝一大过。

(3) 功过相抵，例：一小功抵一小过，一大功抵一大过。

(4) 全年度累计三大过者解雇。

(5) 考核加分：①记小功一次加当月考核3分；②记大功一次加当月考核9分；③记小过一次扣当月考核3分；④记大过一次扣当月考核9分。

二、奖励办法

(一) 提出“行销新构想”：

(1) 提供公司“行销新构想”，而为公司采用，即记小功一次。

(2) 该“行销新构想”一年内使公司获利50万元以上者，再记大功一次，年终表扬。

(二) 献计“新产品”：

(1) 业务员主动反映可开发的“新产品”而为公司采用，即记小功一次。

(2) 该“新产品”一年内使公司获利50万元以上者，再记大功一次，年终表扬。

(三) 提供竞争对手动态，被公司采用为政策者，记小功一次。

(四) 客户信用调查属实，事先防范得宜，使公司避免蒙受损失（即呆账）者，记小功一次。

(五) 开拓“新地区”“新产品”或“新客户”，成效卓著者，记小功一次。

(六) 业绩卓越者：

(1) 达成上半年业绩目标者，记小功一次。

(2) 达成全年度业绩目标者，记小功一次。

(3) 超越年度目标20%（含）以上者，记小功一次。

(七) 凡公司列为“滞销品”，业务员于规定期限内出清者，记小功一次。

(八) 其他表现优异者，视贡献程度予以奖励。

三、惩罚办法

(一) 挪用公款者，一律解雇。本公司循法律途径向保证人追踪。

(二) 与客主串通勾结者，一经查证属实，一律解雇。

(三) 做私生意者，一经查证属实，一律解雇。直属主管若有呈报，免受连带惩罚。若未呈报，不论是否知情，记小过两次。

(四) 凡利用公务外出时，无故不执行任务者（含上班时间不许喝酒)，一经查证属实，以旷职处理（按日不发给薪资)，并记大过一次。若是干部协同部署者，该干部解职。

（五）挑拨公司与员工的感情，或泄露职务机密者，一经查证属实，记大过一次，情节严重者解雇。

（六）涉足职业赌场或与客户赌博者，记大过一次。

（七）业绩未达标者：

（1）上半年销售未达销售目标的70%者，记小过一次。

（2）全年度销售未达销售目标的80%者，记小过一次。

（八）未按规定建立客户资料经上司查获者，记小过一次。

（九）不服从上司指挥者：

（1）言语顶撞上司者，记小过一次。

（2）不遵照上司使命行事者，记大过一次。

（十）私自使用营业车辆者，记小过一次。

（十一）公司规定填写的报表，未交者每次记小过一次。

（来源：世界经理人2003－12－18《标题：一套销售员奖惩制度》)

有了这样的营销流程和制度，就为落实营销战略实施方案奠定了基础，如果再能严格执行，营销战略的落地就有了可能。

第四节　营销执行

有了制度和流程，就要进行培训，让员工都清楚，会执行，不能搞不教而诛。更要严格执行，要在制度和流程面前，人人平等，不能有特例。对于违背制度和流程的事或人要严格按照规则去处理。如果有了制度和流程，不去执行，就等于没有。

■ 案例：巴林银行的倒闭

1763年，弗朗西斯·巴林爵士在伦敦创建了巴林银行，它是世界首家“商业银行”，既为客户提供资金和有关建议，自己也做买卖。由于经营灵活变通、富于创新，巴林银行很快就在国际金融领域获得了巨大的成功。

其业务范围也相当广泛，无论是到刚果提炼铜矿，从澳大利亚贩运羊毛，还是开掘巴拿马运河，巴林银行都可以为之提供贷款。

在1803年，刚刚诞生的美国从法国手中购买南部的路易斯安那州时，所有资金都出自巴林银行。尽管当时巴林银行有一个强劲的竞争对手——一家犹太人开办的罗斯切尔特银行，但巴林银行仍是各国政府、各大公司和许多客户的首选银行。1886年，巴林银行发行“吉尼士”证券，购买者手持申请表如潮水一般涌进银行，后来不得不动用警力来维持，很多人排上几个小时队后，买下少量股票，然后伺机抛出。等到第二天抛出时，股票价格已涨了1倍。

20世纪初，巴林银行荣幸地获得了一个特殊客户——英国皇室。由于巴林银行的卓越贡献，巴林家族先后获得了5个世袭的爵位。这可算得上一个世界纪录，从而奠定了巴林银行的显赫地位。

然而，在1995年2月23日，这家世界上最老牌的巴林银行遭遇了倒闭的命运。其原因很简单，就是没有严格执行制度。具体过程，我们不做描述，但可以从新加坡在1995年10月17日公布的有关巴林银行破产的报告及里森自传中的感慨，窥探出巴林事件的原因。

当事人里森说：“有一群人本来可以揭穿并阻止我的把戏，但他们没有这么做。我不知道他们的疏忽与罪犯级的疏忽之间界限何在，也不清楚他们是否对我负有什么责任。但如果是在其他任何一家银行，我是不会有机会开始这项犯罪的。”

报告结论中说：“巴林集团如果在1995年2月之前能够及时采取行动，那么他们还有可能避免崩溃。截至1995年1月底，即使已发生重大损失，这些损失毕竟也只是最终损失的1/4。如果说巴林的管理阶层直到破产之前仍然对‘88888’账户的事一无所知，我们只能说他们一直在逃避事实。”

应该说，巴林银行的倒闭是一个有章不循的最为经典的案例，不能不引起企业的反思。

多年前，东北有家大型国有企业因为经营不善导致破产，后来被一家日本财团收购，厂里的员工都在翘首以盼日本企业能带来一些先进的管理方法。出乎意料的是，日本企业只派来了几个人，除了财务、管理、技术等要害部门的高级管理人员换成了日本企业派来的人员外，其他的没有任何改变——制度没变、原厂人员没变、机器设备没变。日方只有一个要求：把以前制定的制度和标准坚定不移地执行下去。

结果，不到一年，企业就扭亏为盈了。

虽然，这个案例很有讽刺意味，但这却是事实。我们的许多企业，普遍存在这样的现象：公司有许多制度和流程，甚至有非常完善的制度，但上至领导下至员工，全都不能也不会坚持贯彻执行。结果是这些制度、流程都流于形式，不能够真正贯彻落实。

执行决定成败、无条件服从、心态决定一切、没有任何借口等，很多管理者认为找到了执行的法宝，在企业中大行其道，然而若干年下来，企业的执行力并没有像期望的那样提高或加强。究其原因，可能在各个环节都存在问题。在执行环节主要是走入了执行的误区。

1. 雇佣员工的双手，不雇佣员工的头脑

有句话说得很有意思：使用双手的是劳工，使用双手和头脑的是舵手，使用双手、头脑与心灵的是艺术家，只有将双手、头脑、心灵再加上双脚进行合作的才是推销员。从这句话可以看出，营销工作是技术性和艺术性相统一，理性和感性相融合，体力和脑力相一致。而只强调执行，忽视员工智慧，在知识经济时代，岂不是本末倒置？

2. 强调员工执行，不强调领导执行

在一些执行失败的案例中，都讲到了员工，很少讲到领导。一个企业是个有机的整体，包括领导、管理者和员工，各有各的职责，营销战略、策略、实施方案、制度流程的落实，需要企业各层级方方面面的人共同落实，并都要做到位，才能有100%的效果。如果每个人都做到99%，就个体而言，其执行力应该是很高的，但10个99%叠加后的效率仅有90.4%。如果领导者有10个人，每个人做到99%，决策没等出会议室就剩下了90.4%；如果每个人做到60%，10个人则是0.6%，没出会议室决策就等于零了。

3. 强调顶层设计，忽略具体情况

杰克·韦尔奇总是告诫经理人，经营和管理并没有你想象得那么复杂，你只要记住，千万不要为细枝末节所牵绊。领导不要包办下属的工作，但要指导下属的工作，指导不是指手画脚，也不是包办代替，因此领导在帮助员工时，要在方向上有所把握，大事上做加法，小事上做减法。所以企业的管理者不能错位，要把该谁做的事情交给谁去做。顶层设计，要设计大事，如战略、文化、预算、主要领导人任免等，而不是细节，细节需要具体问题具体分析，要因地制宜，因人而异。

4. 执行要一视同仁，不能因人而异

相对于不落实，还有一种普遍的现象，即不能公平的落实，这是破坏企业制度的第一杀手，很多企业的失败症结都源于此。比如：在录用员工上，首选的是有人的人，不是优秀的人，只是在有人的人不够的情况下，才选择优秀的人；用有人的人，而不是有才的人，更不是适合的人；认可要用的人，而不是所有的人；奖励、提拔、重用的也是有人的人或自己想用的人，而不是真正该奖励的人，或者奖励的标准也因人而异。久而久之，这样的企业、这样的企业领导是不可能有真正的落实的，再好的战略、实施方案和制度流程，也都是废纸一张，除掉一些特殊情况，剩下的只有倒闭。

5. 错位，不讲制度讲感情

国人喜欢的是道法自然、顺其自然，喜欢的是变通，喜欢的是因人而异，喜欢的是人情，等等。这些在很多地方和时候都是正确的，如果没有这些，可能就没有了中国文化的传承。但在企业经营中却是要不得的，否则就是错位。比如，很多领导愿意和下属论哥们儿，讲感情，称哥们儿就是生产力，感情就是生产力，而不讲制度和流程。这些现象应该说是目前社会转型时期的特殊情况，绝不能成为企业的常态，除非企业不想基业长青。实际上，那些昔日昙花一现的明星企业，认真分析下来，有很多都是败在了这个方面，即使其他因素多一些，但也有这个因素的影子。当然，这些企业成功本身，这方面的因素也起了很大作用。正所谓成也萧何，败也萧何。

企业要想使营销战略落地，就要制定详细的实施方案，并制定相关的流程和制度，严格地去执行。实际上，企业就是要做到有法可依、有法必依、执法必严、违法必究。

■ 案例：中油 BP 公司的程序与执行

中油 BP 公司是中国石油重组上市后与 BP 公司于 2001 年组建的合资公司。合资公司成立后借助两大母公司的优势，汲取其管理精华，建立新型的管理模式，确定科学的经营理念，形成融汇中西的独特企业文化，创造出了以程序与执行为核心的中油 BP 经验，得到业界的广泛认可。

第一，管理者牢固的依法治企理念。中油 BP 公司，从企业宗旨到公司宣言到核心理念，都没有依法治企的字样，但从其经营的全过程、全方位及全员角度看，无时无处不留下依法治企的烙印，不体现出依法治企的理念。

1. 坚持正确的企业方向不动摇

中油 BP 公司，从成立到现在历经四任董事长、五任总经理，其企业宗旨、公司宣言、核心理念，从没有因为领导者的更换而改变，且充分体现和贯彻在程序的始终，也没有因为资源的多寡、政策的宽严而变化。如其宣言中的“出色的 HSE”，目标是“不发生事故，不损害人身健康，不破坏环境”，以此建立起了包括服务方在内的全面的 HSE 管理系统。在执行中，业绩考核的第一部分是安全指标，会议的第一个话题是首先指示走火通道……8 年始终没有改变过。

2. 程序面前人人平等

程序一旦确立，不管完善与否，从总经理、管理人员到操作人员，首先都是执行者，然后才是程序执行的监督者和制定者。如规定“乘车需系安全带”，不管是外方总经理还是中方总经理，不管是管理人员还是操作人员，也不管是上级领导还是合作伙伴，都必须执行，否则司机就不开车，司机不会因为得罪领导而丢掉饭碗。且程序一旦确立，领导者都带头执行。外方领导者受其文化影响可以理解，但中方领导者和管理人员，如果没有牢固的依法治企理念，8 年始终如一的秉承和坚持，是不符合传统文化的。

3. 诚信不打折扣

在不影响自身利益情况下讲诚信都能做到，但在涉及自身利益情况下，尤其在不被外界知道和不触犯法律的情况下，有几个企业能够做到，我们就不好下定论了。中油 BP 公司就做到了。如其成立以后购买了近千台电脑，使用的 WindowsXP 和 Microsoft Office 都是正版软件，仅这一项就投入 300 多万元人民币。再如，油品不可能百分之百的纯，时间长了，累积的杂质不清理会影响油品的清洁度；成品油对缸体有一定的腐蚀作用，也会污染油品。虽然这个污染对发动机的损害不会一下子显现出来，一般公司很少清理或几年清理一次，也没有引起什么麻烦。而中油 BP 公司却规定每年都要对油缸进行清理，每次都会用去几百万元。又如国家规定，加油机油枪付油量标准在±3‰之内，如果每次校枪时调整为+3‰之内，公司就可以盘盈很多。而中油BP公司却要求每次校枪时都调整为零，这样每次付给顾客的油就只多不少，公司因此承担油品经营全程中的损耗每年都有1000多万元。而在公司成立之初没有利润的前几年，它也是这样做的。

中油BP公司还有一些用中国文化无法解释的案例，如BP公司主管销售业务的副总到公司来检查工作，可以自己从机场打车到公司或酒店。再如，中油领导或兄弟单位来人，他们能够做到不设宴招待，有时用快餐盒饭招待，等等。这在历来崇尚礼尚往来的礼仪之邦的土地上，能够做出这样的规定，并能坚持几年之久，足以看出其依法治企的精神。

第二，有法可依。这是依法治企的法律前提，也是依法治企的首要环节。中油BP公司首先就从有法可依开始。

1. 做事要先做程序

在中油BP公司做事要先做程序。无论要做什么事，也无论事情紧急与否，不管是谁决定做的，也不管事情简单与否，都必须先制定程序。根据业务需要，他们制定了职责清晰的加油站运作手册、安全手册、财务手册、便利店手册等，使员工在做每项工作时都有章可循、有据可依。如2002年，中油BP管理层了解到矿山、工厂等对地磅需求量很大，而有些加油站靠近这些地方，有条件开展此项业务，于是决定因地制宜地开展地磅业务。在管理层决定后，相关部门并没有立刻购买地磅，安装地磅，而是开始着手建立相关程序。这个程序的建立用了半年时间。但由于程序制定得比较完善，在实施过程中进展非常顺利，没有出现过需要再次进行协调的事情。

2. 制定程序有效、可操作

中油BP公司有事故发生，无论大小，都要先检讨程序，看看现有程序是不是可以防范该种事故出现的风险，如果不可以防范，操作者也执行了程序，那么就修订程序，不追究操作者的责任；如果不可以防范，操作者没有执行程序，那么就修订程序，追究操作者没有执行程序的责任，而不需要操作者对结果负责；如果可以防范，则追究操作者没有执行程序的责任，并要对结果负责。

2001年，合资公司成立后，按章程约定可以开发加油站。BP公司派出了7个他们在世界各地的加油站管理专家，与中油BP公司网络计划部、地产部人员组成7个联合市场研究小组，冒着酷暑高温，利用两个月时间，对广东省5200多座加油站进行了详细调查研究，在此基础上，经过广泛激烈的讨论，制定出了中油BP公司加油站网络建设发展规划、加油站评估标准和加油站收购标准。中油BP公司一直按这个规划和标准开发加油站，收到显著效果，单站日销量高出同行业平均水平10多吨。

3. 及时修订程序

一旦发现程序不完善，就要及时修订；即使现有程序还有效，但周围环境发生了变化，也要及时进行修订；即使没有什么变化，也要定期检讨程序，不断优化。

DCF（加油站收购数据模型），是BP公司在世界各地普遍使用的收购加油站唯一模型。合资公司成立后，也将此模型带到中油BP公司。但用此模型收购的加油站，虽然数据模型统计没有问题，但实际情况相差太多。后经调查发现，加油站老板为了做好加油站业绩，有的采取晚间降价销售来吸引顾客，有的用自己的几台车每天反复多次加油。他们针对中国市场的复杂性，对数据模型进行了很多调整，加进很多本地市场的元素，并不断细化和更多地考虑中国市场的实际情况，最大限度地保证测算的准确性和客观性，最大限度地促使测算结果与实际一致。

第三，有法必依。这是依法治企的中心环节。中油BP公司要求公司所有员工从公司老总到管理人员到操作人员无一例外对公司所有的程序，都必须无条件地执行，并严格地考核。执行了程序，结果是错的，与执行者无关；没有执行程序，即使结果是对的，也要惩罚执行者。这充分体现了程序是不可更改的指令，执行是没有借口的服从。

2004年底，中油BP公司外方总经理休假，中方总经理忙于组建新的公司，两个人将近一个月的时间没有在公司，而各项工作照样井井有条地进行。市场部一名主管需要付一笔品牌推广费用，直接找到总经理授权的财务总监签字就办理了相关手续，且总经理回公司后也不查问授权的使用情况。

公司规定办公车辆正常行驶速度不能超过110公里/小时，并在车里安装了测速仪，董事长个人的自驾车也不例外，同样安装测速仪。要求到中油BP加油站进行考察、参观、检查的非加油站工作人员，应该穿红白相间的反光服。原总经理高汉博每次去加油站，都会穿着反光服进入加油站。BP 的副总裁到中油 BP 加油站视察，也按规定穿反光服进入加油站。

某个大区经理带一名主讲到一个小区去参加培训，按照计划时间完全够用，但出现了特殊情况，发生了堵车。等堵车解决后，如果加速，也能来得及。但公司规定办公车辆正常行驶速度不能超过 110 公里/小时，尽管他们非常着急，但也还是没有超速行驶。最后比约定时间超了 6 分钟，每人交了 10 元罚款。

在中油 BP 公司，不但本公司员工必须做到有法必依，合作方员工也必须做到有法必依。中油 BP 公司为了保证油罐车安全高效运营，在实地测量调研基础上，制定了“路卡”，规定了各个油库到各个加油站的行驶路线。第三方承运车辆必须按照“路卡”行驶，遇有特殊情况，需要改道，必须请示配送中心同意，方可执行。

第四，执法必严。依法治企的关键是执法，难点和重点也在执法。执法必严，是指执法机关和执法人员严格依照公司制度规定办事，坚决维护制度的权威和尊严。中油 BP 公司的做法正体现了这一精神。

2006 年 4 月 11 日，总经理高汉博到东莞虎门加油站参加资产部的一个会议。到达后正要往办公室走，被前庭主管拦住了，被告知办公室内正在点款，现在不能进去。高汉博在外面等了 5 分钟，直到办公室内点款完毕，才被允许入内。还有一次，股东方 BP 公司派员到一个加油站进行安全审计，但没有佩戴胸卡，加油站主管拒绝合作。直到对方通过公司通知到加油站，加油站对其身份确认后，才给予配合。

开车接打手机，一般人都做过。但中油 BP 公司规定开车时不能接打手机。一次，当时任运作部经理的高汉博在检查加油站时发现一个刚进入公司的区域经理边开车边打电话，他与这个区域经理进行了沟通，最后公司给予该区域经理严厉的书面警告处分（该处分仅次于最严厉的辞退）。

还有一次，在车速年检中，发现有两名配有公务自驾车的工程师有过短时间车速达到 140 公里/小时的记录，违反了公司车速不能超过 110 公里/小时的规定。公司给全体员工发出信件，给予两名工程师书面警告处分，并且明确表示，如果再次发现超速行驶，将会受到公司最严厉的处罚——辞退。

第五，违法必究。就是要严格追究违反制度行为人的责任。这是依法治企的必要保证，是制度威严的重要体现。违法不究，不但会使受到侵犯的制度得不到保护，使被破坏的经营管理秩序得不到恢复，还会损害制度的威严，使制度失信于民。

中油 BP 公司要求公司全体员工必须无条件地执行公司的程序，哪怕结果是错的。程序可以修改，但不能不执行。

中油 BP 公司按 DCF 确定的数据，多次参与广东高速公路加油站投标工作，但从没有成功过。经过分析认为，根据几年开发实践，修订后的 DCF 预测销量与实际销量基本吻合，确定的收购价格也相对合理，投标没有成功，不是 DCF 问题。所以他们在加油站开发中仍然坚持用 DCF 来测算数据，决定是否开发。

2003 年公司开始搞基础工作检查，发现按公司方案进行，有的加油站会搞突击应付检查。于是，有人提出修订方案。管理层认为，方案已经确定，不能改变，必须按原定方案检查，下次再修订。最后，按原方案进行完第一次检查工作，之后针对检查中出现的问题对方案进行了修订。

中油 BP 公司认为，生命比金钱更重要。所以程序规定，加油站员工面对歹徒打劫时，首先要争取员工生命安全，其次才是财产安全。一次一个加油站受到一个持假枪歹徒打劫。当时，加油站经理和主管认出劫匪是加油站辞退的一名员工，认定歹徒的枪是假的，因此两人制伏了劫匪，使加油站没有受到任何损失。但公司认为，认定是一种猜想，一旦出现失误可能会伤害到生命，这种行为违反了公司的规定。所以加油站经理和主管的行为并没有受到表扬，反而受到了口头批评。

另外，该公司规定，员工公务期间不得骑摩托车，如经发现一律解雇。刚开始时，有十几名员工偷偷将车骑来放在离上班不远的地方，出门时仍然使用摩托车，被发现后都给予了辞退处理，后来再也没有发生员工公务期间（包括上下班）骑乘摩托车的事情。

有专家在研究百年老店时指出：企业发展初期和小型企业靠领导，中期和中型企业靠制度，长期和大型企业靠文化。我们有很多企业都期望着做大做强，期望着打造百年老店，在艰苦地探索着成功之路。中油 BP 公司的做法很值得我们思考和借鉴。

但不管怎么说，一个企业没有合理的制度和流程并严格执行，要想基业长青，那一定是痴人说梦、白日做梦。这和人性化管理不是一回事。

■ 案例：日立的“鹊桥”相会

日本日立公司内设了一个专门为职员架设“鹊桥”的“婚姻介绍所”，总部设在东京日立保险公司大厦八楼。提出求偶申请的员工把学历、爱好、家庭背景、身高、体重等资料输入“鹊桥”电脑网络后，便有权调阅电脑档案，申请者往往利用休息日坐在沙发上慢慢地、仔细地翻阅这些档案，直到找到满意的对象为止，一旦他（她）被选中，联系人会将挑选方的一切资料寄给被选方，被选方如果同意见面，公司就会安排双方约会，约会后双方都必须向联系人报告对对方的看法。

田中就是在刚进公司时，在同事的鼓动下提出申请的，后来与同在日立公司当接线员的富泽惠子结婚了，婚礼是由公司“月下老”操办的，而来宾中70%都是田中夫妇的同事。

■ 案例：请你当一天厂长

韩国精密机械株式会社实行了这一独特的管理制度，即让职工轮流当一天厂长管理厂务。一日厂长和真正的厂长一样，拥有处理公务的权力。当一日厂长对工人有批评意见时，要详细记录在工作日志上，并让各部门的员工收阅。各部门、各车间的主管，得依据批评意见随时核正自己的工作。这个工厂实行“一日厂长制”后，大部分职工干过“厂长”，工厂的向心力增强，管理成效显著。开展该项活动的第一年就节约生产成本300多万美元。

■ 案例：士为“赞赏”者死

韩国某大型公司的一个清洁工，本来是一个最被人忽视、最被人看不起的角色，但就是这样一个人，却在一天晚上公司保险箱被窃时，与小偷进行了殊死搏斗。

事后，有人为他请功并问他的动机时，答案却出人意料。他说：当公司的总经理从他身旁经过时，总会不时地赞美他“你扫的地真干净”。（来源：企业管理培训网2010－08－17《人性化管理的经典案例三则》）

第五节 营销文化

营销文化作为企业文化的核心内容，不管你知不知道，喜不喜欢，它都客观地存在着，如影随形地伴随在企业生产经营活动的始终，并时时刻刻影响着企业的生产经营活动，决定着企业的核心竞争力，左右着企业的战略走向，进而决定着企业的生死存亡。从大的角度看，都习惯地称其企业文化，但如果进行文化细分，就其核心内容来讲，就是营销文化。所以，一个企业要想健康发展，需要建设适合的营销文化。

一、对营销文化的理解

营销文化作为企业的营销哲学或营销观念，是企业做事的指导思想，随着环境的变化而发展和演变。有很多著作对其进行了专门阐述，这里不再做系统的论述。

（一）建设营销文化的重要性

建设营销文化对于企业而言有很多方面的积极意义，但最为重要的是它是实现企业基业长青的必备条件。从众多研究企业寿命的结果看，有营销文化不一定能使企业基业长青，但基业长青的企业都有着很好的营销文化。

如韩国银行发表的《日本企业长寿的秘密及启示》报告书称，日本拥有3146家历史超过200年的企业，为全球最多，更有7家企业历史超过了1000年。排在世界最古老企业前三位的都是日本企业。而日本调查公司东京商工研究机构数据也显示，全日本超过百年历史的企业竟达21666家之多，而1975年后才建立的公司，仅为620家。在分析长寿原因时，则认为日本企业多依靠“仁爱”“贵和”等原则，将修身（注重员工终身培训）、齐家（单子继承制与终身雇佣）和治国（对社会负责）三者紧密串联起来，在内部保持了纵向的和谐和横向的弹性，形成了企业“慈”、员工“忠”的日本长寿企业特点。

从世界著名企业看，也都有着明确的营销文化。例如：

1. IBM 的企业文化

IBM 就是服务。尊重员工个人的信念；尊重客户的信念；有理想，用理想去执行一切任务的信念。

2. 花旗银行企业文化

以人为本，客户至上，寻求创新。

3. 惠普企业文化

相信、尊重个人，尊重员工；追求最高的成就，追求最好；做事情一定要非常正直，不可以欺骗用户，也不可以欺骗员工，不能做不道德的事；公司的成功是靠大家的力量来完成的，并不是靠某个人的力量来完成；相信不断的创新，做事情要有一定的灵活性。

4. 肯德基企业文化

服务至上、追求卓越。餐厅经理第一；群策群力，共赴卓越；注意细节。

5. 通用电气的企业文化

坚持诚信，注重业绩，渴望变革。

6. 沃尔玛企业文化

“顾客是上帝”“尊重每一个员工”“每天追求卓越”。

再反观国内的一些企业，据 2012 年《中国中小企业人力资源管理白皮书》调查显示，我国中小企业平均寿命仅 2.5 年。另有报道说，中国集团企业平均寿命为 7 ~ 8 年。

影响企业寿命的因素众多，从外部讲是没有契合宏观营销文化，从内部讲主要是没有积极健康的企业文化。从短命的企业来看，基本上有几个共同点，比如：想“一夜暴富”，缺乏科学的战略规划，没有培养忠诚客户的理念；想“一夜成名”，缺少脚踏实地；想创造“一蹴而就”的奇迹，不遵守企业发展的规律；想“黄袍加身”，用官场哲学代替经营哲学，只唯上，不唯书，更不唯实；等等。

■ 案例：五谷道场的失败

为什么说五谷道场遇到了文化瓶颈呢？因为五谷道场最基本的诚信在逐渐丧失。早在 2007 年 8 月，北京地区的一位从 2005 年就做该品牌一级代理的经销商抱怨，“去年同期销售最好成绩一个月就可达二三十万元。但是现在一个月最多只有五六万元。由于欠货问题严重，他已经和五谷道场业务员沟通，把当时交给该公司的保证金都换成了产品”。他表示，主要是太害怕了。现在是一定先让我看到货，我才敢给钱。因为这半年来五谷道场就不正常，打过钱去有时候一两个月都不见货。

重庆《西南商报》就曾以“百万货款掉陷阱，众多商家被‘套牢’”为题报道了中旺集团四川分公司涉嫌挪用当地经销商货款高达100万元，长达8个月之久。

一些离职的员工曾向北京媒体透露，2006年11月公司开始大量拖欠员工工资，有的长达半年。2007年上半年，中旺集团下辖各地分公司员工甚至总部员工，至少有2000人离职。

……

文化出了问题，失去了最起码的诚信，企业一旦出现困难，员工就会离职，债主堵门，银行封门。

可能有的朋友要问，五谷道场很重视企业文化建设，你为什么说人家遇到了文化瓶颈呢？是的，五谷道场的大股东中旺集团，表面上看很注重企业文化，他们创办了《中旺企业文化报》，还提出了“文化铸魂”的口号。他们的公司精神是，自强不息，厚德载物；经营宗旨是，双赢共生；公司愿景是，培育独具特色的企业文化，打造传承百年的强势品牌。这些口号很动听，但落实到行动上了吗？笔者看没有。他们只是把企业文化作为忽悠客户和员工的一种手段，在实际经营活动中则是没有落实。有人可能还会问，五谷道场拖欠供应商货款、拖欠员工工资也是在企业遇到困难的情况下不得已而为之，过去中旺是很讲信用的。但笔者认为这种说法站不住脚，只有在企业最困难的时候，才是对企业文化的真伪的最好的鉴别。

只有动听的口号没有行动的文化是伪文化。搞伪文化的企业尽管可以红火一时，但不可能成为百年老店。（来源：应届生求职网2013－11－25《失败的企业文化案例》）

（二）宏观营销文化

营销文化有宏观营销文化和微观营销文化。宏观营销文化即企业的社会文化环境，是指在一种社会形态下已经形成价值观念、宗教信仰、风俗习惯、道德规范等的总和。任何企业都处于一定的社会文化环境中，企业营销活动必然受到所在社会文化环境的影响和制约。为此，企业应了解和分析社会文化环境，针对不同的文化环境制定不同的营销策略，组织不同的营销活动。

对于宏观营销文化，企业只能是适应、利用和引导。如麦当劳、肯德基在中国销售米粥、油条等，就是适应中国的饮食文化。“男 + 女 − 饮料”，则是利用了爱情文化。把鞋子销售给土著居民，则是引导了当地的衣着文化等。

■ 案例：金六福的“福文化”

金六福运用“国有喜事金六福，家有喜事金六福，中秋团圆金六福，春节回家金六福”系列广告，以中华民族的传统与感情为诉求，拉近与消费者的距离。金六福善用事件营销，不断挖掘重大社会事件中的民族情感寄托，做活品牌关联。大到民族感情，小到家庭团圆喜庆，都被它用心地凝聚在“福”字上，强化着金六福的核心价值定位。从一声稚嫩的“好日子，离不开金六福”拉开其情感营销序幕，到2001年体育营销展现中国社会“福满乾坤春满门”，金六福以“顺情”和“煽情”赢得顾客，赢得市场。

1998—2000年，金六福给人的品牌体验更多的是个人的福运，其传播口号主要是“好日子离不开它”和“喝金六福酒，运气就是这么好”。2001—2002年，金六福通过赞助世界杯出线、中国申奥，将这种体验提升到民族的福、国家的福——“中国人的福酒”。2004年以后，搭车雅典奥运，它又将福文化推向国际，让人们体验“世界的福”。短短几年，金六福的“福文化”不断提升和积淀。（来源：搜搜问问《金六福“福文化”营销案例分析》）

■ 案例：沃尔玛败走德国

沃尔玛于1997年进入德国市场，2006年宣布全面撤出德国市场 。其失败的原因有两个。

1. 德国市场环境方面

德国向来有着十分严谨的劳工和贸易法律。沃尔玛看到自己的财势，却没有评估德国法律条例对它的影响有多大。因此，造成了经常性的纠纷事件。2002 年 7 月，因沃尔玛拒绝与德国服务业工会集体协议并拒绝加入德国雇主协会，爆发了有 1000 多名员工参加的罢工。忽视法律环境导致的劳工矛盾使沃尔玛陷入危机。

2. 消费者状况

沃尔玛没有很详细地了解德国的消费者。如德国消费者并不喜欢沃尔玛某些经营特点，比如员工必须向顾客微笑；沃尔玛服务人员过多是一种浪费行为，雇佣这些服务人员会增加沃尔玛的运营成本，从而提高消费者的花费。诸如此类企图改变消费者喜好的做法，影响了沃尔玛在德国的发展。（来源：道客巴巴《沃尔玛败走德国市场案例分析》）

（三）微观营销文化

即企业营销文化，一般经历无意识、有意识和完善提高等三个阶段。无意识阶段，就是企业开创初期，一般都忙于开发产品打市场，没有意识到需要企业文化，仅是制定一些规章制度、业务流程或公司章程等，而没有研究或确立企业的营销文化。这一阶段的营销文化体现的是创业者个人的文化、喜好、习惯等。有意识阶段，一般是企业发展到一定阶段，领导人认识到企业文化的重要，开始着手企业文化建设；或者有较好企业素养的创业者在创业初期，就开始建设企业营销文化。完善提高阶段，就是企业根据宏观营销文化的变化，或企业发展情况，对企业营销文化进行不断的完善提高，这也是一些企业需要持续进行的重要内容。对微观营销文化完善提高，需要企业通过变革、教育来树立新的营销理念，通过制度流程来改变员工的行为习惯，通过销售环境和产品来塑造企业的物质文化等。

■ 案例：福特 T 型车的普及

1912 年，美国福特汽车公司聘用詹姆斯·库兹恩任总经理。库兹恩上任后实施了三项决策：

（1）对主产品 T 型车做出降价的决定，即 1910 年定的 950 美元降到 850 美元以下。

（2）按每辆 T 型车 850 美元售价的目标着手改革公司内部的生产线，

在占地面积为278英亩的新厂中，首先采用现代化的大规模装配作业线，使过去12.5小时出一辆T型车降到9分钟出一辆，大幅度降低成本。

（3）在全世界设置7000多家代理商，广设销售网点。

这三项决策的成功使T型车冲向世界市场，占有率占美国汽车行业之首。

1919年，亨利·福特独占福特公司，库兹恩被解雇，福特自任总经理。福特采用低价策略，1924年每辆T型车售价已降到240美元，1926年福特车产量已占美国汽车产量的1/2。（来源：道客巴巴《美国福特汽车公司和通用汽车公司的早期竞争》）

■ 案例：杰克·韦尔奇的变革

1981年，杰克·韦尔奇继任通用电气（GE）公司总裁后，不顾大多数员工的反对，对通用电气进行了改革。

（1）业务重组。杰克·韦尔奇认为，通用电气旗下的所有企业都必须在其产品市场上名列第一或第二，不能达到这个标准的企业，将被整顿、关闭或出售。

（2）管理重组。杰克·韦尔奇对企业内部的扁平化改造，从管理层级上是将管理层次从8层精简到3层。在薪酬体系改造上，将工资层级从29个级别调整到5个组线条的级别，这也是扁平化的改革。当然，砍掉25%的企业，削减了10多万份工作，将350个经营单位裁减合并成13个主要的业务部门，则更是大手笔的企业扁平化的改造。

（3）改革带来的业绩。到1991年底时，通用电气的利润比10年前增长了10%，是同期GNP增长率的1.5倍。1991年度的全年营业额为600亿美元，利润44亿美元，以衡量公司经营业绩的关键指标——每股收益而言，高达20%，比美国前500家大企业的12%高出许多。以2000年8月15日的市值计算，全球100名上市大公司的总市值排名中，通用电气以5629亿美元重登冠军宝座（1980年第11名）。根据收益、利润、市场价值及资产的综合评比，《财富》杂志将通用电气列为全球最具竞争力的企业之一。

正因为有了詹姆斯·库兹恩的微观营销文化的变革，才使福特T型车大幅度降低生产成本，得以迅速普及，大大推动了汽车业的发展。有了杰克·韦尔奇的强力改革，才成就了通用电气的发展。

企业不适应宏观营销文化要失败，没有微观营销文化或微观营销文化不被顾客接受和认可，同样要失败。企业顾客有内部顾客和外部顾客，企业的微观营销文化，同样需要内外部顾客的接受和认可，得不到哪一方面顾客的接受和认可，都不行。那么，建设什么样的企业营销文化才能得到内外部顾客的接受和认可呢？那就是建立为顾客创造价值的营销文化。前面已经说过，企业的唯一目标就是创造顾客，也就是创造顾客价值。

二、为内部顾客创造价值的营销文化

没有满意的员工，就没有满意的顾客。企业的营销文化如果不能让员工接受和认可，再好的营销文化，甚至是被外部顾客接受或认可的营销文化，也会因打折而不能很好地落实到位，甚至还会失败。

■ 案例：B 公司的目标管理

B 公司是一家从事计算机硬件、软件销售和二次开发的电脑公司，公司规模不大，50 人左右。公司经过多年的打拼，在本地区小有名气，并占有一定的市场规模。随着市场竞争的激烈化，为了继续保持公司的快速超常发展，提高员工的积极性，该公司总经理借鉴当时业界较为风行的“目标管理法”，对员工进行目标管理。

其具体操作是这样的：公司对第二年销售额进行预测（公司希望达到第二年实现销售额翻番的目标，因此将其营业额的预测定为上一年度的两倍），并将这一销售额自上而下，分配到每一部门，再由各部门分配到每位员工头上，取消了原执行的按销售比例提成制度，改为未完成任务时只有极低提成，超额完成任务则有巨额提成。表面上看来，如果业绩真的如公司所愿，能够继续快速增长，优秀员工在超额完成任务后，收入将大幅度提高，而对于不能完成任务的“不合格”员工，公司又降低了花在他们身上的成本，似乎是一举两得的好事。

但员工经过仔细分析后发现，由于该公司所处市场环境竞争加剧，公司产品优势逐渐丧失，公司规模扩大、销售人员增加导致每位销售人员所拥有的潜在蛋糕变小，并且公司在资金实力、内部管理、配套服务方面跟不上快速增长的需要，几乎无人有信心完成两倍于前一年的销售额。因此，多数员工产生了“被愚弄”的情绪。一年之后进行核算，全公司没有一个人能得到高额提成，核心销售人员流失殆尽。两年后，该公司濒临倒闭。(来源：管理资源网 2005－10－03《成功与失败的激励案例分析》)

要想让员工接受和认可企业的营销文化，就要为员工创造价值，就像为顾客创造价值一样来创造价值，然后还要像让顾客感知到顾客价值一样来让员工感知到企业为其创造的价值，即向员工进行营销，也就是内部营销，具体内容详见本书第二章第二节内部营销。

三、为外部顾客创造价值的营销文化

营销观经历了从以产品为中心的营销观，到以客户为中心的营销观，再到价值驱动的营销观的演变。价值驱动营销观是以社会责任为己任，关注人类期望、价值和精神。消费者都是具有独立意识和感情的完整的人，他们的任何需求和希望都不能忽视，而价值驱动的营销观则是把情感营销和人文精神营销很好地结合到了一起。

即使到了今天，三种营销观都同时存在，不同的企业树立了不同的营销观。从企业出发，以产品为中心，塑造富有特色的企业营销文化，占领市场制高点；真诚面对顾客，以优质的产品为顾客提供无微不至的服务，善待竞争对手，变冤家为伙伴，通过公平竞争，增强竞争优势；树立“取之于社会，服务于社会”的新型营销理念。但不管哪种营销观，企业都需要跟着市场走，即要通过创造客户价值来满足客户需求。否则，只能是在竞争中败北，甚至倒闭。

以产品为中心、以客户为中心、以价值为中心，都是在阐述产品与客户的关系，只是目的和手段不同。以产品为中心的目的是产品，是要把产品销售出去，客户只是手段；以客户为中心的目的是客户，要为客户提供满意的服务，产品则是手段；以价值为中心的目的是要为客户、为社会创造价值，产品或服务则是实现这个目的的手段。目的也是企业的使命，在某种情况下甚至永远都不会改变，而手段则可以选择，因为实现目的的手段绝不是仅有一种。这也是表面看，都为客户提供产品或服务，但本质上则完全不同的根本所在。

■ 案例：福特与通用的早期竞争

美国福特汽车公司，在得到大的发展之后，提出不管顾客需要什么，我的车都是黑色的。它实行以产定销的策略，以黑色车来作为福特汽车公司的象征。结果T型车在竞争中日益失利，1927年5月停产。1928年，福特汽车公司的市场占有率被通用汽车公司超过，退居第二位。

通用汽车公司在1928年以前，是市场占有率远远低于福特汽车公司的一个弱手。1921年，斯隆就职于通用汽车公司。针对当时通用汽车公司的状况，斯隆实施了一系列的改革，同时提出汽车形式多样化的经营方针，以满足各阶层消费者的需要。1923年，通用汽车市场占有率仅12%，远远低于福特汽车公司。1928年，通用汽车市场占有率达到30%以上，超过福特汽车公司。1956年，通用汽车市场占有率达53%，成为美国最大的汽车公司。

这是一个非常经典的以产品为中心的营销案例。福特公司因改革生产线大幅度降低T型车成本，而使汽车走进了寻常百姓家，也使福特公司汽车产量占到全美的1/2。但囿于其“不管顾客需要什么，我的车都是黑色的”以产定销策略，使其完败于“汽车形式多样化以满足各阶层消费者的需要”的通用公司。

■ 案例：洲际酒店以客户为中心的营销策略

1. 投资技术开发

第一步，建立新的数据库和实时数据库，让洲际酒店可以把来自酒店本身和第三方来源的数据与现有的客户信息进行匹配。

第二步，扩大除电子邮件以外的其他对外营销活动。让内部营销活动流程自动化，并且让特许经营酒店可以根据当地情况和客户关系定制合适的项目，从而实现本地化营销。

第三步，对多渠道的协调性作进一步发展。洲际酒店计划把日渐增多的渠道进行整合，同时开始通过不同渠道来优化内容、产品和信息发布的时机，从而实现回报率和客户相关性的最大化。

2. 拓展新的营销领域

(1) 适时营销。通过对外发布信息（如电子邮件）来跟进有价值的客户行动。

(2) 非会员营销。洲际酒店在维护好原来洲际优悦会会员的同时，利用 cookie 数据和客人上网行为等新的数据环境来寻找和划分有价值的非会员客户。它还推出了生命周期营销活动、定制的现场产品展示和针对非会员的定向媒体采购。

(3) 全球本土化沟通。洲际酒店鼓励其特许经营酒店针对具体的酒店和客户资源情况，合理地利用其全球的酒店资源。

(4) 对传统营销活动进行延伸。利用互动工具来发布即将进行的传统媒体营销活动信息，或者利用定向的互动工具来跟进营销活动，以提高参与客人的转化率。

(5) 渠道的协同作用。利用自身渠道来对其他渠道进行推广，或者说利用来自一个渠道的数据来提高其他渠道的信息相关性。

3. 建立集中管理的客户关系组织架构

把洲际酒店的产品、渠道和销售团队统一交给一位管理人员——客户执行副总裁负责。

启动企业重新教育计划，以帮助整个酒店集团改变每个客户触点需要产生的价值的期望值。（来源：摘编自环球旅讯 2010-06-07 Gary 编译《以客户为中心的营销策略——洲际酒店案例分析》）

现在，很多企业都喊着“以客户为中心”，甚至将其写进了企业文化手册，但在实际业务工作中则是另外一回事。从以产品为中心到以客户为中心是一场变革，它需要坚定的变革领导者，需要制订详细可操作的实施方案，需要一切工作流程制度都要按照新的需要变，需要调整组织架构，更要对员工进行教育，等等。最终，形成理念墙上挂，行动地上爬。洲际酒店的做法才是实实在在的以客户为中心，值得一些想要实施以客户为中心的企业借鉴。

■ 案例：支持儿童抗癌

2011 年 11 月 23 日，美国家庭人寿保险公司 Aflac 组织感恩节大游行的观众和假日购物者为儿童抗癌做宣传。

这个位于乔治亚州的保险公司将目标人群锁定于使用社交媒体 Facebook、Twitter 以及娱乐平台 GetGlue 的用户。当用户在 GetGlue 平台的社交游戏上登录，或者将与 Aflac 抗癌中心有关的图片贴在自己的 Facebook 上时，Aflac 就会为 Aflac 癌症中心捐赠 1 美元，集团预计会为 Aflac 癌症中心和亚特兰大的儿童血液病医疗服务机构提供 100 万美元的资金投入。

“我们正在努力提高儿童癌症的治疗水平，并且协助医生寻找治愈方案”，Aflac 公司首席营销官及高级副总裁 Michael Zuna 说，“这些社交平台的活跃性不仅能够激发更多的个人参与进来，而且网民的从众性心理会使得活动的参与量倍增，用户也会希望自己在 Aflac 公司的抗击儿童癌症的计划中有所贡献，对于这一点我们很自信。”

■ 案例：麦当劳——食材也需可持续

2011 年 12 月 21 日，麦当劳集团发布了 2011 年可持续发展计分卡，并与供应商、专家和食品工厂进行合作，强化其对客户的可持续发展承诺。

2011 年的计分卡突出了麦当劳在 5 个领域的进步，其中包括在菜单的演变和可持续食材方面取得的主要进展。例如，截至 2012 年 3 月底，水果将会出现在美国和拉丁美洲麦当劳餐厅的食谱中，最终世界各地超过 95% 的麦当劳餐厅都会提供水果、蔬菜或低脂肪奶制品。

在麦当劳的可持续土地管理承诺中，该公司的食材采购和包装都需做到可持续，而迄今为止，麦当劳已经在牛肉、家禽、咖啡、棕榈油和纤维等最主要的 5 个领域里取得重大进展。现在麦香鱼三明治所需的鱼类中，有 99% 都是从海洋管理理事会（MSC）认证的渔场采购。这些行动与该公司的核心竞争力是一致的。

■ 案例：黑石——省能耗护环境

2011 年 12 月 5 日，黑石集团宣布与 LXR 豪华度假酒店、Pinnacle 食品集团等 4 家公司合作签署环境保护协议，并作为其投资项目的一部分。

他们已经选定实验地点进行运营测试和技术升级，以减少公司在能源方面的开支。此协议的目标是通过测试找出最有效的措施，使公司的年度成本节省量超过总耗能成本的 10%，这是黑石集团引领合作者实施可持续发展计划的一部分。

“通过与其他公司在投资项目中的合作，我们以最有效的能源花费来提高环境质量，并降低运营成本，这必将产生深远的影响”，黑石集团首席可持续发展官 Don Anderson 说道，“黑石集团的广阔平台可以为我们的合作公司提供技术和采购的服务，协同各个行业和地区的力量更好地实施可持续发展。”

■ 案例：CITGO——资助抗击乳腺癌

2011 年 12 月 16 日，CITGO 石油天然气集团将粉丝带骑行组织评定为其“加油季”项目 2011 年度的赢家。因为该组织持续努力地资助乳腺癌患者，CITGO 集团为它提供了 5000 美元礼品卡的奖励，并协助该组织将影响力扩大到密歇根州、明尼苏达州以及科罗拉多州。

CITGO 集团“加油季”项目每年从 1500 多个慈善组织中选拔出 12 个获奖者，而粉丝带骑行组织是其中之一。粉丝带骑行组织成立于 2006 年，它的使命是为乳腺癌患者提供直接的资金援助，至今该组织已经在美国帮助了 800 多名乳腺癌患者，而 CITGO 集团则一直负担该组织每年 23000 英里的旅程费用。

“我们很荣幸能与 CITGO 集团合作帮助患者提高认识、协助治疗，并帮助他们负担医疗费用。”粉丝带骑行组织联合创始人 Jody McKay 说。而“加油季”项目也是 CITGO 集团社会责任的集中体现。

■ 案例：乐购——加入可持续发展联盟

2011 年 12 月 12 日，乐购宣布加入可持续发展联盟，这是集合全球业务、学者、政府和非政府组织协同合作的一个独立小组，旨在驱动消费产品的可持续性。由乐购资助的英国曼彻斯特大学可持续消费研究所（SCI）也成为该联盟的研究成员。对于已拥有 16 个欧洲成员的可持续发展联盟来说，乐购的加入使其在欧洲地区有了更强有力的立足点。

加入该联盟进一步推动了乐购的可持续发展计划，在国际公认的碳信息披露项目中，乐购获得了英国绿色零售商的称号。2010 年，乐购为全球节省了 20 亿英镑的能源成本，而且计划到 2050 年实现碳的零排放。由于乐购在全供应链中注重环境和社会的可持续发展，它将与其他企业合作推动消费品市场的可持续生产和消费，而联盟近来在荷兰建立的欧洲分公司已成为这一伙伴关系的基地。

■ 案例：通用磨坊——绿色认证的工厂

2012 年 1 月 4 日，通用磨坊在新墨西哥州新建的食品工厂获得了美国绿色建筑委员会的 LEED 金牌认证，这是通用磨坊获得 LEED 认证的第一个生产设施和第四座公司建筑。

“通用磨坊食品工厂是阿尔布莱克的经济枢纽，同时也是新墨西哥州经济的重要组成部分”，新墨西哥州州长 Gov. Martinez 说，“通用磨坊的扩张为新墨西哥州居民带来了活力，创造了更多新的就业机会。”

通用磨坊食品工厂经理 Keith Bone 在颁奖仪式上肯定了该公司的承诺，即最大限度地减少工厂对环境的影响。“位于阿尔布莱克的新食品工厂因其环境保护的设计和建筑，自豪地成为通用磨坊获得这一国际认证的第一个生产设施，这具有里程碑式的意义，我们今后也会更加努力，不断提高我们的环境性能，保护公司业务所赖以生存的自然资源。”（来源：简报在线 2012－02－16《全球 6 个企业社会责任营销案例》）

企业不是孤立的点，是社会的组成部分，其存在的意义就是要为社会提供服务。那些基业长青的企业都把为社会服务定位为企业的使命，把使命定位为自己利益的企业不可能基业长青。以上案例从不同角度诠释了企业应以社会责任为己任。

营销文化的核心和关键是要明确企业的使命是什么，就是要为社会提供什么样的服务，或者企业存在的意义是什么。企业的使命要契合宏观营销文化的需要，建立符合企业使命需要的微观营销文化。没有明确企业使命（指实质上而非形式上），或不符合宏观营销文化，或没有微观营销文化支撑的企业，短期内可以存在，但绝不会长命百岁。那些世界上长寿的知名企业，都有明确的使命，使命都是为社会、为人类提供服务。例如以下企业的使命：

迪士尼公司：使人们过得快活。

索尼公司：体验发展技术造福大众的快乐。

微软公司：致力于提供使工作、学习、生活更加方便、丰富的个人电脑软件。

苹果公司：借推广公平的资料使用惯例，建立用户对互联网之信任和信心。

通用电气：以科技及创新改善生活品质。

惠普公司：为人类的幸福和发展做出技术贡献。

耐克公司：体验竞争、获胜和击败对手的感觉。

沃尔玛公司：给普通百姓提供机会，使他们能与富人一样买到同样的东西。

麦肯锡公司（愿景与使命合一）：帮助杰出的公司和政府更为成功。

老子说："天长地久。天地之所以能长且久者，以其不自生，故能长生。是以圣人后其身而身先，外其身而身存。非以其无私邪？故能成其私。"

孔子提出"仁者寿"。"仁者，爱人。""大德必得其寿。"

两位先哲说的是人，但是对于企业这个法人同样适用，企业也要做"仁者"，方能有其"寿"。

参考文献

[1] [美] 威廉·科恩. 跟德鲁克学营销 [M]. 蒋宗强，译. 北京：中信出版社，2013.

[2] [美] 菲利普·科特勒. 营销管理（第12版）[M]. 梅清豪，译. 上海：上海人民出版社，2006.

[3] [美] 菲利普·科特勒. 营销革命3.0：从产品到顾客，再到人文精神 [M]. 毕崇毅，译. 北京：机械工业出版社，2011.

[4] [美] 彼得·德鲁克. 管理的实践（珍藏版）[M]. 齐若兰，译. 北京：机械工业出版社，2009.

[5] [美] 普拉哈拉德，拉马斯瓦米. 消费者王朝：与顾客共创价值 [M]. 王永贵，译. 北京：机械工业出版社，2005.

[6] [美] 迈克尔·波特. 竞争优势 [M]. 陈小悦，译. 北京：华夏出版社，2005.

[7] 陈春花. 经营的本质 [M]. 北京：机械工业出版社，2012.

[8] 陈春花. 中国管理十大解析 [M]. 北京：中国人民大学出版社，2006.

[9] 沙振权. 零售学 [M]. 广州：广东高等教育出版社，2006.

[10] 王先庆. 沃尔玛零售方法 [M]. 广州：广东经济出版社，2004.

[11] [美] 雷克汉姆，德文森蒂斯. 销售的革命（经典版）[M]. 陈叙，译. 北京：中国人民大学出版社，2013.

[12] [芬兰] 克里斯琴·格罗路斯. 服务管理与营销 [M]. 北京：电子工业出版，2008.

[13] [芬兰] 克里斯琴·格罗路斯. 从科学管理到服务管理：服务竞争时代的管理视角 [J]. 范秀成，译. 南开管理评论，1999 (1).

[14] [美] 詹姆斯·C. 柯林斯，杰里·I. 波拉斯. 基业长青——企业永续经营的准则. 真如，译. 北京：中信出版社，2002.

［15］王廷伟. 成品油零售增值服务管理［M］. 广州：华南理工大学出版社，2014.

［16］王廷伟. 成品油零售常用促销方法［M］. 广州：华南理工大学出版社，2013.

［17］王廷伟. 成品油营销管理点滴［M］. 广州：华南理工大学出版社，2013.

［18］王瑞斌. 公司为什么活着——远大：超越对利润的病态追求［J］. 绿公司，2010.

［19］万云南．西方管理学中人性假设理论发展概况分析．豆丁网，2008.

［20］佚名．美国企业文化产生的原因．世界企业文化网，2006.

［21］zpc20078. 市场营销——顾客价值创造和认知. 天涯论坛，2011.